スタンフォードの人気教授が教える

「使える」アイデアを「無限に」生み出す方法

Ideaflow = idea / time

The Only Business Metric That Matters

Jeremy Utley & Perry Klebahn

ジェレミー・アトリー＆
ペリー・クレバーン

小金輝彦 訳

KADOKAWA

スタンフォードの人気教授が教える

「使える」アイデアを「無限に」生み出す方法

ジェレミー・アトリー&
ペリー・クレバーン
小金輝彦 訳

Ideaflow by Jeremy Utley and Perry Klebahn

This edition published by arrangement with Portfolio, an imprint of Penguin Publishing Group,
a division of Penguin Random House LLC through Tuttle-Mori Agency, Inc., Tokyo

アイデアが心底から重要だと教えてくれた
アニー、パーカー、フィービーに捧げる。

——ペリー

ミシェルへ。
きみの創造性の探求に、まず驚かされた。

——ジェレミー

実のところ、
あらゆるすぐれたアイデアの背後には、
たくさんの悪いアイデアがある。
そしてときには、
その違いを見分けるのが難しい。[1]

——マーク・ランドルフ　ネットフリックス共同創業者

はしがき

dスクールの新入生——大企業の社長だろうが高校の学級委員長経験者だろうが——にとって最大の驚きの1つは、量が質を生み出すという考えだ。

多くの学生は、質を求めてスタンフォードにやってくる。本校のハッソ・プラットナー・デザイン研究所（通称dスクール）では、学生たちは世界を変えるような画期的なアイデアを生み出す方法を知りたいと願う。しかし私たちが最初に彼らに教えるのは、初めのうちは良し悪しを考えずに、とにかくたくさんのアイデアを出すべきだということだ。品質を判断する前に、まずは量を追求することから始めるのだ。アイデアの創造をアイデアの選択と区別するというこの考えは、学生たちにかなりの衝撃を与えることがある。

学生たちが学ぶのは、実際に試してみて何が起こるかを知る前に、よいアイデアと悪いアイデアを区別するのは難しいということだ。一流とされる創造者たちは、みなそのことを知っている。現実世界で実験するための信頼できるプロセスがないと、そもそもどの新しい解決策（アイデア）

が追求する価値があるのか、あるいはそれがあとでどう改善される可能性があるのかを知るのは困難だ。確実なアプローチは、断片的な解決策をできるだけ多く考え出して、それをいち早く現実の人々を相手に試してみることだ。

ｄスクールの学生たちが学ぶように、これは創造性を慣行に変えることを意味する。私たちは学生に、ひらめきが生まれるまでじっと待ち、ひらめいてから急いで行動に走るようには指導していない。気分が乗るまで、問題が待っていてくれるわけではない。学生たちは、アイデアの流れを維持するために、アイデアの流れを生む多様で意外なひらめきの源泉を見つけて試す方法を学ぶ。このほとばしるようなアイデアを育てる慣行は、学生にとっては斬新なものだ。それは創造的な仕事だけでなく、日常生活においても役に立つ。

こうした重要な授業や、それに伴うすぐれた創造性の習慣や慣行という点では、読者は大船に乗ったつもりでいればいい。ジェレミー・アトリーとペリー・クレバーンは優秀な教師であり、リーダーや組織が現実的な問題を解決する手助けを積極的にしてくれるからだ。

この２人は、10年以上にわたってｄスクールの学生を支援してきた。彼ら自身も、熟練の精力的な創造者たちだ。創造性がどのように働くかを知っていて、重要なのは、それを本書で明快に説明していることだ。

アトリーとクレバーンは、起業家、投資家、マネジャー、学生、リーダー、そしてより多くのすぐれたアイデアを確実に生み出そうと努力しているあらゆる人たちのために、重要な教材を2人で書き上げた。

2022年2月2日

デヴィッド・M・ケリー
ドナルド・W・ウィッター
カリフォルニア州、スタンフォード大学機械工学科教授

「使える」アイデアを
「無限に」生み出す方法

目次

第1部 Innovate 革新する

第1章 今日のアイデアで明日の成功を測る 40

第2章 アイデアフローを増強する

第3章 問題をアイデアで満たす

第6章

第2部 Elevate 向上させる

第7章 他者の視点を取り入れる

第8章 視点を一新する

ブックデザイン　三森健太（JUNGLE）
D T P　エヴリ・シンク
翻訳協力　株式会社リベル

本書に登場する人物・企業等の情報は原書の執筆当時のものです。肩書きや名称が変更になる場合がありますが、本書が提唱するアイデアについての理論は普遍的なものですので、ご安心してお楽しみください。

アイデアを必要としているのは誰か?

私は会社でも、仕事でも、人生でも、画期的な成果など必要としていない。
——そんなことをいう人はいない

本書が自分にとって役立つのだろうかと、疑問に思う読者もいるかもしれない。安心してほしい、きっと役に立つ。

私たちは、起業家、経営幹部、あらゆる種類の組織のリーダーを対象に指導とコンサルティングを行っているが、ときどき、仕事における創造性の価値を疑う人や、創造性なんて必要ないと思っている人に出会うことがある。

プレゼンテーションや研修会の際にこんなふうにいわれることもある。「たしかに、この部屋には、仕事を適切に遂行するのに創造性を必要とする人がいる。たとえば、グラフィックスの作成者がそうだ。彼らはつねに創造性に頼らなければならない。だが、リーダーとして私が必要としているのは、創造性ではなく画期的な成果だ」

設計者や作家やエンジニアだけでなく、世界に通用する成果を出したいと願うすべての人にとって、創造性の真の価値を判断するには、まず創造性を正しく定義する必要がある。これまでに聞いたなかで最も適切なのは、オハイオ州の中学1年生による定義で、その生徒の教師が最近になって私たちの友人の1人に教えてくれたものだ。それは、「創造性とは、最初に心に浮かんだもの以上の何かをすること」というものだ。別の言い方をすると、創造性は「十分によい」最初のアイデアが浮かんだあとも、アイデアを生み出しつづける能力となる。

だが、そもそもアイデアとはいったい何なのだろうか？　この基本的な用語を定義しないことには、次に進むことはできない。

それについて考える1つの方法は、脳はまったくのゼロから何かをつくり出すわけではないと理解することだ。脳はつねに、経験という原料を使って機能している。したがって、どんなアイデアも、実のところは、すでに頭のなかにあった2つの事柄が新たにつながったものにすぎない。あなたがいままでに見たこと、聞いたこと、あるいは感じたことだ。

次の2つを見てほしい。

Ａ　若い家族が、かなり重そうなベビーカーを押して、サンフランシスコの坂を上ろうと苦労している。

Ｂ　あなたが子どものころ、父親が自走式の芝刈り機をもっていた。

ジジジ。あなたは、小さな火花が散るのを感じただろうか？　アイデアがひらめいたのだ！自走式のベビーカーは、10億ドル規模の事業にはならないかもしれないし、安全性にも欠けるかもしれない。だが、パズルのピースがはまって、あなたの脳はその2つを結びつけようと躍起になる。それは、脳が得意とすることだ。問題を組み立て、そこに材料を供給し、あちこちをつなげていく——あなたがその気になればだが。

本書を読んでいただきたい。私たちが説明する原則と技法を習得すれば、より多くのアイデアを考え出すことへの恐怖や疑問は消え去るだろう。アイデアがどこから生まれるか、どうしたらすぐれたアイデアを見つけられるか、あるいは思いついたアイデアをどうすればいいかといったことに、頭を悩まさなくて済むようになるのだ。

これから学習していくように、画期的な成果を創造するうえで、不明確だったり謎めいていたりする点は何もない。多くの人がまれに経験する「創造的な問題解決」は、ほかのスキルと同じように、個人として、あるいはチームや所属する組織として学習し、習得できるものなのだ。

意図的にアイデアを生み出す選択をすることはできない（実際にやってみればわかる）。その代わり、問題を見極め、脳が仕事をするのに十分な原料を集めれば、アイデアはおのずと生まれてくる。ジジジ。自分のことを、できるだけ多くのアイデアを通過させる流通チャネルだと考えるとわかりやすいかもしれない。誤解を正すためにいうと、画期的な成果は、リストのなかから「正しい」アイデアを選ぶことで生まれるのではなく、現実世界の実験を通してよいアイデアを選《え》り分け、それを明らかな正解にたどりつくまで繰り返すことによって生まれる。

まだ冒頭ではあるが、以上が成功の法則だ。現時点では、読者の頭には答えよりも疑問のほうが多いかもしれないが、それでいい。そのまま読み続けてほしい。

アイデアとは何か、アイデアはどこから生まれ、どうやって勝者と敗者を分けるのかを完全に理解すれば、避雷針を取り払って、稲妻を走らせることができるようになる。

序論

頭がいい人はいくらでもいるので、それだけでは特別な存在とはいえない。
重要なのは、創造性と独創性に富んでいることだ。
それらの資質が人を真のイノベーターにする。[1]

——ウォルター・アイザックソン（ジャーナリスト、作家）

本書はあなたにとって、創造性とイノベーションに関する最初の本かもしれないし、15冊目の本かもしれない。いずれにしても、あなたが創造性のもつ可能性と現実世界への影響とのギャップを埋める方法を探していることに変わりはない。そのギャップが、あなた自身のなかにあるのか、チームや組織のなかにあるのかは重要ではない。創造力を活性化させ、創造的なパフォーマンスを上げるだけで、多くのことが成し遂げられるようになる。

これは微調整をするとか、漸進的に改善していくとかいう話ではない。あなたが築こうとしているのは、製品やサービスやその他のソリューションを次々と成功させるような、安定していて信頼のおけるアイデアの流れ《フロー》だ。

あなたは、あなた自身と周囲の人たちの潜在能力を解き放つことで、画期的な思考がもたらす具体的な利益を享受したいと願っているのだ。そうした熱意を成就させるために本書を手にとったことは、あなたが生み出したすぐれたアイデアの1つといえる。

あなたが自分のことを創造的な人間だと考えているかどうかは重要ではない。実のところ、そんな人間が存在するとも思えない。要は、堅固な創造的スキルセットをすでに身につけているかいないかの問題なのだ。創造性は、ほんの少数の人だけがもつ資質ではない。学習して身につけるものだ。あなたがまだ習得していないとしたら、それは自覚と時間と努力の問題にすぎない。私たちは、その最初の部分をお手伝いする。それ以降はあなた次第だ。

同様に、創造的な組織というのは偶然に生まれるわけではない。意図的につくられるものだ。ナイキやアップルは、創造性がいかに機能するかを知っていた個人の構想によってつくられた会社だ。フィル・ナイトやスティーブ・ジョブズは、創造性が発達するのに必要な環境を意図的に整えた。この2人のリーダーは、利益や成長の要件とともに、創造性の要件を優先させてきた。それは、創造性が利益と成長を促すことを理解していたからだ。こうした革新的な大手企業がまれなのは、まさに創造的なスキルをもつビジネスリーダーがめったにいないからだ。創造性は、リーダーシップの最大の特性であり、あなたという存在を際立たせるものだ。

スティーブ・ジョブズは、1970年代にリード大学でカリグラフィーを学び、美的感性に磨きをかけた。[2]この若いころの経験は、最初のマッキントッシュのオペレーティングシステムにタイポグラフィよりも大きな影響を与えたと思われる。ジョブズは、ペンとインクを使った訓練を通して、創造性が実際にどう機能するかを学んだ。そしてそのプロセスを実践的に理解することで、創造性とイノベーションを他者に伝える非常にすぐれた触媒となったのだ。

創造性がどのように機能するかがわかっていないリーダーは、部下の創造性をうまく育てられない。まして、その力を組織のために活用することなど望むべくもない。こうした例は、本書のいたるところに登場する。たいていの場合、アイデアの流れを妨げるのはチームのメンバーではなく、悪気のない勘違いをしたリーダーだ。そうしたリーダーは、実現性と妥当性に固執するあまり、現状から逸脱する案を即座に却下してしまう。

スティーブ・ジョブズがこういったとしたらどうだろう。「携帯電話について話すのはやめてくれないか。うちはコンピューター企業だぞ！」。ジョブズは、焦点を絞るより前に対象範囲を広げておくべきだということを、直感的に知っていたのだ。

創造性の大切さを信じているCEOでさえ、自分が創造的な活動をしていないときは、創造性の保護、支援、奨励をしないことが多い。心がけはよくても、安定した創造性のために何が必要か、そしてそうした要件がいかに重要かまでは理解していないのだ。無理もない。創造性は逸脱や手詰まりを伴うものだが、リーダーシップやマネジメントに関する従来の訓練は、ミスをせず、効率的に業務をこなすことを重視しているからだ。一般によしとされている取り組みが、こと創造性に関しては機能しない。創造性が仕事における特別な場所をいかに切りひらくかを、明確に理解することが必要だ。ひとたび創造的な習慣を身につけると、あなたの理解は広がっていく。

ある学生が、スタンフォード大学の名高い教授、ボブ・マッキムのところに、自分のアイデアを1つもっていって意見を求めた。だがマッキムは、こういって断った。「とりあえず、アイデアを3つもってまた来なさい」。みずからがエンジニアであるマッキムは、アイデアが基本的にどう機能するかがわかっていたのだ。マッキムがほかの人の創造性を刺激するのに非常に長けていたのはそのためだ。

こうした話は、自分のことを創造的だと思っていない人にとっては、いい知らせになる。創造性は学習できるものであり、学習することで他の人たちの創造的な努力をサポートできるようにもなるのだ。これはつまり、あなたが一流の創造性とイノベーションを備えた組織を構築し、指導できるという意味にもなる。しかし、そこに到達するには、これまでに学んできた創造性に関する神話をすべて忘れなければならない。

創造性は、問題を解決するための技能だ。絵画や詩の創作は創造性を必要とするが、合併や買収にも創造性が求められる。ビジネスにおいて創造性は、複式簿記と同じくらい基本的で実用的なものだ。そして、あなたのあらゆる努力を拡大し、加速させるものでもある。

創造性を次のように考えるとわかりやすいだろう。もし、問題の解決方法がすでにわかっているなら、それはもはや問題とはいえない。少なくとも、私たちが考えているような問題ではない。解決方法がわかっている問題は、単なる課題《タスク》だ。成し遂げるのに一定量の時間と努力を要する作業にすぎないのだ。トランクいっぱいに詰め込まれた食料品を取り出すことは、問題ではなく課題といえる。こすり洗いをする必要があるバスタブも同じだ。こうした課題を「解決」するには、できるだけ迅速かつ効率的にそうした作業を実行するだけでいい。

何か新しいことを考えざるを得なくなるのは、通常の取り組みではうまくいかないときだけだ。家の電気が遮断されて冷蔵庫が温かくなっていることに気がついたら、あなたはどうするだろう。そのときこそ、山のような食料品が「問題」となる。真の問題とは、アイデアにのみ反応するものだ。この観点から考えると、**すべての問題はアイデアの問題**となる。

したがって、創造性は「新しいキャッチフレーズ」や「新しい製品」のためだけのものではない。

「この取引をまとめるにはどうすればいいか?」や「この大切なメールをどう書こうか?」といったことに関連するものだ。いわば創造性は、あなたの貢献を漸進的なものから飛躍的なものへと移行させる手段なのだ。

私たちが開発したイノベーションのシステムは、世界中の一流組織からの信頼を得て、さまざまな場所で活用されている。このシステムを使えば、あらゆる問題に効果的に取り組み、リスクを最小限に抑えて、成功する確率を最大化する方法が正確にわかるだろう。さらに、このシステムをあらゆる規模のグループに伝えて拡散し、イノベーションに対する正しい向き合い方をチームや組織に浸透させることで、全員の努力を増幅させられるようにもなる。

私たちの創造性への取り組みは、「アイデアフロー」と名付けた概念に焦点をあてている。次の章でこの用語をより明確に定義するが、簡単にいうと「量が質を決める」ということだ。アウトプットの量が多ければ、それだけ質もよくなる。素質、才能、運は、あなたが考えているほど、現実世界における成果の質や一貫性とは関係していない。

長い目で見れば、ひらめきよりも論理的な手法のほうが大切なのだ。

アイデアフローという概念を用いて創造性に向き合うことには、大きなメリットがある。生み出すアイデアの数が増え、アイデアを創出するプロセスにおけるプレッシャーやストレスが劇的に減り、成功率が高まり、しかもコストとリスクが最低限に抑えられるのだ。

あなたが自分の創造力を開発するにしても、フォーチュン500企業で本格的なイノベーション研究室を立ち上げるにしても、本書は必ずや「問題を解決する」という問題を、解決する手助けとなるだろう。

ここまで読んで、こう思う読者もいるかもしれない。「聞こえはいいけど、信じるに足る根拠がないじゃないか」と。

私たち、ジェレミー・アトリーとペリー・クレバーンは、スタンフォード大学のハッソ・プラットナー・デザイン研究所で、イノベーション、リーダーシップ、起業家精神について教えている。dスクールとして知られるこの研究所は、じつに特別な場所だ。私たちはここで出会い、数多くの世界的な実業家や教育者から学んだり、彼らと共同で研究を行ったりする機会に恵まれてきた。私たちが本書を執筆できたのは、これまでに出会ったすばらしい同僚や学生たちのおかげだ。全員に心から感謝している。

ペリーは、自身が設立したスノーシューズの会社を経営しながら、1996年にスタンフォード大学で製品設計について教えはじめた。そして、ティンバックツーとパタゴニアでリーダーの地位についたあとも時間をつくって教鞭を執りつづけ、2006年に休職してdスクールを共同設立した。

2010年、スタンフォード大学は、ちょうどフェローシップを終えたばかりのジェレミーに、dスクールのマネジャー教育プログラムを拡大するよう依頼した。ジェレミーはその機会に心を躍らせながらも、dスクールのほかのプログラムは、補足し合う2人により運営されていることに気づかざるを得なかった。そこで彼は協力者を要請した。ペリーは、少し前にティンバックツーのCEOの地位を退き、スタンフォードでフルタイムの教授となっていた。2人はすぐに意気投合した。そして、世界的な設計の教育者や実践者のすばらしいチームと一緒に、dスクールのマネジャー教育プログラムを国内で最高レベルのプログラムにしたのだ。

私たちはこの10年間、スタンフォード大学の大学院生に教えるかたわら、あらゆる規模や業種の起業家、管理者、リーダーに、破壊的イノベーションを推進する方法を伝授してきた。ここでは「破壊的」という言葉を、かなり特別な意味合いで使っている。破壊的になるには、古いやり方から新しいやり方への転換を図らなくてはならない。

焼き切れにくい真空管を設計するのは通常のイノベーションだ。結果的に真空管を廃れさせることになるトランジスタの設計は、破壊的イノベーションといえる。これは、真空管メーカーにしてみれば、はっきりいって恐ろしいことだ。本当の意味で革新的になると、つねに廃業の瀬戸際に立たされる――いい意味で、だが。

今日ではあらゆる事業が、世紀の変わり目のデトロイトで馬車をつくっているようなものだ。トランジスタほど破壊的なイノベーションは、かつてのように10年ごとに起きたりはしない。いまや絶え間ない混乱の時代に突入している。私たちがスタンフォードで教えているスキルは、シリコンバレーで起業家として成功するためだけでなく、あらゆる組織が生き残るために必要なものとなっている。テクノロジーが急速に発達しているので、企業は従来にも増して速いペースで適応し、進化しなくてはならない。そのペースは速くなる一方だ。

スタンフォードでは学生を本物の企業に送り込み、イノベーションの取り組みを先導させている。このプログラムを通じて数々の洞察が生み出されている。同様に、多国籍企業の経営幹部にイノベーションを教える私たちのクラスも、教授法と学習法を探求する比類のない実習の場を提供している。最後に、私たちは「ローンチパッド」というインキュベーター・プログラムを運営していて、その卒業生はベンチャー・キャピタルで11億ドルを調達したことがある。これもまた、現実世界で学習することで成果を生んでいる。現在、65のローンチパッド企業が市場で活動しており、私たちは成功例からだけでなく失敗例からも多くのことを学んでいる。

こうした異なる経験を通して、「創造性は、誰にとっても、どんな状況においても大きな働きをする」という私たちの基本的な信念はますます強まった。これはつまり、あなたが自分でスタートアップを起こす場合でも、数百人からなるチームを率いる場合でも、私たちが築いたベストプラクティスが適用できることを意味している。

協力者として私たちがうまくいった一因は、一緒に働きはじめたころの偶然の機会にある。伝説的な経営科学の教授であるボブ・サットンが、シンガポールでの企業アドバイザリーの仕事に参加するよう、私たち2人に声をかけてくれたのだ。スケジュールは詰まっていたが、ボブ・サットンの誘いを断るわけにはいかない。結果として私たちは、現実世界におけるアイデアの問題をより効果的に解決する方法を、喜んで経営幹部たちに教えたのだった。気がつけば、ロシア、台湾、ニュージーランド、マレーシア、イスラエルと、2人で世界を回っていた。

私たちはこの10年間、さまざまな組織で次々とイノベーションの取り組みを実施してきた。これによってじつに多くのものを得ることができた。スタンフォードでのプログラムは楽しいものだったが、その学習サイクルは決まっていて、新しいことを試す機会は限られていた。決められたカリキュラムに沿って教授が教える教室の環境とは違い、企業の置かれた環境ではより流動的な取り組みが可能となる。リーダーたちは各企業のニーズがそれぞれ違うことを理解しているので、私たちが試すことがすべて完璧に機能するとは期待していない。そのおかげで、私たちはリスクを冒すことができるのだ。クライアントに教える手法を変えて実験をしながら、異なるチームや筋書きに何が有効なのかが次第にわかっていった。

そしてそうした発見を、dスクールの主力プログラムにフィードバックしたのだ（本書を読み進めると、このやり方がいかに、すぐれたイノベーション研究所のすべての要素を1つにまとめているかがわかるだろう）。私たちは、最高の題材をすべて現場で手に入れている。本書のなかで示した実例のほとんどは、学生、管理者、リーダー、創業者とともに現実世界のプロジェクトに従事した個人的な経験から得たものだ。

大学のキャンパスでは経営幹部だけでなく、意欲的な弁護士や医師から新進のジャーナリストやコンピューター科学者まで、あらゆる人たちにイノベーションを教えている。彼らが将来就く業種や仕事はまったく異なるが、学習者は本書が提供する創造的なツールセットの価値を理解している。

私たちのプログラムは、周りに左右されずに存在しているわけではない。もし私たちの手法が画期的な成果につながらなければ、学生たちはハーバードかプリンストンへと移っていくはずだ。だが私たちのプログラムは、主要な銀行、メーカー、小売業から次々と人がやってきてつねに満席状態であり、オンライン講座もスタンフォードで最も人気が高い講座の1つとなっている。自惚《うぬぼ》れているわけではなく、創造性に関しては不思議な点やいい加減な点など何もない証としていっているのだ。正しい技法があれば、誰でも創造性を習得することができる。あなたも例外ではない。

本書の各章では、画期的なアイデアを生み出し、実践するために必要な習慣や技法を紹介する。拾い読みをしたり途中でやめたりすることは可能だが、この本を最初から最後まで読み、私たちのアドバイスに順を追って従うのが最も効果的だ。

本書は2部に分かれている。第1部の「革新する」では、アイディエーション（アイデアの創出や精査）からエクスペリメンテーション（試験、実験）までのパイプライン全体を説明している。第2部の「向上させる」では、創造的な成果を改善するための最も強力な技法を提供している。あなたがどんな仕事に就いていようが、あるいはどんな業界にいようが、本書を通して読むことで、創造性と問題解決への取り組み方が大きく変わることだろう。より重要なのは、それが仲間や同僚や直属の部下たちの努力をまとめ、統率し、増幅させる役に立つという点だ。このシステムはやがて、組織全体のイノベーションによる成果を拡大するだろう。

創造性は、あなたが主に1人で働いているにしても、完全に単独で得られるものではない。私たちはつねに、ほかの人たちと協力して取り組むことで、最大の効果を出している。私たちのシステムの主要なメリットは、互いの最高の力を引き出し、より大きな目標に向けたそれぞれの貢献を1つにまとめる手助けをすることだ。

「みんながすごく興奮しているのを見ると感動しますね」。ハイアットの最高人事責任者であるロップ・ウェッブは、セッション中にジェレミーにそう耳打ちした。「チームが、これほど夢中になってプロジェクトに取り組む姿を目にしたのは、いつ以来だろう」。数年後にロップと会った際、私たちはこのコメントについて確認した。彼はそのときのことを思い出して、こうつけ加えた。「私たち全員のニーズに一致していたのです。私たちは無意識のうちに、日々の仕事から人間性を奪いとっていました。ホテル総支配人の1人が、最初にホスピタリティに魅かれた理由を思い出したといったとき、創造性がいかに重要かわかったのです」

まずは、あなた自身が始めなくてはならない。あなたが協力者であろうとリーダーであろうと、口でいうだけなら簡単だ。何よりもあなた自身の行動を変えることが、他の人たちに持続的で有意義な変化をもたらす。次の全社会議で本書を推薦しても、目立った変化は起きないだろう。会社全体にメールを送って本書を読むよう促しても同じだ（もちろん、どちらも遠慮なくやっていただきたいが）。

変化を起こすには、口先だけで終わらせず、実行することが大切だ。数年にわたって、チームや組織で変化がうまくいった――あるいは失敗した――のを目にしてきた経験をもとに、私たちがこの冒頭で読者にお願いしたいのは、こうした手法を同僚に勧める前に、まずあなた自身が取り入れてほしいということだ。イノベーションという大変な仕事であなた自身が努力しているところを見せなければ、ほかの人が必要な労力をつぎこむことはないだろう。

あなたが先頭に立って手本を示すべきだ。不安に立ち向かう意欲を見せるのだ。なぜなら、実際に改善の妨げになるのは不安だからだ。もし成功が保証されていたら、何か新しいことを試すのをためらったりするだろうか？　もちろんためらいはしないだろう。だが、現実にはそんなことはありえない。どんな新しい製品やサービスも、顧客を失望させることがある。どんなプロセス改善も、予期せぬ結果を生むことがある。アイデアは、本質的に危険をはらんでいる。失敗の危険に逆らって新しいことを試す際のリスクを推し量るすべを学ばないと、不安のせいで、最大の成果を上げることはできない。

最も危険な行動は、まったく行動しないことだ。状況はつねに変化している。恐怖に負けて隣の氷塊に飛び移ることができずにいると、足元の氷塊はいずれ解けてしまうかもしれない。もしイノベーションを、膨大な努力を要し、大きな危険を伴うわりに大した成果を生まないものと考えているとしたら、あなたは当然、月並みな結果しか望めないだろう。

本書では、世界で最も成功した起業家や組織が「すでに理解していること」を説明していく。それは、創造的な問題解決への取り組みが労力を減らし、リスクを最小限に抑えて、成果を増大させるということだ。もし私たちのいうことが信じられなければ、世界で最も画期的な企業のリストを、世界で最も利益率の高い企業のリストと比べてみるといい。みずから何らかの破壊的イノベーションを取り入れているような化石燃料の会社を別にすると、基本的には同じ企業名を目にすることになるだろう。それは偶然ではない。

創造性の機能の仕方、アイデアがもつリスク、新しい取り組みがもたらしうる価値に関して、あなたが抱いている先入観をまずは捨ててほしい。

今日の課題は、かつてないレベルのイノベーションを求めている――あなたの組織に、そしてあなたに。気を引き締めて、仕事に取りかかろう。

1
Innovate
革新する

第1章

今日のアイデアで明日の成功を測る

人は軍隊の侵略には抵抗するが、アイデアの侵略には抵抗しない。[1]

――ヴィクトル・ユーゴー（詩人、小説家）

ペリーが「万策尽きた」と悟ったのは、ある肌寒い4月の朝、カリフォルニア州ベンチュラでのことだった。

パタゴニアの本社で車を降りたペリーは、フリースのジッパーを顎まで上げ、熱いコーヒーを手に、自信がみなぎるのを感じていた。時は2002年。ペリーは、型破りな登山家であるイヴォン・シュイナードが創業した人気のあるアウトドア用衣料の会社で、販売と業務の大部分を任されていた。9月11日の悲劇のあと、世界中で驚くほどストレスの多い数カ月となったが、少なくともいまこの場では、物事が正常に戻りつつあると感じられた。

幸運なことにペリーは非常に価値の高い大企業で働いており、同僚はみな、すばらしい人たちだった。その朝、潮風を深く吸い込んで春の訪れを感じるのは気持ちのいいことだった。

だがペリーの楽観的な気持ちは、翌年の春シーズンのために届いたばかりのウェアの棚を調べていくにつれて、手にしたコーヒーよりも早く冷めていった。このまるで葬式用のようなウェアが、全国のパタゴニアの店舗や数多くの小売店に送られるのだろうか？　これらの単調でモノトーンな衣類が、春に向けての探求と刷新に関するパタゴニアのアイデアなのか？　ペリーは、ぬるくなったコーヒーを、無理やり一口すすった。

ペリーは平然を装い（そして失敗し）ながら、製品担当チームのチェックに備えて忙しく立ち働いているシニア・マーチャンダイザーに向かって、思い切ってこう口にした。

「おはようエイドリアン。春のラインアップにしては、製品が少しばかり……暗いとは思わないか？　新しい色合いのものはどこにあるの？」

居心地の悪い沈黙のあと、エイドリアンが答えた。「新しい色合いって？」

ペリーは強張《こわば》った笑みを浮かべながら、ほかの色のウェアはまだ到着していないがここへ向かっているはずだとでもいうように、ブラックとグレーのウェアが並んだ気が滅入るような棚を顎でしゃくった。そのとき、エイドリアンの顔が、棚には見当たらないような鮮やかな色に染まった。

「ペリー。あなたが売れ筋に専念すべきだといったのよ」と、エイドリアンはいった。

ペリーはいい返すことができなかった。その通りだ。ペリーがそういったのだ。

当時は、とにかく安全策をとることに大きな意味があった。だが、このパタゴニアの春のラインアップはまるで葬儀屋のクローゼットのようだ。どの棚にもブラックとグレーのウェアが延々と並んでいるのを見ると、それらがパタゴニアの明るく快適な店舗にもたらす不快な効果ばかりを想像してしまう。気が滅入るような場面だ。

これは、何よりもリスクを避けるために下した決断の結果だった。だがペリーは、「安全性」を追求して選択肢を狭めたことで、逆に恐ろしいリスクを負ってしまったのだった。

「最短でいつまでに、ほかの色を取り寄せられると思う？」ペリーは、作り笑いを顔に貼りつけたまま尋ねた。「状況はもとに戻りつつあるし、顧客も戻ってきている。春までには、少し明るい色も受け入れられるようになると思うんだけど」

「冗談でしょう？」エイドリアンが、にこりともせずに答えた。「うちの標準リードタイムが18カ月だってわかっているわよね？」

18カ月！　今日のアイデアを昨日の会社に適用するにはどうすればいいんだ？　そうすれば明日を迎えられるというのに。ペリーは、冷たくなった飲みかけのカップをゴミ箱に投げ捨てた。さあ、仕事に取りかからなくては。

新しいアイデアという危険なビジネス　パタゴニアの失敗

先に述べたように、アイデアとは、すでに頭のなかに浮かんでいる2つのことが新しく結びついたものにすぎない。解決すべき問題を脳に与えると脳が動き出し、バックグラウンドで、さまざまな知識や経験の断片をひらめきが生まれるまで異なる方法で組み合わせる。

「これはうまくいくだろうか？」。うまくいくこともあれば、うまくいかないこともある。だがそれでも、あなたはアイデアの流れを断ち切りたくないのでこういうだろう。「脳よ、がんばったな！　ほかに何かわかったか？」

すでに説明したように、問題とは、対処の仕方がまだわからないものをいう。「次の四半期の売上目標を達成するにはどうすればいいか？」といったものから、「今シーズンのスノーパンツは、どんな色を販売すべきか？」といったものまでのすべてだ。どんな解決策も、試してみるまでは現実世界でどんな効果があるかわからないので、すべてのアイデアにはリスクが伴う。だが、破滅的な失敗につながることはないと思っていい。多くの場合、効果がないだけだからだ。

そのため、慣れない問題に取り組む――あるいは慣れ親しんだ問題のよりよい解決方法を見つける――には、創意だけでなく勇気と脆弱性《ぜいじゃく》が必要となる。何かを失い、ときには間違いを犯す覚悟だ。パタゴニアでのペリーの経験が示しているように、創造性において皮肉なのは、私たちは、創造性を最も必要とするときにまさに自分の創造性を制限していることだ。人は追いつめられると、それでは不十分なのがわかっていても、既知の慣れ親しんだ取り組みを自動的に選んでしまう。何か新しいことを試して愚かに見られる危険を冒すよりも、期待された通りのことをして失敗するほうが安全だと思うからだ。

本書で紹介するシステムに従えば、この防御本能を忘れ、逆境においても新しいアイデアの着実な流れを維持することができるだろう。あなたは、みずからの創意を信じる方法を学ぶべきだ。いいときも悪いときも、解決策のパイプラインを維持すれば、どんな課題も克服できる。豊富な創造性とそれを実行に移す能力は、強力な競争上の優位性となる。その理由を理解するために、パタゴニアの例に戻ろう。

まずつらい時期があり、それから破滅的状況が訪れる。2001年9月11日の悲劇的な出来事のあと、どんな反応をすればいいか誰もわからなかった。当時、多くの人が感じていた国家の存在に関する脅威や、何千人もの一般市民を対象としたいわれのない殺人行為がもたらした精神的なショックに加えて、この攻撃はアメリカ人全員の日常生活を破壊した。すべてが停止してしまったのだ。飛行機が飛び交っていない空を眺めると、この集団的な麻痺の状態が最もよくわかった。ツインタワーが崩落したあと、何日も何週間も、「通常」がはるか昔のことに思えた。人々はつねに警戒感を抱いて暮らしていた。いったい誰がこんな攻撃を行ったのか？　攻撃はまだ続くのか？　次は何が起きるのだろうか？

当然ながら、この攻撃のあと消費は冷え込んだ。世界中のビジネスが、次から次へと難しい選択に直面した。もしさらなる攻撃があれば、景気の低迷が何年も続くかもしれない。現在の目標を達成するにはどうすればいいのか？　それよりもまず、次の四半期をどう乗り切ればいいのか？　パタゴニアでは、ペリーとほかの経営陣が、断固とした行動をとらなければというプレッシャーにさらされていた。来シーズンに備えて、何百万着分もの原材料を購入しようとしているところだったのだ。将来に賭けるのはリスクが大きかったため、その秋、同業他社のほとんどがしたように、ペリーは需要の減少に合わせて原材料の注文をかなりの割合で減らしていた。どの部分を減らすかについて、ペリーはマーチャンダイザーに明確な指示を出していた。「売れるとわかっているものに的を絞ろう」

短期的で自己破滅的な意思決定を誘発するのに、テロ攻撃は必要ない。私たちの多くは、必死になったときにしか新しいことを試そうとはしない。潜在的な利益よりも潜在的な損失を重視するからだ。この、いわゆる損失回避が存在するのには、それなりの理由がある。もし先史時代の人間が藪《やぶ》をライオンと間違えたとしたら、それは笑い話となる。だが、ライオンを藪だと勘違いしたら、それはライオン以外の動物にとっては笑い話では済まない。

私たちに染みついた本能は、たとえおいしい果実が潜んでいる可能性があっても、藪には近づかないほうが安全だと告げている。何か新しいことを試すには、脳の先入観と闘うことになる。だがアイデアに関して問題なのは、実際に試してみるまで、勝者と敗者を見極めるのが難しいということだ。これについては本書を通して数多くの例を目にすることになる。私たちの経験では、経験豊富で成功しているイノベーターほど、一目で勝者を見分ける自分の能力を信用していない。可能なら、まず試してみるべきだ。

パタゴニアのようなアウトドア用衣料の会社にとっては、ブラックとグレーのような基本的な色合いのものは「安全な」選択肢となる。創造的なチームが勝者を選ぶように指示されたら、それは新しくもなく、カラフルでもないものを選ぶことを意味する。結果として、多くの開発中の製品がお蔵入りとなった。さまざまな色彩が取り除かれた。当時は、この戦略が理にかなっていた。全国的に不安が漂う雰囲気のせいで、もし来春に暗赤色《ピュース》が好まれなかったらどうすればいいか？　あるいは、暗赤色は好まれるが、濃青色《セルリアン》は好まれなかったら？　――ブラックなら、誰もが納得するに違いない。

違うだろうか？

しかし、新しい春のラインアップがチェックを受けるために到着するころには、アメリカにおける生活は通常に戻りはじめていた。より重要なのは、多くの人が新たなテロとの戦いという憂鬱から逃れようと、ハイキングブーツを履いて戸外へ出ていこうという気になったことだ。そして、こうした顧客が待ち望んでいたハイキングに出かけるための衣類をそろえようとパタゴニアの店舗に入ると、そこで目にするのは、彼らが振り切ろうとしていた世界と同じくらい陰鬱なラインアップだ。見渡すかぎり、棚という棚に黒いレイン・ジャケットが並んでいる。その春に人々が求めているような再生と刷新の雰囲気と、これほどかけ離れたものがあるだろうか。パタゴニアがとった安全策は、完全に裏目に出てしまった。

ペリーは、自分が舵を切りすぎたせいで、デザイナーの創造性の流れ――それ自体がビジネスとして完全に成り立つ――が断ち切られ、もはや選択肢が残されていないことに気がついた。予想外の状況に適応するすべはなかった。ペリーは、ひらめきからアイデアや実験、そして製品へとつながる創造性のパイプラインを狭めたことで、鮮やかな色合いのウェアを店に並べるには確実に長い時間がかかるという事態を招いてしまったのだ。

逆境において会社を守るための措置を講じる必要はもちろんあったが、やがて明らかになるように、事態が別の展開を見せた場合に備えて選択肢を残しておくこともできたはずだ（そのときに本書が手元にありさえすれば！）。

幸いなことにその春、来客数がまだ少ないうちに、主要な競合他社がこぞってまったく同じ罠に陥っていたため、パタゴニアは救われたのだった。しかし、もしパタゴニアが選択肢をいくつか残していたなら、競合企業に大きく差をつけたかもしれない。

これから見ていくように、新しいアイデアの流れを完全に遮断してしまうのは、将来の見通しや外部の状況がどうであれ、決して安全なことではない。たとえ一瞬でもイノベーションを中断してしまうと、その影響は長く尾を引く。私たちは報酬よりもリスクを重視する傾向があるので、創造性を阻止するほうが、創造性を促進するよりも簡単なのだ。創造性を促進するには、着実で持続的な努力が必要となる。一夜にしてアイデアを得ることはできない。

いいときも悪いときも、アイデアの流れを止めてはいけない。アイデアは、将来の問題に対する解決策となる。将来の利益の糧なのだ。アイデアがなければ、将来はない。だからこそ、組織のイノベーション力を評価することが、事前に成功を測る最善の方法になるのだ。

すべての問題は「アイデアの問題」である

あなたはどれくらい創造的だろうか？　あなたのチームや組織は？

この質問は、表面的には「片手でする拍手はどんな音がするか？」といった難解な禅の問答のように聞こえるかもしれない。だが、創造性は具体的なものだ。「この製品のキャッチフレーズはどうあるべきか？」「次の四半期をどう乗り切ろうか？」といった、なんらかの問題に直面したとき、あなたには新しいアイデアがあるかないかのいずれかの状態しかない。アイデアの良し悪しは、その時点ではまだ関係ない。多くの場合、あるアイデアの真価は、現実の世界で試してみるまではきちんと判断できないからだ。最初の段階で必要なのは、非常に多くのアイデアだけだ。創造性に関していうと、量が質を左右する。

私たちが考案した創造性の最も有用な評価基準は、「ある個人やグループが、与えられた問題に関して、一定の期間内に生み出すことができる新しいアイデアの数」というものだ。私たちはこの基準を「アイデアフロー」と呼んでいる。アイデアフローの低い組織が困難な状況に陥るのは、アイデアという重要な資源が枯渇しつつあるからだ。

そうした組織のリーダーは、目の前に問題があることも、自分たちが行き詰まっていることもわかっているが、アイデア不足によって可能性が脅かされていることをはっきりと指摘できない。アイデアを適切に実行に移すことはきわめて重要であり、アイデアフローはその基盤だ。将来のあらゆる成功をもたらす本質的な力なのだ。

新しいアイデアの生成を、特許の取得や新たな構想への着手といった収益に直結した指標より重視するのが実用的なのかと疑問に思う人もいるかもしれない。留意しておきたいのは、そうした遅行指標によって問題の存在が明らかになった場合、すでに手遅れになっているということだ。イノベーションに関する問題を事前に突きとめたいのであれば、アイデアフローほど有用な基準はない。新しい製品やサービスを追跡することでイノベーション・プロセスにおける欠陥がわかったとしても、それでは遅すぎる。パタゴニアにおける18カ月のリードタイムを考えてみるといい。

また、アイデアの結果はさまざまな形で現れる。レコード会社や玩具会社やスタートアップを支援するインキュベーターのように、ひっきりなしに新しい製品・サービスを発売する企業もあれば、自動車メーカーや法律事務所や銀行のように、少数の主力製品・サービスを改善し続ける企業もある。いつ創造性の強化が必要となるかを明確に理解するために、さらに上流にさかのぼって見てみよう。

アイデアフローが総合的なイノベーション能力を測定するための有用な手段となるのは、必要に応じて大量のアイデアを生み出す能力と創造プロセスの健全性に相関関係があるからだ。アイデアフローは晴雨計のようなもので、雲の在り処をすべて明らかにはしないが、嵐が近づいていることを教えてくれる。パタゴニアで「売れ筋に的を絞る」というペリーの決断が業績の伸びを阻んだように、アイデアフローの減少は、創造的な文化に大きな問題があることを示している。たとえば、デザインチームのなかでアイデアフローが減っていることに気がついていたら、ペリーは出向いていって、受注が減少した際に対応するための新しいアイデアを出すよう求めたはずだ。春のラインアップを暗い色で統一するのも1つの取り組みだったが、検討すべきことがほかにもあったに違いない。

アイデアフローは、すべてのリーダーが注目すべき重要業績評価指標（KPI）でなければならない。個人および組織のアイデアフローを評価するのが、創造性の基準を決めて進捗を表示する迅速かつ簡単な方法となる。

長年にわたり、アマゾンの利益は、会社の時価総額とはまったくかけ離れたものだった。ウォールストリートは、ジェフ・ベゾスが構築しようとしていた将来に賭けたのだ。アマゾンの株価は、この会社のずば抜けたアイデアフローを反映したものだといえる。上場企業にしては、将来の価値が従来のビジネス指標に反映されるのに異常なほど時間がかかった。だが早い段階で、その桁外れに多いアイデアと実験に対する執拗なまでの関心から、驚くべき潜在能力をうかがい知ることができた。いつもながら、企業の創造的なマインドセットはトップから広がっていく。ベゾスはアマゾンを創業する前から「持ち歩いていたノートにつねにアイデアを書きとめていた。そうしないと、アイデアが頭から流れ出してしまうとでもいうように」[2]。

ただし、ベゾスは自分のアイデアに固執することもなかった。よりよい選択肢が出てきたときには、リーダーとして、速やかに古い考えを放棄して新しい考えを受け入れたのだ。すぐれた創造的な習慣をみずから示すことが、創造的なチームや組織を育て活性化させる最も効果的な方法となる。ウェブ上での書籍販売以上のことをしたいという気運が高まるにつれて、ベゾスが示したCEOとしてのこの取り組みは会社全体に広がった。

混乱が予想されるeコマースのような事業は比較対象にならないと考える向きもあるかもしれない。では、業界が混乱に直面していなければ、状況は違うのだろうか？　もしあなたの会社が、世界経済全体が受ける影響からどうにかして逃れられるというのなら、ぜひ教えてほしい。明日の朝までに私も履歴書を送りたい。

ジェフ・ベゾスは明らかに、そのキャリアにおいて卓越した洞察力を見せてきた。だが、技能と成果を才能や運のせいにしてはいけない。将来が見えなくても組織の輝かしい将来を築くことはできる。100以上のイタリアのスタートアップを対象とした無作為化比較実験によって、本書で提唱しているマインドセットや手法（ビジネスアイデアを生み出して実証する取り組み）を学んだ起業家は、対照群をしのぐことがわかっている。[3] だがこの発見は、スタンフォードの「ローンチパッド」というインキュベーターが関与した数百人の起業家と仕事をしてきた私の経験からいうと、それほど驚くことではない。

アイデアフローがイノベーションを促すことは認めても、自分にアイデアフローが必要だとは思っていない読者もいるかもしれない。あなた自身、「自分なんかより、デザイン部門の実習生のような『創造的』な若者が読んだほうがためになるのではないか」と思っていないだろうか。通常の組織では、何かを描いたり、製品名を決めたり、広告キャンペーン用のスローガンを作成したりと、一般的な意味で「創造的」な役割に就いている人はほんの少数だ。それ以外の人たちは、ゼロから何かをつくり出すことはない。あなたがマーケティング・ディレクターだろうとNASAの長官だろうと、あるいはあなたのスタートアップが最初の投資ラウンドを実施したばかりだろうと、不動産開発が建設の第一段階に入ったところだろうと、一日の大半はメールや会議や電話対応に費やされているはずだ。たしかに、何かしらの決断はしているかもしれないが、正直なところ、どれだけ頻繁に新しいアイデアを必要としているだろう？　どれだけ頻繁に、オフィスの長椅子に横たわり、六面立体パズルか何かをいじりながら瞑想しているだろうか？　そんなことをする時間はないはずだ。私たちもそうだ。それに実際のところ、そういう時間は「創造性」とは関係ない。真の創造性とは、大仰なものではなく、もっと日常的なものなのだ。

会社のなかで創造的な人とそうでない人を分ける太く黒い線は、創造性とは何か、どのように機能するか、そして何のためのものかに対する大きな誤解にもとづいて引かれている。新しい一行がスタンフォードのdスクールにやってくるたびに私たちが最初にするのは、新入生が創造性について抱いている非生産的な考え方をすべて取り除くことだ。とくに経営幹部の生徒のなかには、創造性は芸術家や作家向きのスキルであり、上級経営者には必要ないものだと考えている人がよく見られる。だが本当は、序論で説明したように、問題を解決するためには創造性が欠かせないのだ。

自分が問題（課題ではない）を抱えているかどうか確かめるにはどうすればいいのだろう？　問題を抱えていると、夜眠れなくなる。通勤中もあれこれと思い悩む。週末に家族と楽しく過ごすはずだった時間も奪われてしまう。ある記事を読み終えようとしているのに、同じ個所を何度も読み返しているようなら、あなたは問題を抱えている。その問題に対処するのに必要なことは、たった1つだ。それは、勤勉さでも、長時間に及ぶ努力でも、やる気のある態度でもない。「解決策」だ。すべての解決策はアイデアから生まれる。多くのアイデアの1つから生まれるのだ。本書の核心であり、スタンフォードのdスクールでの仕事に深い洞察をもたらすシンプルなキーワードは次のようなものだ。**「すべての問題は、アイデアの問題だ」**

なぜこれが重要なのだろう？　なぜ私たちはこの言葉を掲げて、毎朝起きて大学で教え、本を執筆し、世界中の主要企業のリーダーと仕事をしているのだろう？　それは、体系的にアイデアを生み出し、検証し、改良し、実行する方法を学ぶことで、人生と仕事があらゆる意味で簡単なものになるからだ。この学びは、隠れた可能性を解き放つメタスキルというマスターキーだ。いらだたしいメールや恐ろしい会話は、創造的な思考を必要とするアイデアの問題だと思わなければ怖くて立ち向かえないだろう。進め方がわからない仕事を先延ばしにして、答えがすでにわかっていると勘違いしてしまう。

ところが、これらをアイデアの問題だと認識すると、ツールボックスがあることに気づく。創造力が、次にすべきことを教えてくれるのだ。胸のつかえが、創造性が解き放たれる合図だと気づくには訓練が必要だが、コツさえつかめば、視界が開けるような感覚を体験できるだろう。自分の無知を自覚することは、安心につながるのだ。

これまで、あなたがもつ創造性のツールボックスには、長年の試行錯誤を通じて集められたヒントやコツやテクニックが乱雑に詰め込まれてきた。だが、本書を読み終えるころには、きちんと整理された包括的な問題解決のためのツールセットになっているはずだ。それこそが、世界中の起業家や経営幹部たちが系統的に機会を捉えて障害物を取り除くために使っている、イノベーションのための統合されたシステムなのだ。

もし、すべての問題がアイデアの問題であるなら、あなたには支援が必要ないことになるかもしれない。どのみち、あなたはこのアイデアの問題に通じているに違いないからだ。あなたは毎日、人生におけるさまざまな問題を解決している。違うだろうか？「継続は力なり」といわれるが、それはよいことを継続した場合の話だ。あなたがいま取り組んでいる問題、あなたの関心を本書から逸らせているような問題を思い浮かべてほしい。銀行とのあいだで生じた誤解、上司との衝突、求職活動、プレゼンテーション、交渉……何でもかまわない。そうした難問についてじっくり考えると、どんな気持ちになるだろうか？ 試してみるといい。その問題に取り組むことを想像すると興奮するだろうか？ どのように解決していくか、段階ごとの取り組みが正確にわかっているだろうか？ 自分に正直になってみよう。いま、創造力が活発になっているだろうか、それとも胸のつかえがいままで以上に大きくなっているだろうか？

もしあなたが世間の多くの人たちと同じであれば、問題を本能的に「回避」しようとするだろう。問題から手を引いて、距離を置きたいと思うはずだ。厄介な問題を克服してうまく解決するときでさえ、解決への道は不確かで予想外のものに思われ、その過程は多くの無駄な障害や労力を伴う。実証済みの創造性のツールセットがなければ、先延ばしとライターズ・ブロック（訳注／作家の意欲が低下したり、作品を書けなくなったりする状態）と意思決定麻痺を「継続」するばかりで、効果的で楽しい創造的な問題解決は行えない。だが幸いなことに、生涯にわたる非生産的な対応は、捨て去って置き換えることができる。それこそまさに、イタリアのスタートアップに関する研究でわかったことだ。イノベーションの手法を教えると、結果は劇的に改善する。それには、少しのテクニックが必要なだけだ。

アイデアフローを測定する　2分間テスト

では、アイデアフローを測定するには、厳密にはどうすればいいのだろうか？　頭皮に電極を突き刺す必要はない。アイデアフローは、あなたやチームの創造的な原動力の相対的な健全性を測る単純な基準だ。測定する唯一の価値は、あなたの現在のスコアを過去や将来のものと比較することにある。アイデアフローは次のように表される。

アイデア／時間＝アイデアフロー

あなたのアイデアフローを測定するのは簡単だ。まずペンと紙を用意してほしい。次に、受信トレイのなかからメールを1通選ぶ。なるべくなら返信を必要とする重要なメールがいい（すでに返信済みのメールでもかまわない）。そして携帯のタイマーを2分にセットする。

タイマーが鳴るまでに、考えられる返信の件名を、次から次へとできるだけ多く書き出してみるのだ。すでに書き出した件名については、審議したり、手を止めて考えたり、判定したり、見直しをしたりしないこと。考える時間を自分に与えてはいけない。心に浮かんだ件名を、可能なかぎりすばやく書き出せばいい。そうした件名には、真面目なもの、砕けたもの、滑稽なもの、さらにはばかげたものもあるに違いない。同じ取り組みをさまざまな形で行ってみるのが効果的だ。質ではなく、量だけを重視すること。時間になったら本書に戻ってきてほしい。

終わっただろうか？　それでは数えてみよう。どれだけ多くの件名を思いついただろう？　その件数を2で割ると、1分あたりのアイデア率となる。この演習においては、それがあなたのアイデアフローだ。誤解を避けるためにいっておくと、5分をかけてキャッチフレーズを思いついても、10分をかけて製品のアイデアを考案してもかまわない。重要なのは、同じ時間や速度で、理想的には通常の仕事に貢献する同種のアイデアの創造を、定期的に測定することだ。そうすることで、一日を通したアイデアフローの漸増や漸減や、本書で紹介した具体的なテクニックの効果を測定することができる。

アイデアフローは単純に見えるかもしれない。だが、あなたの専門分野における、一見単純そうな基準や経験則を思い浮かべてほしい。たとえば理学療法士は、患者が自分のつま先に触れようとする簡単な動作から、その人の全般的な健康状態についてかなり多くのことを知ることがある。同じように、実践する人にとっては、頻繁に繰り返される単純な測定手段のほうが、ごくたまにしか行われないような複雑な診断よりもはるかに役に立つ。あなたが自分は可能性に満ちていると感じているかどうかにかかわらず、あなたの最初の点数にはそれなりの意味がある。本書で紹介している技能を学んで取り入れることで、あなた自身の点数が変わっていくのを見れば、その妥当性がより明らかになるだろう。

アイデアフローは、知性や才能を測るものではない。いってみれば、あなたの心の状態を評価するものだ。矢継ぎ早に異なる可能性を思いつくには、一時的に自意識を抑制し、失敗したり恥をかいたりする不安を払拭する必要がある。アイデアフローを最大限に解き放つには、ハーバード・ビジネス・スクールのエイミー・エドモンドソン教授のいう「心理的安全性」が求められる。知的および感情的なリスクを冒してもいいくらい安全に感じるとき、「失敗から学ぶメリットを完全に享受できる」と、エドモンドソン教授は書いている。[4] 失敗のリスクを負いながら新しいことを試す場合、社会的、財務的なコストがかかる。そのコストを潜在的なメリットが上回ったときにのみ、脳はアイデアフローの水門を開ける。たとえば、自分の提案を人が笑ったらどうしようと思うと、身がすくんでしまい、心理的安全性が著しく損なわれてしまう。

あなたの誤った思い込みのせいにしても、組織の人たちの保守的な考え方のせいにしても、あなたが安全だと感じなければ、指をパチンと鳴らすだけで創造性を「作動」させることなどできない。もしあなた自身のアイデアフローのレベルが低いなら、創造的なマインドセットを身につけて、必要な内的レジリエンスを発達させなくてはならない。もし部下たちのマインドセットのレベルが低いなら、それは部下たちの問題ではない。あなたの問題だ。創造的なパイプラインの重要な末端での改善——問題解決、計画実行、製品出荷——には、パイプラインの入口においてチーム全体が安全だと感じる必要がある。

アイデアフローは連続体《スペクトラム》だが、外部からは「もっている」か「もっていない」かのどちらかのように見られることがある。問題に直面したときに、チームの1人が大きな貢献を示す一方で、ほかの人たちはただ黙って座っていることがある。創造性を生来の才能だと思い込んではならない。アイデアフローを活用して、チームとして障害を見極めて対処するようにしよう。1人の優秀な人に創造的な作業を担わせると、可能性が狭まり、面白味が減ってしまうが、チームとして創造性を発揮すれば、それぞれのメンバーがテクニックを駆使して創造的な潜在能力を発揮しやすくなる。これは人材の層を厚くし、創造性の水門を前例がないくらいに開くことになる。IQのような固定された基準とは違い、アイデアフローは状況によって変動する。向上させられるものであり、向上させなければならないものだ。アイデアフローの向上は、私たちの仕事と本書の目的となっている。

スタート地点に立ったいま、あなた自身のアイデアフローを書きとめて、先に進むにつれて定期的にそれをチェックするといい。あなたのスコアは、睡眠やストレスといった要因によって変わるだろうが、全体的には、これらの習慣や行動や技法を実践しようと努力したぶんだけ上昇するはずだ。アイデアフローを向上させるために、これまで想像もしなかったほど情報を求め、好奇心に駆られるようになるだろう。自分のマインドセットが変化することのメリットを知れば、ほかの人たちが創造性を高めるのを支援しようと思えるはずだ。

発想を逆転させる アイデアのためのマインドセット

イノベーションの失敗だけが会社を頓挫させるわけではないが、アイデアフローの少ない組織はどうしても行き詰まってしまうことになる。なぜなら、アイデアこそが将来の利益となるからだ。業界がどれだけ安定していても、市場におけるあなたの会社の地位がどれだけ安泰でも、明日はやがて今日になる。アイデアがなければ明日はない。

創造性の泉が枯渇したとき、心理的安全性のような漠然としたものが原因だと指摘するリーダーはめったにいない。だが、創造的なリスクを負うには、そういう気配りが求められる。人は安全だと感じなければ危険を冒そうとはしない。思い切ってやってみなければ、何も得られない。実のところ、危機的状況におけるありきたりな対応——より野心的な目標、期限の短縮、一連のレイオフ——は、創造性に対して最も萎縮効果がある。

リーダーはしばしば、安全性の確保に必死になって、イノベーションをだめにするような不安をかき立ててしまう(従業員の創造性を阻害することで、業績悪化から抜け出した企業を知っていたら、ぜひ話を聞かせてほしい)。繰り返しになるが、組織というのは、抑制されておらず不安のない創造性を通して混乱を切り抜けるのだ。

リーダーが、事業を救うかもしれない1つの資源を結果として阻んでしまうことがあるのは仕方がない。創造性の真のニーズを重視することができないとしたら、それは単にそのニーズを理解していないからだ。創造性は、あなたがそれを行使しているときには、創造的には見えない。たとえば、ある午後に近所を散歩するだけで、収益性の道が開けることがある。だが厳しい時期には、会社に残って夜遅くまで働く人が称賛される。身を粉にして働きながら、どうやって先を見据えろというのだろうか？　主に現代の職場文化がもつ工場気質のおかげで、組織はみずからを救うことのできる行動そのものを妨げているのだ。

結局のところ、ネットフリックスやテスラのリーダーのように、アイデアフローの高い組織を構築して育成する方法を本当に理解している人は、競合企業に対して計り知れない優位性をもっている。そうしたリーダーは、ほかの人と何が違うのだろう？　どのような知識をもっているのだろう？　一例を挙げよう。彼らは、くつろいだり昼寝をしたりするといった「突飛な」行動が奨励される「創造的な」業界（たとえば広告業界やデザイン業界）に限らず、あらゆる事業において創造性は不可欠な活力源だと理解している。長期にわたって安定を経験している部門は、イノベーションの必要性を軽視しやすい。リーダーは、ときおり起こる混乱によって必要が生じたときだけ、危険を冒してイノベーションに力を注げばいいという誤った考え方を重視する。そのためリーダーは、それ以外のときはリスクの最小化と短期的利益の最大化のみに集中している。それが、次の四半期だけを見据えた有害な思考につながり、数十年にわたってコーポレート・アメリカを悪化させてきたのだ。

企業には、人間とは違い、自然寿命というものがない。老舗のブランドが不祥事を起こすとき、それは必然的なことではなく、創造性が停滞した結果だといえる。組織が繁栄するには、継続的に更新と改革を図っていかなければならない。組織の人間には、新しいことを試してリスクを負うことを奨励し、その動機を与えるべきだ。もしイノベーションがその会社の取り組みにおける不可欠な要素になっていないとしたら、それは同じ場所にとどまるのではなく、後れをとることを意味している。

一方で、もしイノベーションの火が灯ったままなら、企業体にとって年齢は何の意味ももたない。シーメンス（1847年）やグッドリッチ（1870年）や任天堂（1889年）から、プロクター・アンド・ギャンブル（1837年）やボール・コーポレーション（1880年）まで、老舗の企業は、絶え間ない改革を継続することで利益を出し続けている。個人にとって、アイデアフローは競争上の優位性となるが、企業にとっては若返りの泉だ。

もしあなたが、従来型の創造的な役割に就いているとしたら――あるいは、創造的な趣味をもっているとしたら——おそらくうなずいていることだろう。アイデアフローが定期的な鍛錬を必要とする筋肉のようなものだと、身をもって知っているはずだからだ。

一貫して創造的な人ほど、本当に必要なときによいアイデアを思いつく。一方、自分のことを創造的な人間だと思ったことがなく、仕事で画期的な思考を行使する必要性を感じたことがない人は、本書を読むことで、問題解決についての認識ががらりと変わるだろう。あなたがここで発達させる創造的なマインドセットは、あなたの仕事のすべてを、あなたが考えたこともないくらい楽しくストレスの少ないものにするはずだ。

本質的に、問題解決に対する創造的な取り組みのためには、マインドセットの転換——発想の逆転——が必要だ。あなたが突拍子もない難問をアイデアの問題として捉え直すとき、いつもの非生産的な取り組み自体を問題解決に転換することになるのだ。1つの完璧な解決策を考え出そうと苦労する代わりに、以下のような転換を図るべきだ。

・質から量へ
・選り抜きのものから断片的なものへ
・完璧さから実践へ
・完了から実行へ

・あなたの視点からほかの人の視点へ
・孤立から協力へ
・妥当性の追求から無作為性の容認へ
・集中から心の迷走へ
・秩序から混沌へ
・専門分野から未知の領域へ
・アウトプット重視からインプットへの執着へ

こうした転換のなかには、通常のビジネス状況においては望ましくないものもある。だが、これから見ていくように、創造性を開花させるには、その特有な状況を認識することが必要だ。中世のカーニバルのように、創造は普段の規則がひっくり返される領域だ。ビジネスが機能するために重要な要因――集中、効率性、質、序列――は、あなたの努力を妨げるだけだ。イノベーションに移行するときは、こうした転換をより迅速かつ完全に行い、時間をより有効に使うことができる。

私たちは仕事の多くを組織と共にしているので、発想の転換を支援することについてはいうべきことがたくさんある。もしあなたが同僚や、場合によっては組織までも味方につけられれば、創造的な協力や思わぬ発見から得るメリットを存分に享受できるだろう。

いま、チームの誰もその必要性を理解してくれなくても、取り組みを転換するメリットはあるはずだ。創造的なマインドセットの土台となる習慣や行動や通常業務をこなしていく際に、こうしたメリットを忘れてはいけない。

活発なアイデアフローがもたらすもの

アイデアフローを活発化させるには、長期にわたる持続的な努力が必要だ。だが最初は、そのプロセスに全力で取り組むだけでいい。画期的なアイデアを求めて、認められている事業のやり方から進んで逸脱してみるのだ。創造性に深くかかわる心構えはできているだろうか？　それとも、あいかわらず外部から創造的なプロセスを評価し、最大限の貢献をするチャンスを逃してしまう気なのだろうか？

創造性という深いプールに飛び込んでみる価値はある。アイデアフローを増やすことで、あなたとあなたのチームは、定量的な業績を向上させるとともに、仕事の定性的な体験も改善することになるからだ。容易さ、楽しさ、関与の度合いが増し、最終的には、これまで以上の利益が期待される。

もしあなたがいままで一度も創造的な組織で働いたことがないとしたら、この新しい仕事のやり方は、少しばかり奇妙に見えるかもしれない。最初は、あまりの違いに神経を逆なでされることがあると思うので、覚悟しておこう。たとえば、創造的な働き方をしている人は、より頻繁に席を離れる傾向がある。そうした人たちは、互いに長いこと話し込むことはあるが、正式な会議にはあまり出席しない（問題に効果的に対処する方法がわかると、ほとんどの会議における時間の浪費は一目瞭然だ）。時間のかかる会議は、具体的で行動志向の成果を念頭に置いた短くて自然発生的なものか、高度に集中的なものに変わりつつある。創造的な企業で働く人たちが集まるのは、活力とひらめきを求めてか、あるいは1人では解決できない問題を解決するためであって、メールで周知すれば済む結果をみんなで審議するためではない。また集まるのはたいてい、1日分の思考力を使い切ったあとの午後、それも堅苦しい会議室の外でだ。

最後に、創造的な組織においては、人は折に触れてじっと宙を見据える――ありていにいうと「漫然と過ごす」――ことがある。そんなときは、好きにさせておけばいい。本書を読んでいるリーダーやマネジャーは、仕事はどうあるべきかという固定観念を取り払うことが重要だ。現在の職場で遂行されている習慣にこだわるのをやめて、チームが創造的になるための余裕をある程度認めなければならない。また、組織のなかで、心理的安全性を確保しようというあなたの努力を台無しにしかねない人たちから部下を守ることも求められる。アイデアフローの向上は、いずれあらゆる奇妙な行動を正当化する以上の効果をもたらすはずだ。それには、組織全体においてこうした新しい行動を常態化させるための、時間と労力と信頼が必要となる。

プロのスポーツ選手が自分の身体的なニーズと限界に対する意識をかなり正確なレベルまで高めるように、創造的なチームメンバーはいかに最高の能力を発揮するかを学ぶ。自分の心的状態や活力の程度を、深く繊細に見極める内省力を高めるのだ。これによって時間を最大限に活用できるようになる。アイデアフローのレベルが高いときは、斬新な可能性を考え出すことに注力する。活力が低減しているときは、日常的な仕事をこなしながら回復を図る。元気を取り戻すために、散歩をしたり、コーヒーを買いにいったり、新鮮な空気を吸って太陽の光を浴びたりする。詳細はそれぞれ違うだろうが、マネジャーとしては、部下が自分でパフォーマンスを調整するのに任せるのが一番だ。

創造的な組織ではどの部門においても、考える暇もないような絶え間ない忙しさが、回復するための休憩が組み込まれた、頭を使う結果志向の努力に置き換わっている。そうしたチームのメンバーは、全員が自分の脳を、最高の結果を出すために慎重なメンテナンスを必要とする、高性能のエンジンとして重んじるすべを学んでいる。

創造的な組織では、仕事はもはや、上司を喜ばせたり株主をなだめたりすることではない。仕事をきっちり――効果的に、優雅に、そして野心的に――するモチベーションは、何よりも達成感によって生まれる。社員は、創造力をフル回転させることが気持ちのいいことだと知る。革新を図り、協力し、実験することは、本質的にやりがいがある。あらゆる仕事に創造性を取り入れると、大きな満足をもたらす達成感と自己実現――アブラハム・マズローの「人間の欲求の階層」における一番上の段階――を体験することができる。これが、私たち全員にとっての、仕事のあるべき姿だ。創造的な組織では、従業員の満足度は業績とともに上昇する。

イノベーションは難しくなる一方だ。スタンフォード大学のある研究チームが発表した論文によると、研究の生産性、言い換えれば「つぎこんだ資源をもとに期待されるイノベーションの速度」は数十年にわたって低下している。[5]　１００年前にはまだ、小規模なチームで、電報や蒸気機関のような大きな進歩を実現することができた。多くの基本的なイノベーションがすでに達成されてしまった、現在のきわめて複雑な世界においては、追加的な改善をもたらすのにも多大な努力が必要だ。

この論文によると、同じ成長率を維持するには、研究努力を13年ごとに倍増しなければならない。この世界的な傾向は、個人と組織の両方にあてはまる。イノベーションに向けた努力の増強は、私たち全員にかかっている。歴史は、こうした責務を放棄する者に対しては、厳しい態度を見せるだろう。

アイデアフローに労力をつぎこむメリットをわかっていただけただろうか。

もしあなたがリーダーであるなら、チームの改善をどう支援すればいいか思い悩む必要はない。簡単なことだ。変化はあなたから始まる。もしあなたが、自分の創造力を育て、あらゆる問題をアイデアの問題として捉えて取り組むすべを学ばなければ、ほかの人たちのそうした態度を触発することは決してない。あなたの組織のアイデアフローは、かすかな滴のままとなるだろう。全員が自分で解決策を見つけようとはせずに、誰かが解決してくれるのをひたすら待ちながら、無駄な努力を続けることになる。

次の章では、単純だが効果的な創造的活動について説明する。それは、あなたのアイデアフローを活発にし、あなたの周囲の人たちにとって確固たる手本となるだろう。

第2章

アイデアフローを増強する

才能の唯一の実体は、
日々繰り返される行為だ。[1]

——マリア・ポポーワ（エッセイスト）

アイデアフローの増強は、すぐれたブレインストーミングの技術によって起こるわけではなく、朝目覚めたその瞬間から始まる。限られた時間をどう使うかが、創造性のアウトプットに大きな影響を与える。これを説明するために、私たちの知る2人のリーダーであるジェンとジムの一日を見てみよう。ジェンとジムは似たような役割を担っているが、成し遂げた結果は大きく異なる。

ジムは、ソフトウェア開発会社のマーケティング部門を率いている。この会社は前年の初頭に最初のモバイルアプリを発売して以来、成長軌道をたどってきた。チームの成長とひっきりなしの急ぎの要求への対応のはざまで、ジムは行動順位の決定に追われる日々を送っている。朝になり携帯のアラームが鳴り出すとき、対応を要する通知が山ほどたまっている。その時点からジムは、絶対に必要なときにしか顔を上げない。シャワーを浴びるとき、職場まで車を運転しているとき（赤信号で停止したときは除く）、ドライブスルーでエッグサンドとコーヒーを受け取るときなどだ。ある種のトランス状態のまま、会社の駐車場に入るまで、メールやインスタント・メッセージを処理している。

午前9時には、ジムはすでに息切れ寸前となっている。それでもまだ、いらついた不安な気持ちを抱えながら、解決すべき問題が山積みの受信トレイと、会議の予定が詰まった予定表をにらんでいる。毎日毎日、朝から晩までそうした対応に追われていると、ランニングマシンでひたすら走らされているような気になる。だが、成長を促すような積極的な行動があったとしても、何か新しいことを試みるのは、貴重な時間を犠牲にすることを意味している。時間と活力があまりにも限られているので、見返りが保証されていないことに労力を注ぐのはあまりにもリスクが高いように思えるのだ。

どの新しいマーケティング戦略がうまくいくか、どうしたらジムに前もってわかるというのだろうか？　なんとか1～2時間を確保することはできたとしても、成果があると確信できないことに何週間も何カ月も努力を費やすなど、どうあってもできない。大きなアイデアに取りかかるのは、それによって中断される時間分の仕事をおおかた片づけてからになる。それができれば、いますぐにでも腰を据えて何か壮大なことを思い描くことができるだろう。

ジムがこなしている仕事は重要なものばかりだ。ジムは、会議では貴重な意見を出し、メールで質問に答え、成長を続けるチームを管理している。彼がひたすら無駄な努力を続けてきたわけではないのは確かで、会社はものすごい速さで拡大している。すでにあるアイデアがこれほどうまく機能しているときに、新しいアイデアなど必要ない。

ジムが将来について心配するとしたら、それはこの驚異的な成長ペースに衰えが見えたときだ。差し当たっては、時間の余裕ができるまで、会議から会議へと飛び回ることになるだろう。実のところ、夕食後に何らかの計画を立てるつもりでいる（当然ながらジムは、毎晩家に帰るころには、体は疲れ果て、頭は空っぽになり、気持ちは満たされていない。数時間後にはまた同じことを繰り返すのだと考えると、新しいアイデアに取りかかる気になんてなれない。にもかかわらず、ジムは同じことを何度も心に誓い続けている）。

ジムがいつもと同じように忙しく過ごしていたある日、会社の創業者が全社会議を招集し、期待していたベンチャー・キャピタルの投資ラウンドがうまくいっていない旨を全員に告げた。予定よりも早く収益を上げる必要が生じたのだ。この変更には、主にマーケティングの観点から、大胆な発想が求められる。

「ジム。パイプラインに何か重要なものはあるだろうか？」

突然訪れた沈黙を感じて顔を上げ、ジムは全員が自分を見つめていることにようやく気がついた。創業者は、同じ質問を繰り返した。

〈パイプラインだって？　パイプラインに取り組む時間などあるものか〉

当然ながらジムにも、それを大声で口にしないだけの分別はあった。「山ほどあります」と、ジムは答えた。「この会議が終わったあとで、最新のアイデアについて一通りご説明します」。これで2時間ばかり時間が稼げるはずだ。それだけあれば思いつくだろう……何かを。

2人のリーダーの話　アイデアはどこから降ってくる？

ジムの状況に聞き覚えはあるだろうか？　あなたの日常は、ジムのそれと表面的には違って見えるかもしれないが、おそらくあなたも仕事では多忙を極めていることだろう。ジムと同じように、気がつけばもっと積極的で創造的で生産的にありたいと願っているかもしれない。おそらくあなたの組織や業界で早く出世する人は、求められている以上の働きをする人であるのを目にしているだろう。そうした人たちは、通常の業務に加え、大きな新しいアイデアを思いつき、それをはっきりと見えるやり方で行動に移している。

あなたは、ただそのやり方がわからないだけだ。

優秀な創造者は、あなたの知らないどんなことを知っているのだろうか？　彼らには、あなたより2時間ほど余計に時間があるとでもいうのだろうか？

あなたはいつも、何か重要なことを考えついてそれを実行するだけの、落ち着いた夢のような時間が訪れるのを待っているのだ――まさにいま、真剣に。だがあなたは、いつものごとく混沌とした状態のなかで、本当に新しい何かにどこから取り組めばいいかわからないのだろう。

創造的な問題解決やイノベーションは、大体が共同作業だ。新たな問題を解決するときは、マネジャーでもCEOでもスタートアップの創業者でも、普通はほかの人と協力して行うものだとわかってくるだろう。このあとの章では、あなた個人の考え方に左右されない重要な方法で、イノベーションのパイプライン全体を説明していく。生の創造性の積み重ねから、異なる可能性の発案や、解決策の現実世界における実証までのすべてだ。

しかし、どの組織のどのレベルのどのステップにおいても、普段は顧みられることがないある基盤が重要になる。「あなた」という基盤だ。ひらめきに関して、あなたはアンテナだ（ジジジ）とたとえたが、あれはあくまでも比喩だ。アイデアは、宇宙のどこかに存在していて、あなたが見つけるのを待っているわけではない。あなたの頭のなかから生まれるものなのだ。シェフは自分のナイフをよく切れる状態に保つ。音楽家は自分の楽器をこのうえなく大切にする。本章では、あなたのツールを正しく調整する方法を紹介する。

あなたは、少なくとも人生で一度は、アイデアのよい流れを経験しているので、自分に創造する能力があることを知っている。それで、仕事量や家庭生活のせいにしているのだ。創造的なアウトプットが足りない理由が、増え続ける一方の「やることリスト」にあるなら、忙しさが落ち着くと同時にあなたはより創造的になるはずだ。あなたはそれをひたすら待ち続けている。運がよければ仕事が落ち着く時期が来るだろう。さらに運がよければ、予想外のレイオフに遭遇するかもしれない。運がいいといったのは、そうなってようやく真実を受け入れることができるからだ。その真実とは「どのみち、何も起こらない」ということだ。抑制されていた大量のアイデアなど、どこにもない。すでにもっているアイデアを達成しようという動機や意欲も出てこない。あなたはあいかわらず行き詰まったままで、単に言い訳をなくしただけだ。そのときになって初めて、あなたは自分の思い込みに疑問を抱くようになるだろう。アイデアがどう機能するかについて、あなたはおそらく最初から考え違いをしていたのだ。

結局のところ私たちはみな、目標に向かって、測定可能で有意義な進歩を遂げたいと思っている。だがジムのような仕事の仕方をしていると、そんな日はいつまでたってもやってこない。待ち望んでいた凪《なぎ》のような状態は、何の前触れもなく訪れ、悠長に考える時間を与えてはくれない。凪のような状態は、たいていそれ自体が非常事態だ。9・11のあと、パタゴニアで受注が減ったときのことを思い起こしてほしい。事業が減速したときが、将来の計画策定に取りかかる最後の機会だ。

私たちの多くがジムと同じように創造性に取り組んでいるとしたら、ほかにどんな方法があるというのだろう？　実際にどうすれば、何か大きなことを思いつき、さらには実行に移せるのだろうか？　私たちの経験では、ほとんどの組織において、大きな成果は少数の優秀な創造者にかかっている。たえず大きな成果を上げている一握りの人たちだ。彼らは、専門が何であるかにかかわらず、同じ行動パターンと特性をもっている。それは、圧倒的なアイデアフローと、忍耐強い実験や改善と、実証されたアイデアの確実な実行だ。

こうした人たちは、価値の高い努力を徹底するために、時間とエネルギーを管理しながら、目的をもって働いている。見栄え（忙しく見せる）ではなく、効果の最適化（達成）を重視しているのだ。もし彼らの仲間入りをしたいと思うなら、こうした働き方は、生産性に関するヒントや、やる気を喚起するスローガンではなく、問題に対するまったく新しい取り組み方という、マインドセットの大きな転換によって促進されることを理解する必要がある。

最も優秀な創造者の行動とはどんなものだろう？　全員参加の会議に話を戻そう。ジムの左側の少し離れたところに座っている、同僚のジェンに注目してほしい。このいきなり不安に襲われたソフトウェアのスタートアップで、販売部長を務める人物だ。

ジェンのチームは、ジムのチームと似たような規模で、責任の度合いもちょうど同じくらいだったが、ジェンは落ち着きながらも目的意識をもって仕事をこなしていた。ジムとは違い、あくせくしているところを見せることはまったくなかった。眉間にしわを寄せたり、人と話しているときにこれ見よがしに携帯でメッセージを送ったり、会社にとって自分がいかに重要かを印象づけるために、会議から会議へと早足で移動したりすることもない。ジェンはただ、率先して1つずつ仕事をこなしているだけだ。

重要なのは、ジェンが日常的な仕事を軽視しているわけではないことだ。ほかの部門と同じで、販売部門も解決すべき問題を山ほど抱えているが、それを大騒ぎせずに速やかに解決している。これはジェン――ひいては彼女が率いる販売チーム――が「戦略的」に仕事に取り組んでいるからだ。彼女は事前に計画を立て、似たような仕事を1つにまとめ、現在の要求と将来のニーズに優先順位をつけている。これによって、イノベーションのための時間とエネルギーを捻出できるのだ。ときの経過とともに、ジェンの直属の部下たちは、そうした働き方を学んできた。ジムがひそかに抱いている疑念をよそに、ジェンにあるのはほかの人と同じ24時間だ。彼女の時間の使い方が、どう違うのかを見てみよう。

朝、ジェンは携帯に届いた不要な通知を無効にする。携帯を眺めるのは、アラームを解除するあいだだけだ。それから1時間をかけて、精神的な努力を持続できるよう、心と体を整える。そのあいだに、瞑想し、運動をして、内省し、日記をつけるのだ。ジェンはこれを、自分の調子を調整する行為だと考えている。徹底的な準備が必要なのは、その日の要求に対して、単に反応するだけでなく、積極的に行動を起こすつもりでいるからだ。ジェンは、穏やかな澄んだ気持ちで、栄養価の高い朝食をとりながら、仕事とは関係のない分野の本を読み、脳のウォームアップをして、新しい思考を刺激する。

会社に向かう前には、つねに持ち歩いている大型のノートに書いたメモ書きにもう一度目を通す。会社が決めた手順ではなく、このノートには独自に、会議で決まった今後の行動、現在と将来の業務プロジェクトに関するアイデア、ときおりの息抜きなどについて、自由に書き込んでいる。このノートには、ジェンの考えが詰まっていた。前日のアイデアを見直すことで生まれる新しいアイデアを、良し悪しを判断せずにこまめに書きとめているのだ。ジェンは、創造性への準備を整え、たくさんの可能性を抱えて、仕事に向かう。運転中はずっと目の前の道路に目を向けている。

オフィスに到着し、一息ついて気持ちを新たにしたジェンは、ほとんど毎朝そうであるように、最初の1時間には予定が何も入っていないことを確認する。ジェンは、販売チームの朝のこの時間帯に、外からの邪魔が入らないようにしている。避けられない緊急事態や、ときおり招集される全社会議を別にすると、この最初の1時間は、計画を策定し、セールス・コピーを書き、プレゼンの準備をし、ときにはただ考えるための時間だった。販売部のこの静かで穏やかな雰囲気に、新人は興味津々の顔をした。オフィスのほかの部門に見られる混沌とした雰囲気とは、あまりにもかけ離れていたからだ。まるで別の会社が間借りしているかのようだった。だが新人はすぐに、販売部が会社の中枢だと知ることになる。販売部は、必要なときに、必要なものを提供してくれる部門だ。さらにいいことに、将来必要になると気づいていないものまで提供してくれる。

他方、ジムのマーケティング部が相手だと、どんな要求も、予想外の遅れや予期せぬ複雑な事態に遭遇するようだ。厳密には誰が悪いわけでもないのだが、延々と続く奮闘やスタンドアップ・ミーティングをはじめとする生産性向上のための努力にもかかわらず、問題はつねに起こっている。マーケティング部に必要なことをやってもらうには、うるさいくらいのフォローが必要だということはわかるが、それは誰にとっても時間の浪費であり、全員を疲弊させてしまう。

だがジムと彼のチームが、あなたの要求よりも重要なほかのあらゆる仕事について大騒ぎしていても、その忙しさが具体的な結果につながることはまったくない。表面的にはどんなに忙しそうにしていても、実際のところは目に見える成果が何もないのだ（この次誰かが、問題を解決するためにまたハッカソン〈訳注／一定期間、集中的にプログラムの開発やサービス考案などを共同で行う催し〉を提案するようなことがあったら、これを思い出してほしい。『ボヴァリー夫人』の作者であるギュスターヴ・フローベールは、「強烈で独創的な仕事ができるように、人生を整然とした秩序ある状態にしておきなさい」と、友人に助言している[2]）。

ジェンの販売部の信頼性と反応の速さのおかげで、ほかの社員は彼らを煩わせないよう気をつけるようになった。すべてのメールや、会議の招集通知の宛先に販売部を含めることで、その貴重な時間を浪費させることもなくなった。販売部が静かなのは、重要な問題に取り組んでいるからだと誰もが知っているからだ。ジェンの部門は、会社の将来を見据えているだけでなく、築いているのだ。販売部は、ほかの全員のために翌年の仕事を確保してくれていて、社員全員がそれに敬意を払っている。

誤解のないようにいっておくと、ジェンは、フローベールのいう「整然とした秩序ある状態」を一夜にして築いたわけではない。ジムとは違ってジェンは、その時点で最も緊急性が高いと思える問題に片っ端から飛びつくのではなく、仕事の委託と優先順位づけに時間を使っている。反復的な仕事にかかる時間を節約するための、システムとプロセスを構築しているのだ。ジェンが着実に効率性の向上を図っているのは、将来のニーズに効果的に対応するために、自分の時間の大部分を使う必要があるからだ。ジェンは、この将来を見据えたマインドセットのおかげで、ときおり危機に見舞われたり、臨時の朝の会議に呼ばれたりしても、ジムがいつも経験しているような混沌とした状態に陥ることはない。

ジムが全員参加の会議で固まってしまうと、ジェンは自分のノートのページを開いた。創業者がジェンのほうに目を向けたとき、彼女にはこうした動きを見越してチームで積極的に試してきたいくつかの案があった。ジムとジェンはどちらも、会社が遅かれ早かれアプリの有償化に踏みきるとわかっていた。ジェンは、早いほうに賭けていた。創業者は、より多くの資源を実験に投入するとともに、実証されたアイデアの1つを実行に移す許可をジェンに与えた。ジェンと彼女のチームは、将来のための課題に取りかかった。ジムは、将来についてなすすべもなく思い悩みながら、過去の問題の処理に戻った。

ジェンとジムは架空の人物にすぎないが、私たちが世界中の企業の何百人ものリーダーたちと仕事をした経験に厳密にもとづいてつくり出したものだ。規模の大小にかかわらず組織で働いたことのある人なら、2人に共感する部分があるに違いない。ジムのような上司のもとで働いたことがあるかもしれないし、あなた自身がジムのような上司なのかもしれない。運がよければ、ジェンのような上司のもとで働いたことがあるかもしれないが、その可能性は低そうだ。これといった理由はないが、私たち全員が仕事においてジェンになることはできない。もしこの考えに賛成なら、ぜひこのまま読み進めてほしい。

進捗が行き詰まると、うろたえたリーダーはただちに解決策を求める。そして、膨大な創造性が具体化しないと、自分たちが築いてきた反創造的な文化ではなく、社員のせいにしはじめる。もしあなたもそうなら、創造性をアウトプットの観点から考えるのをやめるときだ。解決策ばかりを重視するのは、望遠鏡を反対側からのぞき込んでいるようなものだ。創造はプロセスであって、成果ではない。有能な革新者は、1時間ばかり部屋から出ていって、魔法のようにたくさんのアイデアを抱えて戻ってくるわけではない。創造的な慣行を確立しそれを維持することによってのみ、必要なときに創造的思考ができるのだ。時間とエネルギーを着実に創造性につぎこめば、成果は自然に生まれてくるものだ。

アイデアはトマトと同じように、育てるには肥えた土壌と十分な時間が必要だ。だがトマトと違って、新しいアイデアは、仕事から帰宅する途中に食料品店で簡単に買えるものではない。アイデアという赤い完熟トマトは、あなたがこれまで丹念に世話をしてきた菜園の恵みの象徴だ。土を耕したり、種をまいたりせずに、どうやって何かを育てることができるというのか？

ひらめきは謎めいたものに思えるかもしれないが、アイデアはどこからともなく現れて食料品店に並ぶものではない。アイデアが生まれた経路――種がまかれたこと――に気づかないときに、そう見えるだけだ。経験や情報という豊かな堆肥が、その種が根、つまりほかのアイデアや事実や概念との貴重なつながりを広げる手助けをする。そうなってようやく、あなたの意識に、輝くような緑の芽が出てくる。必要なときにいつでも安定した豊富なアイデアフローを活用できるようにするには、道端の雑草のふぞろいな茎を引き抜いているようではだめで、手入れの行き届いた肥沃な菜園で果実を栽培しなくてはならない。

問題や計画の1つから、プロセスや慣行の1つへと、マインドセットを切り替える必要がある。

イノベーションには偶発的な面はない。創造性は、体力や柔軟性のように、鍛えて開発すべき能力だ。適切な技術と習慣的な努力がなければ、アイデアの創造は疲れる作業となり、成果を生まないことが多い。創造的な慣行の土台となるのが、日々の軽いウォームアップであるのはそのためだ。

アイデア・ノルマを日課にしよう

凝り固まった創造性の筋肉を毎朝ほぐすことで、アイデアを思いつくときに「質」から「量」へとマインドセットを切り替えられるようになる。このあと説明するアイデア・ノルマを日課の一部にすれば、創造的な探求を阻害する、完璧さを求める潜在意識の圧力を軽減できる。

あなたには、これからずっと、毎朝10個のアイデアを書き出してもらう（どんな種類のアイデアかはすぐにわかる）。これらのアイデアの質は問題ではない。あなたが考えていそうなことに反して、アイデアがまだ頭のなかにあるうちは、その価値を判断することはできない。

アイデアの「検証」は、創造的なプロセスにとって、アイデアの「創造」と同じくらい重要だ。だが、それについてはあとで説明する。差しあたって、私たちの目的は、陳腐化した思考をリフレッシュさせることだけだ。

アイデア・ノルマの実施は、3つのSからなる単純なプロセスだ。

1. 種まき（Seed）――問題を選んで、それについて研究する。
2. 睡眠（Sleep）――潜在意識に問題を処理させる。
3. 解決（Solve）――問題をアイデアで満たす。

それぞれの段階がどう機能するか、詳細に見てみよう。

種まき（Seed）

アイデアは、ほかとまったく無関係に生まれることはない。あなたがそれを知っていようがいまいが、脳はつねにバックグラウンドで問題を処理している。いつでもアイデアのリストを「ランダムに」つくり出すことはできるが、そうしたアイデアは否応なく、脳の注意を引くものすべてから情報を受け取っている。だが、これはかなり厄介な傾向といえる。それらについてあれこれ考えるのは、問題解決能力を有益に活用しているとはいえないからだ。潜在意識は、緊急性と重要性を区別することができないので、意識的にその使い方を導いてやらなければならない。そうしないと、どんなことであれ一番気になることに思考がとらわれてしまう。それは、あなたの長期的な野望にとって最も重要な事項とは限らない。

これからは、重要性の高い問題を脳に提供して、それを新しい思考があなたの目標にとって有意義な貢献をするような領域に向かわせるのだ。見知らぬ人が口にした失礼な言葉にこだわったり、夢中になっている映画のプロットを理解したりする代わりに、あなたの脳は、仕事のプロジェクト上の障害や、職場での対人関係の問題や、キャリアに関するビジョンの欠如まで解き明かそうとする。覚えているだろうか。「課題」は、対処方法がわかっているものだ（あなたがやりたいと思うかどうかはさておき）。「問題」は、取り組み方さえわからないものだ。真の問題は、新しいアイデアにのみ反応する。毎晩ベッドに入る前に、以下のような考える価値のある問題を、心に与えるようにするといい。

・この四半期は、どうやって費用を削減しようか？
・今年のバカンスは、子どもたちをどこに連れていこうか？
・上司にどうやって昇給を頼めばいいだろうか？

・販売会議でプレゼンを始めるときの、最善の方法は？

完璧な問題を見極めるのに頭を悩ませたり、選択に2分以上かけたりしてはいけない。もし誰かのメールを読んだあとに、いまは対応できないという理由だけで未読マークをつけているとしたら、それはアイデアの問題が示す典型的な兆候だ。先に述べたように、あなたが受信トレイの中身をせっせと片づけるのは、不安な気持ちにさせるような仕事を回避するためだ。寝る時間まで待たずに、目星をつけておくべきだ。

もし急ぎのアイデアに関する問題が複数あるのなら、「問題の待機リスト（Queue）」をつくるといい（取り組むべき問題が多すぎるということはない）。

寝る前にくつろいでいるときに、問題の待機リストのなかから問題を1つ選び出して、リラックスした状態で漫然とそれについて考えをめぐらせるのだ。数分かけて関連する本に目を通すこともあるかもしれない。だが、無理に解決しようとしてはいけない。あなたがここでやっているのは、潜在意識の関心を引きつけることだ。関連する詳細についてじっくり考えはするが、まだすべてを1つにまとめる必要はない。

睡眠（Sleep）

寝ているあいだ、あなたには意識がなくても、脳は忙しく働いている。研究により、睡眠は、認識能力と日常的な脳のメンテナンスの両方にとって重要であることがわかっている。[3] 意識が休んでいるあいだ、脳はあなたが昼間経験したことをリラックスしながら直感的な方法で処理している。その力は驚くほど強く、無駄にするのはあまりにもったいない。

すぐれた洞察は夢のなかで生まれる。よく知られているように、化学者のアウグスト・ケクレは、蛇が自分の尾をのみ込む夢を見たあとにベンゼン原子の環状構造を思いついたと主張した。同じように、ノーベル賞受賞者であるオットー・レーヴィは、夢のなかで正しいアプローチに到達して、脳内では神経インパルスが電気的な信号ではなく化学物質によって伝達されることを証明した。[4] とはいえ、人が夢のなかで完全な解決策を思いつくことはめったにない。その代わり、眠りから覚めたときに、古い考えが斬新なものに置き換わっている。

研究によると、睡眠は昼間の難しい問題を解決する能力を改善する。[5] そのため、睡眠の欠乏は2つの意味で問題だ。新しい洞察が生まれないし、起きているときに効果的に革新を図るための準備もできないのだ。そのうえ睡眠不足は、「注意力と作業記憶を損ない、長期記憶や意思決定といったほかの機能にも影響する」。

もしあなたが睡眠に関する問題を抱えているなら、効果が確実な対処法がある。飲酒量を減らす、寝る前の大食いを避ける、マグネシウムのようなサプリメントを摂取するといったものだ。睡眠時無呼吸症候群や不眠症のような、より深刻な睡眠障害の場合は、病院に行ったほうがいい。

いずれにしても、最高の状態で活動するには、妥当な時間に健全な眠りについて朝まで寝られるようにしなくてはならない。

解決（Solve）

シャワーを浴びているとき、朝食をつくっているとき、朝ジョギングしているとき……軽い気晴らしになるような何らかの身体的活動をしているときは、リラックスした状態で問題について脳を働かせられる。そのあと、会社に向かう前に、数分かけて考えられる解決策をさっとメモすればいい。少なくとも10個が目標だが、相互に関連しているものやバリエーションも勘定に入れる。たとえば、新しいロゴのカラーを検討しているなら、ただのブルーだけでなく、アクアマリンとコーンフラワーブルーも数に入れよう。

毎朝10のアイデアをひねり出すのは大変だと思うかもしれないが、私たちのトレーニング・プログラムの1つの平均的な参加者は、「よい」アイデアを思いつこうとはせずに、毎日3分間でそれを実践するのを日課としている。質を気にしはじめると、半日かけてもアイデアが1つも浮かんでこないという事態になりかねない。アイデア創造のプロセスは、つねに質ではなく量を中心に展開されなければならない。朝の「アイデアの待機リスト」は、「悪い」アイデアを出してしまうのでは、という不安を軽減して、アイデアフローを活発にする。覚えておいてほしいのは、最初のうちは悪いアイデアと有望なアイデアを区別するのは難しいということだ。「正しく」ある必要性を感じなくなれば、アイデアが次々と湧いてくるはずだ。少なくとも10のアイデアを思いついたら、目標達成とみなし、その日の活動に取りかかろう。

私たちが一緒に仕事をしたことのあるシンガポール人の技術担当役員は、最初はいつも「アイデアの待機リスト」にうんざりすると語った。最初に思いつくいくつかのアイデアは、脳がパイプの汚れをかき出したような、どちらかというと平凡で当たり前のものが多いからだ。だがそのあと、より貴重で興味深い案が浮かんでくる。奇抜でばかげているものや、明らかに違法なものを書き出してもいいと思うようになると、すぐにアイデアがあふれてきた。走っているときにエンドルフィンが放出される瞬間のようなものだ。当然、最後のほうに思いついたいくつかのアイデアが最も価値のあるものとなる。

アイデアを潰してはいけない　あなたの「脳」をしつけよう

どのアイデアが価値のあるものかを判断したいと思っても、その欲求をはねつけなければならない。これから見ていくように、アイデアフローにとっての最大の障害はアイデアの不足ではない。あなたの内的なセンサーだ。脳は、可能性を生み出す以上に、拒絶することを得意としている。結局のところ、この内的センサーは、あなたが成長する過程で鍛えてきた筋肉のようなものだ。実際、あなたは有望なアイデアに対して、そうしたセンサーの存在を完全に理解しないうちから疑ってかかることがあるはずだ。毎日のアイデア・ノルマは、その本能的な反応を緩和させるための第一歩だ。

自己検閲は、有用な認知反射だ。一日中、新しいアイデアが何の制限もなしに次々と流れこんでくると、集中するのがかなり難しく、ましてや手をつけたことを終わらせるのはきわめて困難になる。問題はこの「拒絶する」筋肉が発達しすぎたことだ。ポパイの膨らんだ前腕を思い浮かべてほしい。自分自身に疑いを抱く傾向は、小学校時代から助長されてきた。どのクラスを観察してみても、何か奇抜なことを提案したせいで、あるいは「イエス」または「ノー」で答えられないような質問を発しただけで、叱られている子どもの姿を目にするだろう。教師を責めてはいけない。悪いのは制度なのだから。物事を「予定どおり」進めようとするとき、アイデアは混乱の元となる。最適な効率性とは、異なる考えが出てくるたびに、それを排除することを意味する。

だが、創造性に関していうと、効率性は非生産的となり、とくに危機や混乱の際にその傾向が顕著だ。アイデアフローを増やすには、独創的な考えに対するこの非常に強力で敏速な抑制力を緩める必要がある。

医師であり音楽家でもあるチャールズ・リム博士は、異なる仕事を興味深い方法で両立させている。リム博士は、ジャズ・ミュージシャンとヒップホップ・アーティストをMRIで撮影することで、自発的な創造行為のあいだに脳のなかで何が起きているのかを正確に知ろうとした。すると、即興演奏中に脳の一部が活性化し、自己認識力が低下することがわかった。メロディーをつくっているときも、フリースタイルのラップを演奏しているときも、新しいキャッチフレーズのために10のアイデアをメモするときも、創造性は、脳が自分の行動をあまりに細かく監視するのをやめるよう求めるのだ。

「ジャズ・ミュージシャンがミスの心配ばかりしていたら、リスクを冒さなくなってしまいます。そのため自己抑制の軽減が、斬新な音楽を実際に生み出すために必要な要素となるのです」

と、リム博士はインタビューで答えた。[7] 彼がとくに着目したのは、創造的な状態と夢を見ている状態の類似点だ。「夢を見ているときは、予期せぬ結果や自由な連想にも取り組んでいます。私たちが最も創造的になるのは、夢を見ているときです。抑制を受けていないので、驚くほど独創的になれるのです」と、リム博士は語った。

時がたつにつれて、アイデア・ノルマは、必要に応じて新しいアイデアを生み出す能力を発達させる。熱心に練習を重ねれば、新しいことに対する非生産的な状況を緩和し、いいタイミングで、抑制をつかさどる脳の一部をリラックスさせられるようになるのだ。どんなにばかげて理不尽に思えようと、心に浮かんだアイデアをすべて気持ちよく言葉にできるだろう。

朝に受けた刺激によって、一日を通して、創造的な思考がより多く敏速に生まれることがある。ボストン小児病院の新生児集中治療室（NICU）の責任者であるキャサリン・アランは、最近この効果を経験した。「私は今朝、何本ものコードや大型の機器といった、患者の枕元で治療する際の障害について、どうやって解決すればいいかを考えていました」と、キャサリンは語った。彼女のアイデア・ノルマには、いくつかの有望な解決策が含まれていたが、そのあと家を出る途中で玄関のホールを通りかかった際に、鍵を吊るしてある壁のフックが目にとまった。そのとき、患者のベッドでも、同じようにすればうまい具合になるとひらめいたのだ。「ビンゴ！」

クリケット（コオロギ）タンパクのスタートアップ、「チャープス」の創業者であるローラ・ダサロは、毎日新しいアイデアを考え出す習慣を1年間続けた。この手法を数週間から数カ月にわたって規則的に実践することで、彼女の起業家精神に磨きがかかった。「私は多くの問題に精通しています」と彼女は語った。「いらいらするときや、むかつくときはいつも、『私がこの問題に悩まされているのなら、ほかの人たちもきっと同じ問題を抱えているはず』と考えます」。その年のハロウィンで、ローラはカリフォルニアのカボチャがカービング（訳注／野菜や果物に彫刻を施すこと）のあとですぐに腐ってしまうことに気がついた。そこで塩をベースにしたスプレーを開発し、カービングしたカボチャの保存に成功したのだ。発案から実行まで、ほんの1日の出来事だった。

未解決の問題は私たちを不安にする。不安は、まだ解決できていないことに脳が意識を集める手段だ。だが私たちは、こうした本来の目的に従わず、むしろ、解決のための創造的なアウトプットを抑制してしまう。問題を抱えて神経質になり、その解決に向かう道がはっきり見えないとき、それについて考えるのを避けてすべてを後回しにしようとする。残念なことに、ソーシャルメディアを見て得られるひとときの安堵感は、心の底にある不安を高めるだけだ。こうした回避する習性は、先送りを煽《あお》り精神的および情緒的に私たちを疲弊させる負のフィードバックループを生み出す。私たちは、問題そのものではなく、私たち自身と闘っているのだ。不確実性に直面したときの進み方を正確に教えてくれるような、問題解決のための信頼できる方法が見つかれば、不安を抑え込んでその力を適切に活用することがはるかに容易になる。

書きとめる訓練　大きく、アナログで書こう

dスクールでは、「形あるものに記録しなければ、なかったのと同じだ」といわれている。

記憶は、あなたが思うほどあてにはならない。人は、わずか数分前に起こったことをどれだけ覚えているかについて、軽く考えがちだ。これは、どこに車を停めたかとか、自分の配偶者がこのテイクアウトの店の何が好きかといった単純な事実よりも、むしろアイデアについていえることだ。

あなたが部屋の中で何をしたとしても、ひとたび部屋を出ると、脳は作業の記憶を捨て去ろうとする。[8] 部屋に何かを取りに行ったとき、そもそも何を探しにきたのかを思い出せなくなることがあるのはそのためだ。この忘却も、偶然に起こるわけではない。何かを覚えておくには認識努力が必要で、その努力は、たとえばまったく新しい環境では、迅速かつ正確な対応の妨げとなることがある。そのため、脳はもはや用済みとなった情報は切り捨てる。そして、すぐに行動に結

びつかない情報は、かなりの確率で有用ではないとみなしてしまう。

何かを覚えておきたいなら、適切なタイミングでそれを書きとめておくべきだ。ペンを取り出して、自分にとって重要なことを脳に教えてあげるのだ。そうしないと、あとになってアイデアの核心部を思い出しても、そのアイデアを思いついたときの状況や、なぜそのアイデアに価値を感じたかを忘れているだろう。すぐに書きとめるのは、私たちが「書きとめる訓練」と呼ぶ、主要な創造的習慣だ。私たちがdスクールでそれを最初に教えるのは、すべての基盤だからだ。

アイデアを活用して仕事をしている人なら誰でも、ノートの完全性について学んでいる。財布をなくしても、ATMがあれば財布に入っていた以上の現金を手に入れられる。お金は代替可能だが、アイデアのなかには一度しか浮かんでこないものがある。そもそもアイデアなしに、どうやってお金を稼ごうというのだろう？　アイデアは、あなたのもつ最も価値のある通貨なのだ。科学者、エンジニア、数学者、作家、音楽家、そしてデザイナーは、自分のノートに異常なまでにこだわる傾向がある。ヴィクトル・ユーゴーの息子の1人によると、この偉大な作家は、人が話すのを耳にしたときは内容をほぼすべて書きとっていた。こうした会話の多くは、ユーゴーの小説に活かされている。「あらゆるものが、最後には作品として文字になっている」と、ユーゴーの息子は語った[9]。現在では、シャワールームの壁に吸盤で貼りつける防水のメモ帳まである。創造者にとっては、どんなときでもメモをとることが重要なのだ。

ノートには、あなた自身のアイデアだけでなく、興味深い引用、事実、物語、統計、そのほかの将来に関係しそうなインプットを書きこむ。収集する情報の種類は、あなたが何をつくるかによって決まってくる。逆もまた然りで、私たちが創造するものの原形は、私たちの収集の習慣によって決まる。映画監督のデヴィッド・リンチは、録音媒体を使って、将来の作品で使えそうな興味深く刺激的な音を収集している。[10]彼がこの「薪《たきぎ》」――彼はそう呼んでいる――を収集したのは、具体的な場面や特定の映画を念頭に置いてのことではなく、単に音響の候補を蓄積するためだった。興味をかき立てるものがあれば、何であろうと保存しておくべきだ。

科学においては、特有のノートテーキング法に従うことが求められる。だが私たちの多くは、何の基準ももっていない。それは、自分固有の「文書化の規律」を実践しなければならないことを意味する。以下に、そのための指針をいくつか示す。

・**大きく書く**　書くスペースが限られていると、思考もまた限られてしまう。集団でアイデアを考え出すときは、つねにその建物で一番広い「書くためのスペース」を探すようにする。

理想的なのは、そのセッションのためにホワイトボードを一列に並べることだ。家やオフィスでは、特殊な塗料を使えば壁をホワイトボードやブラックボードとして使うことができる。スタンフォード大学の大学院には、これを寮の部屋で実践している学生がいる。もし壁一面をアイデアのために使うことが不可能なら、テーブルを厚紙で覆ってもいい。余白スペースが広ければ広いほど、それを埋めるためにアイデアが湧いてくる。書き出したことを残すには、携帯でスナップ写真を撮ればいい。

デスクには少なくともレターサイズかリーガルサイズのノート（もちろん大きいほうがいい）を備え、小さなメモ帳はポケット専用にする。

・アナログで書く　コンピューターや携帯やタブレットでメモをとることは可能だが、まさにすばらしいアイデアを思いついたときに、そうした機器が使えない事態はどうしても起こる。また、携帯をいじるのが不適切なときに限って、いい考えが浮かぶこともある。たとえば、顧客との重要な会議の最中がそうだ。ほかの参加者たちに、こそこそとメールをチェックしているようには思われたくない。ノートテーキング・ソフトのバックアップを取る意味でも、紙のほうが安全だ。

また、アイデアを考え出す際は、収束的思考から発散的思考への転換も重要になる。1つの答えに的を絞るのではなく、できるだけ多くの目標を生み出そうとするからだ。これは、日常のささいな事柄にとらわれていると、実践するのが難しい。私たちが助言しているスコットランド人のある販売担当重役は、物理的なノートのほうが、携帯のノートテーキング・アプリよりも不便ではあるものの、正しい心理状態になる手段としてすぐれていることを知って驚いていた。彼は、ひっきりなしに入ってくる通知に邪魔されないことで、どれだけ解放感を味わえるかを語った。さらに彼は、携帯電話は彼を現状にしばりつけるのに対し、ノートは可能性を探求させてくれると説明した。

このすべては、不必要あるいは、子どもっぽいとさえ思えるかもしれないが、ペンがないためにすばらしいアイデアを失ってしまったという苦しい経験をしたことのある人なら、書く準備を整えておくことの重要性を知っているはずだ。部屋に筆記具を豊富に備えておくことは、その部屋に入ってくるすべての人の創造性を刺激する手段でもある。人はそれに気づくと、創造力をかき立てられる。空白のスペースを見ると、人はどうしてもそこを埋めたくなるものだ。

厳密な見直し　書きとめたものは捨てない

起業家でありベンチャーキャピタリストでもあるヘンリック・ヴェルデリン――あとの章でも

う少し詳しく触れる――は、自分のノートを10日かそこらでいっぱいにする。そして、1冊のノートが最後まで埋まると、その時点で最もいいと思うアイデアを次のノートの最初のページに書き写す。「そうすると、前のノートに書いたすべてのアイデアの集約版ができる」と彼は私たちに語った。1冊のノートから別のノートにアイデアを書き写すのは、そのアイデアに対する彼自身の熱意の表れだ。これから見ていくように、熱意は、創造的な意思決定プロセスにおける重要な指標となる。人生において始められる事業の数は限られている。このように定期的にアイデアを精製することで、自分の関心や価値観や目標に最も合致しているアイデアを際立たせられるのだ。

すべてのアイデアを書き出すだけでは十分ではない。「書きとめる訓練」と「厳格な見直し」を組み合わせることも重要だ。「最も薄い墨ですら、最も鋭い記憶力に勝る」という古い言い伝えがあるが、書きとめたものを一度も読み返さなければ、そうはならない。

当然ながら、プロジェクトに携わっているあいだは、そのプロジェクトに関するノートを見直すだろう。そしてプロジェクトの終了時には、事後分析の一環としてふたたび目を通すはずだ。もし、あるアイデアが、実際の活動に適用されない、あるいはプロジェクトの期間中は使わないもののメリットがあるものだとしたら、その後も保持しておこう。デジタルファイルに転写してもいいし、ヘンリックのように、継続的な精製作業の過程で次のノートに書き写してもいい。このアイデアの蓄積は、将来の思考のための源泉として役に立つはずだ。

「問題と解決策のあいだのつながりは、それらの出現の同時性に大きく依存している」と、スタンフォード大学の経営学の教授であるジェームズ・G・マーチは、『ハーバード・ビジネス・レビュー』で述べている。[11] アイデアの場合、タイミングがすべてだ。1つのアイデアに立ち戻る明日のあなたは、それを書きとめている今日のあなたとは違うはずだ。そのあいだにあなたが経験したことや直面した問題しだいで、そのアイデアはまったく違う印象を与えるかもしれない。前の月には「なるほど」と思えたアイデアが、その力を失っていることもあるだろう。

一方で、去年の何気ない思いつきが、現在の窮状を脱する手がかりになるかもしれない。定期的にノートを見直して、過去と現在の自分のあいだの思いがけない共通部分を活用するようにしよう。

もしあなたが、ノートテーキングと書いたものを見直す手段をもっているのなら、それを慎重に検討すべきだ。私たちは、毎週ノート全体を見直して、興味深いものをすべて永久的な記録――アナログでもデジタルでも――に残すよう、スタンフォードでアドバイスしている。それから、四半期ごとに時間を割いてこの保存記録を見直すのだ。この機会を使って、以前あなたが考えていたことと、それ以降に学んだことのあいだの関連性を探してみるといい。あるアイデアが興味深い新たな思考経路を示唆しているときは、ためらわずにそのアイデアを活かすべきだ。

毎週の10分から20分と、毎四半期の2時間は、忙しいビジネスマンにとっては、その時間拘束されることを意味するが、ただ厄介なものではなく、並外れた投資利益率（ROI）をもたらすものであることがわかっている。

四半期ごとの見直しに加えて、新しいプロジェクトに向き合うときには必ずファイルを引っぱり出してみるといい。とくに、あなたのコンフォートゾーン（快適な空間）の外に存在するプロジェクトの場合はそうだ。不慣れな課題は、どこから手をつけたらいいかさえわからないため、脅威に感じることがある。そんなときに行き詰まってしまうのは作家だけではない。ノートをめくって目を通すことで、シナプスのウォームアップを図ることができる。厳格な見直しが、あなたの創造的な慣行のルーチンの一部になると、助言とひらめきの重要な源泉として、かつての自分を頼れるようになるだろう。

スケジュールをやりくりする　バッファーの重要性

いつもとまったく同じやり方で何かをしているときに、興味深い発見をする確率はどれくらいあるだろう？　新しいことを学ぶためには、新しいことを試してみなければならない。そして実験にはつねに、失敗のリスクが伴う。その種のリスクを定期的に冒すためには、一日のあらゆる瞬間において、99パーセントの効率性を追求することはできない。つねに効率を最大限に高める努力は、組み立てラインでは大きな成果を上げるが、創造的な探求のための余地を残してはくれない。価値あるリスクを冒すだけの余裕はもっていたほうがいい。

ケラー・ウィリアムズのCEOカール・リーバートは、毎週金曜日をバッファーとして確保している。「探求のための広く開放された時間です」と、リーバートは私たちに語った。金曜日、リーバートは本を読んだり、組織のある面を詳細に研究したり、単にケラー・ウィリアムズのエージェントの車に同乗して彼らが顧客と交渉する様子を眺めたりして過ごす。「普段は目を通す時間のない資料をとっておくのです」と彼はいった。「やりたいことや、学びたいことや、処理したいことに関するものです」。リーバートは、金曜日は会議に出席せず、緊急の電話にしか出ない。何よりも金曜日は、彼にとって、考え、処理し、知識を蓄積する——画期的な思考に必要な情報を収集する——いい機会なのだ。

CEOにとっては、時間を捻出するのは簡単なことではないかもしれないが、リーバートはこのバッファーが死守する価値のあるものだとわかっていた。対応が必要な電話やミーティングが溜まってしまったときは、金曜日に処理せず、スケジュールが合わないイベントと同様に翌週に回した。いざというときは、週末の時間を犠牲にすることもある。「どのみち、求職者と電話で話すのは、土曜日のほうが都合がいいとわかったのです。彼らはどこか別の会社で働いていますから」。いずれにしても、金曜日に仕事を入れることはない。「金曜日は、私にとって創造的な日なので、これからも守っていきます」と、リーバートはいった。

ペリーは、バッグ製造会社である「ティンバックツー」のCEOだったときに、似たようなことを実践した。混乱が続く時期に、取締役会のメンバーとCOOのケン・パッカーが、ペリーにすべての金曜日は仕事を休むよう要請したのだ。ペリーにしてみれば、会社が問題を抱えている時期だったので、これは取締役会がCEOに出す要請としては奇妙なものに思えた。

「わかったよ、ケン。考える時間をとるようにする。金曜日はメールは開かずに集中するよ」と、ペリーはいった。

「違います」とパッカーは答えた。「オフィスに来ないようにといっているのです。少しも働かないでください。週のほかの4日間でわかったことを処理する時間がないと、これだけの転換を達成するのは絶対に無理です。つねにトラブルを解決して回っていたら、どうやって新鮮なアイデアをこの会社にもたらすというのですか？　金曜日はまったく仕事をしないでください」

ペリーはいわれた通りにした。そしてその時間は、膨大な数の問題のなかから自分が注意を払うべきものを見極める時間になった。結果的に、ペリーはティンバックツーをよい方向に転換させることができたのだ。

グーグルは、社員に「20パーセントルール」を課して、勤務時間中に個人的に関心のあるアイデアを追求させていることで知られている。スリーエムも、それよりも数十年前から、規模は小さいとはいえ、15パーセントというかなりの時間を、ペットプロジェクトと呼ばれる自分の好きな研究に使うよう社員に奨励してきた。スタンフォード大学でも、教授全員に、自由裁量で使える時間を提供している。私たちは、このバッファーを、企業との広告業務に使っている。年間でいうと40日程度だが、私たちはつねにその時間に最も多くのことを学んでいる。実のところ、本書のほとんどすべては、このバッファーから生まれたものだ。わずかな違いでも、大きな成果をもたらすことがあるのだ。

創造力を実践する　失敗を恐れるのは損

創造的な人物のように振る舞っていると、仕事において創造的であったり、ほかの人たちに創造性を奨励したりするのを、だんだんと快適に感じるようになる。私たちが助言している人たちは、役職や業界に関係なく、こうした習慣を身につけ、あらゆる面でより大きな満足感と充実感を覚えている。彼らは、人生がもたらす創造的な課題を恐れずに楽しむ方法を知っている。定期的に何かを創造することで、つねによい解決策が見つかるという自信がもてるようになる。慣れない問題に遭遇するのではないかという不安が、心から試合を楽しむときの興奮に変わるのだ。

創造性を敬遠している人にとっては、アイデアが恐ろしいものに思えるのは当然だ。どんなアイデアにも失敗の危険が伴う。だが結局、問題を無視することは、新しい解決策を試すよりも危険だ。何もしないくらいなら、何か間違ったことをしたほうがずっといいし、そのために責められることはない。リーダーが今日のニーズを明日の必然性よりも優先させるとき、その先見の明のなさが露呈すると、経済や技術的混乱や貪欲な競合他社のせいにすることがある。こうした受け身の回避の例を知りたければ、どこでもいいので業績不振に陥っている企業の四半期の収益報告書を見てみるといい。一方で、支持していた野心的なアイデアが失敗すると、その責任はまともにあなたの肩にかかってくる。

解決策は、イノベーションを避けるものではなく、強化するものだ。革新的な組織は、失敗を許容するだけでなく、多くの失敗を予測している。十分な頻度で失敗していないとすると、それは可能性のパイプラインを埋める必要があるという兆しだ。より多くのアイデア、より多くの実験、より多くの繰り返しが必要なのだ。三振は、打席に立てば当然起こりうる結果だ。だが三振を恐れて一日中ベンチをあたためていては、ホームランを打つ可能性はゼロになる。ホームランも三振も、どちらも起こりうる結果なのだから、恐れずに思いっきりスイングすればいいのだ。

アイデアフローは、とくに自分が人生の大半において非創造的な人間だと思ってきた人の場合、最初はゆっくりと成長する。自分に寛大になって、こうした基本的な習慣を身につけてから、それをほかの人たちに勧めるといい。あなたの同僚や直属の部下は、あなたが自分のアイデアをものにするところを目にしなければ、安心して自分の鉛筆を取り出そうとはしないだろう。口でいうのではなく、行動で示すべきだ。


個人として創造力を実際に形にしたら、ようやく今度は、多くの人が採用しているある創造的なテクニックに注意を向けることができる。ブレインストーミングだ。

ほぼ例外なく、誰もがブレインストーミングを恐れているが、それにはもっともな理由がある。実際、専門家のなかには、集団が生み出したアイデアが、個人が自分のデスクで成し遂げた結果を上回ることは決してないと主張する者もいる。だがこれから見ていくように、集団によるブレインストーミングは、適切に行えば、膨大な量の異なる可能性を生み出すための非常に効果的な方法になりうる。

第3章

問題をアイデアで満たす

すぐれたアイデアを1つ思いつくには、たくさんの悪いアイデアが必要だ。[1]

――ケヴィン・ケリー（『ワイアード』誌創刊編集長、『〈インターネット〉の次に来るもの　未来を決める12の法則』〈NHK出版〉著者）

受信トレイに、漠然としたイベントの予定が現れる。画期的なアイデアが緊急で必要になり、あなたの参加を要請しているのだ。翌週に予定されている大規模な販売会議に関連したものに違いない。あるいは、重要な新規顧客か、〈イェルプ〉による最近の相つぐ否定的なレビューがらみか……それはどうでもいい。重要なのは、出席することだ。組織が土壇場になって、必死にアイデアを得ようとあがくときは、いつも民主的な方法がとられる。誰であろうと解決につながるアイデアを提供すれば、喜んで受け入れてもらえる。その案が実現可能に思え、出席している権力者の誰かにリスクをもたらさないかぎりは。

さあ、ブレインストーミングの時間だ。

こうした大規模なセッションは、どうしても参加者全員の士気が下がる厄介な午後の時間帯に設定されがちだ。ひどいときには、就業時間が終了する間際の、みなが家に帰りたがっているときに実施される。私はいったいなぜここにいるのだろう？　携帯で、ラッシュアワーの渋滞がますますひどくなっていることをチェックし、顔をしかめながら誰もがそう自分に問いかける。

売上の低下、コストの上昇、広報活動における大失敗といった問題なら、解決法を誰かが知っていれば問題にもならないはずだ。それは単なるプロジェクトであり、適当な人やチームに委託すればいい話だ。全員を招集するのは、解決への道筋がはっきり見えないときだけだ。みな答えどころか、質問さえよくわかっていないのだ。結局のところ、企業のブレインストーミング・セッションは、苦肉の策だ。「誰かが、どうすればいいか知っているはずだ。私にはまったくわからない！」

こんなふうに「革新を図る」よう強要されることほど、やる気をくじくものがあるだろうか？よく知らない問題に関する議論に加わって、愚か者や無知に見られる可能性を考えると、野心的なことや奇抜なことを口にするのは危険に思える。おとなしくしていて、ほかの人の意見に便乗するほうが安全だ。

どうしても電車に乗り遅れたくないというのであれば、最善の策は、状況全体や5年間の見通しに関するデータが、どれもあらゆる面で不完全だと指摘することだ。これは典型的な先延ばし作戦で、問題を誰かに投げ返してさらなる調査を命じるよう、リーダーに促すものだ。それで当面は、この問題について耳にすることはないだろう。

便乗や先延ばし戦略がうまくいかないときは、運が尽きたものとあきらめるべきだ。愛する家族にもう一度会いたいと思うのなら、山ほどのアイデアを思いつくしかない。さあ、気を引き締めていこう。

企業のブレインストーミングに関する第1のルール。否定的なことはいわない。あなたは、アイデアの欠陥を指摘したり、実行が不可能なことをいったりするほど愚かではないはずだ。CEOは「ノー」という言葉が大嫌いだ。会社がいままで何度それに失敗してこようが、できないと口にしてはいけない。

第2のルール。野心的なことはいわない。あなたのアイデアを遂行せざるを得なくなる人たちは、誰も新しい大きな厄介ごとを望んではいない。だから、膨大な努力を要するだけで、実現が不可能に思えるような一か八かのアイデアで、怖がらせてはいけない。目指すべきは、迅速かつ安上がりなアイデアだ。ブレインストーミング・セッションでは、ゴルディオスの結び目を一刀両断する（訳注／難問に敏速かつ果敢に対処するという意味）ことで、最も高い得点を稼ぐことができる。「とりあえずこれだけやって、今日は終わりにしよう」と、マイクの電源を落とすのだ。あなたの役目はここで終わりとなる。窮地を脱する安易な方法を誰かが提案すると、明らかな安堵感が部屋にさっと広がる。やれやれ。これらの付箋は、結局は不要になるだろう。

ブレインストーミングの論理によると、よいアイデアとは、（a）実行が簡単で、（b）たとえスケート靴を履いていても越えられるくらいハードルを低く設定したにせよ、絶対に失敗するはずがないものだ。

ある提案がこうしたわびしい基準を満たすと、基本的に会議は終わりだ。ときにはリーダーが誠意を見せようとして、さらに数分かけて提案を求めることもある。だが、誰もが心のなかでは「大きなことを考える」時間は終わったと知っている。

もし、以上のやり方が、一握りの消極的なアイデアを思いつくための、疲れるだけで効果のない方法に思えるとしたら、その通りだ。だが私たちの経験では、ほとんどではないにしても多くの企業でいまだに一般的な慣習となっている。ブレインストーミングが失敗する原因は、ほかにもまだたくさんある。階層的な対立や縄張り争い。以前からある課題。人が固執する持論。何にでも異議を唱える輩《やから》。数え上げたらきりがない。効果的なガードレールやガイドラインがないと、集団によるブレインストーミングは、参加者全員から最悪の創造的傾向を引き出してしまう。

ほかに何かいい方法はないだろうか？　問題を検討する頭数がもっと必要なら、呼び集めるしかないのだろうか？

数十年前に、広告代理店の重役だったアレックス・ファイクニー・オズボーンが、創造的思考に関する複数の本のなかで、ブレインストーミングの手法を、参加者が1人で作業するよりもすぐれたアイデアを多く生み出す方法として紹介した。ブレインストーミングは、参加者全員の知識、経験、そしてある部門における権限を結集し、思いがけないひらめきが生まれるのを目にすることで、障害を取り除くことを狙っている。だが、グループによるブレインストーミングに関する研究結果は、まちまちだった。たとえば、『ジャーナル・オブ・パーソナリティ・アンド・

ソーシャルサイコロジー』に発表された、1987年のブレインストーミング研究のメタ分析では、明白な効果があるという確かな証拠はほとんど見つかっていない。[2]

もしブレインストーミングに効果がないとしたら、なぜいまも実施されているのだろうか？　チームによる1時間に及ぶ会議は、会社の資源の相当な投資を意味する。たいした成果もないのに全員の時間を使って討論してもほとんど意味がないのだが、これが、急にアイデアが必要になったときに多くのチームが見せる対応だ。精神的な支えを欲する気持ちの表れなのだろうか？　グループセッションは、チームの創造的な成果を損なうかもしれないが、説明責任の分散もしてくれる。1人でリスクを背負うよりは、集団で失敗したほうがましだ。残念な考え方ではあるが、多くの組織に蔓延している創造性とリスクに関するマインドセットを考えると、それも仕方ないのかもしれない。

オズボーンが約束したメリットを享受することは可能だ。私たちがdスクールや世界中の組織で教えているグループによるアイデアの創造法は、おそらくあなたが経験してきたものとはかなり違う結果をもたらす。本章で説明する取り組みでは、各参加者は原子炉内のウラン235のような存在となる。誰か1人が意見を出すと、それはほかの全員の知識や経験とぶつかって、さらなるアイデアを誘発する。意見があちこちで飛び交いはじめる。そして気がつくと、連鎖反応が生じ、創造的な核分裂が起こる。適切に企画され実行されれば、会議室での1時間が、つぎこんだ時間とエネルギーを大幅に上回るさまざまな考えを数多く生み出すのだ。

ブレインストーミングの効果的な実施が本当に可能なら、グループと個人で行うのでは、どちらがより機能するのだろうか？

答えは両方だ。チームの創造的な成果を最大化するには、アイデアの創造を個人と集団で交互に行うのが重要であることがわかっている。単独作業と、グループによるブレインストーミングと、その2つを交互に切り替えるハイブリッドモデルとを比較した研究によって、ハイブリッドモデルが最も多くアイデアを生み出すことが証明されたのだ。[3] 実際にオズボーンは、著書のなかで同じことを述べているのだが、そのメッセージは時間とともに失われてしまった。

最高の結果を出すには、イノベーション・サンドイッチを使うべきだ。まずは、思わぬ発見や知識の共有によるメリットをすべて享受するために、メンバーを招集する。そしてそこで議論した内容を、席に戻って静かに考えさせる。最後に、もう一度全員を招集して、それぞれの考えを共有し、さらに大きな火花を出させるのだ。

創造性に潜む落とし穴の1つは、社会心理学者のアリー・クルグランスキーが「認知的閉鎖」と呼ぶものに対する心理的欲求だ。[4] 実行可能な案が1つ以上出ているときに、判断を遅らせて新たな可能性を考え続けていると、ますます落ち着かなくなってくる。人は「何か」を思いつくとすぐ、それに従って行動を起こしたいという強い衝動を感じるからだ。結果として、あまりにも早く、別の可能性の流れを断ち切ってしまう。グループ作業をいったん中断して全員に1人になって考える機会を与えることで、早くまとめようとする流れを断つことができる。

あなたがフリーランサーでも、起業家でも、アイデアの問題に1人で取り組むほかの仕事についていても、このイノベーション・サンドイッチはうまく機能する。ほかの人の助けがなければ、同じ量の可能性を考えつくことは決してないだろう。1人で熟考する時間をチームが組み込まなければいけないように、個人は創造的なプロセスの一環として、自分のアイデアを友人や同僚や配偶者といった他者と一緒に考える機会を探さなければならない。アイデアが必要なときは、援軍を呼ぶべきだ。

だが、実際にそれほど多くのアイデアが必要なのだろうか？　最初のいいアイデアを思いついたあとも、考え続けなくてはならないのだろうか？　結局、1つの問題には1つの解決策があれば十分だ。その1つを思いついた時点で、考えるのをやめてもいいのではないだろうか――？

アイデア比率「2000対1」の法則

一般的な意見に反し、成功を収めた創造者は、すばらしいアイデアを思いついた人ばかりではない。最も優秀な人が考えたどんなアイデアも、その部屋にいる誰かほかの人が考えたアイデアと、実現性や興味深さの点でさほど変わらないことが多い。心理学教授のディーン・キース・サイモントンが提唱した「イコール・オッズ（同率）の法則」は、誰かの創造的な成功の数は、創造物の総数と相関すると述べている。[5] 交響曲が多く作曲されるほど、偉大な交響曲が多く生まれる。数学的定理の数が増えるほど、画期的な定理が増える。イコール・オッズの法則は、驚くほど幅広い分野にあてはまる。

サイモントンの研究や私たちの経験において、勝者を際立たせているのは「量」だ。世界に通用する創造者は、平均よりも多くの可能性を定期的に生み出している。よりよい結果を望むなら、それを達成するために、あなたのイノベーションの漏斗《ファネル》を大量のアイデアで満たさなければならない。同じくらい重要なのは、できるだけ幅広い可能性を網羅するようにアイデアを収集することだ。

では、どれだけあれば「十分」なのか？　すぐれたアイデアに行きつくには、実際にいくつのアイデアが必要なのだろうか？　私たちの経験では、答えは約2000だ。そう、2にゼロが3つ、つまり2000対1の割合だ。私たちはこれを「アイデア比率」と呼んでいる。

誤解しないでほしい。私たちは、部屋に入ってその場で2000のアイデアを考えなさいといっているわけではない。創造性は反復的なものだ。2000対1の比率で解決策が生まれるというのは、イノベーションのパイプラインに沿った、すべての組み合わせやバリエーションや改良版を数に入れての話だ。

アイデア比率は、私たちの同僚であるボブ・サットンの功績といえる。ボブが最初にそのエビデンスを目にしたのは、デザインコンサルタント会社のＩＤＥＯ（アイデオ）での仕事においてだった。ある玩具メーカーと一緒に働いてみて、この会社の開発者たちが4000の製品のアイデアを検討したうえで、200の試作モデルに到達したことを知ったのだ。[6]当然ながら、そのうち商品化されたのは1ダースかそこらで、まともに成功したのは2つか3つだった。そして、ひとたびこのパターンに気がつくと、創造者が着実に大きな成功を収めているところでは、必ずそれが目につくようになったのだ。

これらの数字を半分にして、覚えやすいように丸めると、次のようになる。成功する製品を1つ生み出すには、2000のアイデアから100の試作品をつくる。そしてその100の試作品が5つの製品になる。その5つの製品のうち、1つが成功する。しかし、この2000対100対5対1の比率の意味を正確に把握するには、玩具あるいは製品一般についての話だという事実を忘れるべきだ。あらゆる種類の創造者たちと仕事をしてみてわかったのは、この比率が例外なくあてはまるということだ。

アイデア比率は、成功したイノベーションに関するケーススタディに、何度も繰り返し登場する。たとえば、タコベルのインサイト・ラボは、カテゴリーの枠を取り払ったドリトス・ロコス・タコスを開発した際に、30かそこらの核となるレシピから、「膨大な数のバリエーション」をつくり出した。[7] そして、その1つ1つを試食する必要があった。製品開発マネジャーのスティーブ・ゴメスは、革新的な製品にたどりつくまでに、いったいいくつのタコスを食べなくてはならなかったのだろうか？

「数千シェル（訳注／タコスの単位）というと、おそらく誇張していると思われるでしょうね」と、ゴメスはジャーナリストに語った。タコベルは、そのアイデアフローによって、ファストフード界におけるイノベーションの巨人として広く知られている。「私は1カ月に50個のコンセプトのアイデアを書いています」と、シニア・マーケティング・マネジャーのカット・ガルシアはいった（ガルシアは、大人気となったダブル・デッカー・タコを開発した人物だ）。「私たちは年間に300から500のアイデアの青写真を描いています。そこから絞り込んでいって、実際に市場に出すのはおそらく20か30です。その過程で、多くのアイデアが捨てられることになります」

これほどのアイデアが、どうしたら生まれるというのか？　それは、プロセスだ。アップルやピクサーやタコベルのような企業が、非常に優秀な社員の出入りがあっても堅実でいられるのは、頑強なイノベーション・プロセスをもっているからだ。その一方で、ほかの企業は、優秀な人材を雇用しつなぎとめるための投資をしていても、定期的な成功を収めるのに苦労している（クイビを覚えているだろうか？）。経験に裏打ちされた直感は、すばらしい成果を上げることがあるが、それは不安定で頼りにはならない。プロセスは、アイデアフローを可能にするだけでなく、持続可能なものにする。

適切なプロセスのためには、判断を交えずにできるだけ多くの可能性を思いつくだけでなく、それを選別し検証するパイプラインを通して育てていくことが必要だ。それについては次章で説明する。重要なのはアイデアの「動き」だ。私たちに必要なのはアイデアフローであって、アイデアの池ではない。さらに多くの可能性を思いつく実験から学んだことを活かし、生のアイデアが具体的なデータと交わることで、会議室に1人でこもっていては絶対に得られなかった洞察が生まれる。この手法に系統的に従えば、ひと通り終えるまでには、2000のバリエーションに難なく到達するだろう。

2000という数字には、何か特別な意味があるのだろうか？　必ずしもそうではない。産業によっては数がもっと大きくなる。日本の製薬会社エーザイで働く私たちの友人ウォルフガング・エベルによると、ソリューション・ファネルの最上部では、候補となる化合物の数が1万から2万に及ぶという。発明家であり起業家でもあるサー・ジェームズ・ダイソンによると、彼の名を冠した紙パック不要の掃除機をつくり出すのに5127の「試作機」が必要だった（それだけ多くの試作機を製作するのに、どれだけ多くのアイデアが投入されたかは、想像するのも恐ろしい）[8]。そのほかの分野では、アイデアと好ましい成果の適切な比率は、わずか500〜1000対1だ。

適切な値は、2でも10でも20でもない。よいアイデアを思いつく秘訣は、さらに多くのアイデアを思いつくことだ。実践と実験によって、あなたの置かれた状況で最善のアイデア比率に行きつくはずだ。そのあいだに、普段よりも時間をかけてアイデアを生むことから始めるといい。そうしたアイデアを試して確認するうちに、どんなアイデアも出発点であり火花にすぎないことが、すぐにわかってくるだろう。完全に実現可能に思えるアイデアが、現実の世界では見事に失敗することがある。ほかのアイデアは、著しく実現不可能で愚かにさえ思える。その後そうしたアイデアを試してみると、わずかな調整を加えるだけでうまくいくとわかることがある。

繰り返すことに価値がある。量を急増させるには、質中心の期待を緩めることが必要だ。アイデア・ノルマから学んだように、たくさんのアイデアを生み出すには、判断を加えない領域が求められる。あらゆる新しいアイデアの価値の大部分は、それがさらにほかのアイデアを引き出すことにあるのがわかってくるだろう。覚えているだろうか。私たちの目的は、創造的な核分裂を起こすことだ。

アン・ラモットは、著書『ひとつずつ、ひとつずつ――書くことで人は癒される』（パンローリング、2013年）のなかで、作家に対して、最初の試みは悲惨なものになりがちだということを受け入れるよう勧めている。お粗末な第1稿は、作家が「よい第2稿」や「とてもよい第3稿」にたどりつくためのものなのだ。これはごく自然なことだ。新人作家が書けなくなってしまうのは、ただちにいいものを書こうとするからだ。また、繰り返しが必要なのは、芸術に限った話ではない。トーマス・エジソンは、最終的な製品に到達する前に、多くのアイデアをひねり出したことで知られている。「私は失敗したことがない。失敗する方法を1万通り見つけただけだ」と口にしたといわれることが多い。しかしエジソンが実際にいった言葉は、わずかに――だが明らかに――違っていた。彼は、新しいバッテリーの開発に何カ月も取り組んでいた。ある友人は、エジソンが大量の失敗作の破片に囲まれているのを目にしてこういった。

「あれだけ膨大な量の仕事をして、何の成果もないなんて残念ではないのか?」[9]。エジソンの答えは「成果だって!　おい、成果ならたくさんあったよ!　うまくいかないことが数千もわかったのだから」。エジソンは、失敗した試みを「成果」と表現した。何千ものアイデアにたどりつくには粘り強さが求められるが、エジソンは堅固な規律よりも、遊び心や楽しむ感覚でそれをやり遂げた。可能性を生み出して試してみるのが好きだったのだ。アイデアがうまくいかないたびに、作業台に頭を打ちつけるような思いをしながら、解決を目指して努力を続けたわけではなかった。商業的に成功する製品がこれほど多く生まれたのは、このマインドセットのおかげだった。エジソンは繰り返しを、失敗ではなく勝利に向けた前進と解釈したのだ。

なぜ人は、あまりにも早くやめてしまうのか　3つの障害

私たちの経験では、典型的なブレインストーミング・セッションは、せいぜい一握りのアイデアしか生み出さない。実現可能な選択肢が少しでも出てくると、検討を続けようという意欲がすぐに衰えはじめる。気づかぬうちに、議論の的はアイデアの遂行へと移っている。1分ほど誰もが思いついたことを口にし、そのあとは予算の策定と作業の割り当てに取り組んでいる。

さもなければ、賢明で地位のあるリーダーが、たとえ野心的で大規模なプロジェクトにおいても、このほんのわずかな量のアイデア創造で十分だと考える。彼らの考えでは、1時間をかけて8つか9つの可能性を考え出せば、60分を有益に使ったことになるのだ。主要銀行のあるチームは、私たちにこう尋ねた。「これらの6つの新しいベンチャーのうち、どれを取締役会に提示す

べきでしょうか？」。６つ！　これらのベンチャーはそれぞれ、大規模なチームによる数カ月に及ぶ努力と、７桁ドルの金額の投資を必要とするものだ。あと数分でも検討を続けていたら、７つ目のアイデアとしてどんなものが出てきたか考えてみるといい。彼らはそれをせずに、アイデアが６つ出たところで自信たっぷりに切り上げたのだ。

とはいえ、もし適切な検討対象の数が６ではなく、600以上だったとしたら、人が必要だと思っているものと、世界で通用する成果を上げるのに必要なアウトプット数とのギャップを、どうやって埋めたらいいのだろうか？　使える時間をすべて使い切るのも１つの手だ。私たちはスタンフォードでの研究において、プロのクリエイターでも、割り当てられた時間が終わる前にアイデアを考え出すのをやめてしまう傾向があることに気がついた。多くの場合、人はいいアイデアが出てくると、その時点でそれにとらわれてしまい、部屋のなかの活力が変化する。そのグループは残りの時間を効果的に使って、彼らが選んだアイデアがいいアイデアであることを確認する。いいアイデアを思いついて、本当によかった！

８つの可能性を思いついたあとで、アイデアその４が出てくる前からお気に入りだったアイデアその３に立ち戻るようなやり方では、会社を救うような戦略や、時代を特徴づけるような製品は生まれないだろう。だが、厳密なブレインストーミングのプロセスがないと、こうしたことがしょっちゅう起こる。この場合、いくつかの要因が働いている。

・**プレッシャー**　あなたの問題がすぐに解決すべき本当の緊急事態ではないとしても、グループが費やす時間はすべてかなりの投資となる。量と質の相関関係がわかっていない人たちは、最初のよいアイデアを超えることに固執するのは完璧主義だとみなす可能性がある。時間の無駄だ。そういう人たちは、大多数が合意を形成しようとしているときに誰か1人がいつまでも新しいアイデアを出し続けているといらだちを感じるようになる。もし同僚の意見を尊重する気があるなら、十分によいアイデアが提案されたら口をつぐむことを学ぶべきだ、と。妥当な選択肢があると、どうすればいいかわからない迷子状態の不安が軽減され、全員がリラックスできる。そして、さらなる可能性が適当に提案されることもあるが、会議が続くにつれて、その初期のアイデアに明らかに傾いていく。収束への衝動とでも呼ぶべき傾向だ。

・**クリエイティブ・クリフ（創造性の崖）**　ここで働いているもう1つの認知バイアスは「クリエイティブ・クリフ・イリュージョン」という、心理学教授のブライアン・ルーカスとローラン・ノルドグレンが明らかにした現象だ。[10]ルーカスとノルドグレンは研究において、ブレインストーミングの参加者は、アイデアを思いつくと自分たちの創造性が「消耗する」と感じていることを発見した。しかし、忍耐や意志力のような時間の経過とともに激減することがあるほかの認知資源とは違って、創造性は使っても安定していたり増加したりする。

クリエイティブ・クリフ・イリュージョンが原因で、人はできるだけ長くアイデアを出し続けようとはしない。実際には、最も興味深いと思えるアイデアにたどりつくなり、考えるのをやめてしまう。考えるのをやめさせようとする心のなかの指示を無視したあとに出てきたアイデアこそ、最高のアイデアとなる傾向があるというのに。

これは才能の問題ではない。期待の問題だ。ルーカスとノルドグレンは、創造性に関する人の考え方――たとえば、（誤って）最高のアイデアが最初に出てくると信じていなかったかどうか――が、その人が創造的な作業を続けた時間と相関関係があることを発見した。つまり、クリエイティブ・クリフ・イリュージョンを理解すれば、それを払拭できるのだ。

だが、こうしたバイアスはしぶといので、プロセスを伴わない知識では対抗するのに不十分だ。トレーナーがあなたが認識している身体的限界を超える手助けをしてくれるように、創造的なプロセスは、クリエイティブ・クリフを超えるのに手を貸してくれる。

これからわかってくるように、心に浮かんだ明白な提案をすべて出しきったあとで、ようやく最高のアイデアが浮かんでくる。最も予想外で、奇抜な、前例のないアイデアはすべて、想像上の断崖の向こうで待っているのだ。

・アンカリング・バイアス　アイデアの流れを制限する3つ目の要因は、アンカリング・バイアスだ。これは、エイモス・トヴェルスキーとダニエル・カーネマンという、行動経済学の主要な2人の創始者が最初に提唱したものだ。[11]人は決定を下すとき、最初の基準点であるアンカーに固執する傾向がある。たとえば、あるグループに物体の大きさを推定するよう指示すると、最初の推定値がまったくの的外れであっても、その後の推定は最初の値の近くに集まってくる。最初の数値が中心となり、ほかの参加者にとって抜け出すのが認知的に難しいイベント・ホライゾン（事象の地平面）となるのだ。さらに悪いのは、誰もがアンカリング・バイアスについて知っていても、推測パターンにこの影響が見られることだ。

アンカリング・バイアスは強力かつ巧妙で、創造的な問題解決に重要な役割を果たす。ブレインストーミング・セッションで最初に出てくるいくつかの提案は、あとから出てくる提案を必然的に誘導することになる。[12]経験豊富なクリエーターでも、アンカリングの餌食となり、知らず知らずのうちにすべての提案を初期の提案との関連で位置づけるようになり、開発プロセスがあらゆる可能性を網羅する方向に発展しなくなる。最初にアンカーが形成されるのを、系統立てて防ぐプロセスが必要なのはそのためだ。

・アインシュテルング効果　あなたが十分長くプレッシャーに耐えることで、クリエイティブ・

クリフやアンカリング・バイアスを乗り越えられるとしても、克服すべき障害が最後にまだ1つ残っている。

何十年にもわたり心理学者たちが着目してきたアインシュテルング効果だ。これは、1つの解決策がほかの解決策に目を向けるのを妨げるときに起こる。問題解決のために1つの方向性を検討しているだけで、ほかのさまざまな選択肢が見えなくなることがある。言葉探しゲームをやっているとき、すでに見つけた言葉が何度も繰り返し目につくことに気づいたことがある人なら、このバイアスの威力がわかるはずだ。脳がひとたび迷路を抜けるルートを目にしてしまうと、それを見なかったことにして別のルートを検討するのは非常に難しい。

メリム・ビラリッチとピーター・マクラウドは、アイトラッキング・カメラを使い、チェスプレイヤーに関する新しい研究でこれを実証した。[13] プレイヤーたちが、チェスの問題を解くのにチェス盤全体に目を配っているといくら主張しても、彼らの目の動きは同じパターンをたどっていた。それは、かつて似たような問題を解決したときと同じものだった。以前の解決への取り組み方は、今回の新しい問題には効果がなかったが、彼らはそこから抜け出すことができなかったのだ。これらのプレーヤーたちは、自分たちが同じことを繰り返しているのにまったく気がついていなかった。

アインシュテルング効果は、なぜ単独でのアイデア創造がうまく機能しないのか、その理由を明らかにしている。あらゆる可能性をくまなく探るためには、ほかの人の力を借りて、気づかぬうちにはまってしまっている同じパターンから抜け出す必要がある。

複雑な問題を解決するための簡単な方法

問題に取り組むためにグループを招集するのであれば、時間と労力をつぎこんだ見返りとして、できるだけ多くの量と種類のアイデアを入手したい。

ブレインストーミング・セッションのアウトプットは、部屋にいる全員の経験、経歴、思考スタイルのすべてを反映したものであるべきだ。そのためには、自分の言葉に酔いしれて1人でしゃべり続ける輩だけでなく、参加者全員を関与させる必要がある。

以下に挙げる指針は、あらゆる規模とさまざまな業種の組織で有効だとわかっている。いまや、リモートワークやハイブリッドワークでは、バーチャル会議を円滑に進めるために考案された数多くのオンラインツールを利用できる。この取り組みは、デジタルホワイトボードやオンライン付箋に驚くほどうまく適合している。一番の利点は、席にじっとしていないで、ポテトチップの袋を手に会議室のなかをうろつくような参加者に邪魔されないことだ。

ブレインストーミング①適切なメンバーを招集する

リーダーはしばしば、ブレインストーミング・セッションにメンバーを見境なく招集する。参加者は多ければ多いほどいい、とでもいうように。さまざまな視点を1カ所に集めることで、いかに異なる考えを引き出せるかについては、このあとの章で見ていく。だが、確実にいえるのは、メンバーの招集は慎重に行わなければならないということだ。

うまく調整されたメンバー構成は、セッションの成功を確実なものにする。もし慎重さを欠くと、中心的なチームと、まともに貢献ができないそのほかのグループに二極化する結果となる。状況を把握していないほうのグループは、まったく実現不可能なアイデアを出して中心的なチームの邪魔をするか、あるいはそうなることを恐れて黙りこんでしまう。

アイデアが必要になったときは、会社全体にメールのCCを入れたいという衝動に抗うべきだ。小さいことはいいことだ。問題に対する洞察力のある人が3人いれば、ブレインストーミングのメリットを享受するには十分なのだ。参加者が6人を超えると、会議用の長テーブルについた参加者たちが、互いに声の届く範囲にいる人とやりとりする結果となる（ブレインストーミングに

6人以上が一斉にやってきた場合は、以下に示すように3〜6人のグループに分けるべきだ）。

部屋に集まった人は全員、しっかりと貢献できるよう、関連する十分な経験と専門知識をもっていなければならない。もちろん、全員が同じ部門からくるべきだという意味ではない。第7章で見ていくように、さまざまな視点を引き出すには、まったく違う役割を担いながらも、「その問題を見通すことのできる人」を招くのが、非常に効果的だ。新しい観点が役に立たないといっているのではない。新鮮な考え方を進んで議論に取り入れるためには、つけ足しのように実習生の一団を加えるのではなく、具体的な目標を想定して意図的にそうすべきだ。

ナビスターは、画期的な思考を必要とする電気バス車両について問題を抱えていた。残念なことに、その問題に最も精通している従業員が守りの姿勢をとり、漸進的な改善案しか提案しなかったのだ。問題をあまりにも熟知していることが、逆に不利な要素となっていた。これを打開するために、リーダーは組織全体から従業員を集めてグループをつくった。そして問題の概要を説明し、1日かけてできるだけ多くのアイデアを考え出すよう指示した。これらの新しいメンバーは、もともとはこのプロジェクトに関心がなかったために、今回はより大きく考えられたのだ。彼らは60ものさまざまなアイデアを考え出し、それがやがて解決に結びついた。

惰性を克服するための高度な戦術として、新たな視点を取り入れることについては、第7章でもう少し詳しく説明する。多くの場合、グループをつくるときには、経験と専門知識をフルに活用したいと考えるだろう。

ブレインストーミング②最初に出てくる提案を集める

思いついたアイデアをグループ内で出し合ってもらうには、外向的な人のほうがいい。またそういうときは、誰もがアンカリングの影響を受けやすい。最初に出てきた少数の提案が、そのあとに続くアイデアをすべて誘導し、最終的な範囲を狭めてしまう。

それを防ぐためには、全員を1カ所に集める前に、目下の問題を考えるきっかけを参加者に提供し、少なくとも2つのアイデアを事前に提出するよう依頼するといい。これらの最初の提案は、アイデア創造の素地として、また油断のならないアンカリング・バイアスに対する防衛手段として役に立ち、幅広い可能性の探求を可能にするものだ。

よいきっかけは、「私たちはどうしたら……できるか?」という質問の形をとることが多い。たとえば、「どうしたら、顧客がモバイルアプリでもっと簡単に製品を見つけられるようにできるか?」といったものだ（有用なきっかけのつくり方については、第9章でもう少し詳しく説明する）。私たちはdスクールで、さまざまな目的のために、「足場」をつくることにしている。これは、特定の演習を行うたびに再利用できるひな型のようなものだ。グループ・ブレインストーミングの足場は、「私たちはどうしたら……できるか？」という質問を一番上に置き、その下に「あなた特有の経験と視点を活かして、どんな新しい解決策を提示できるか？」といった質問が続く。参加者が状況をよく把握していないときは、こうした基本的な指摘が役に立つだろう。その下に10行以上の余白を残して、少なくとも2つの案を出すよう働きかけるのだ。

印刷した「足場」を明確な指示を添えて配布すれば、メールで通知するよりも参加を促せるはずだ。また、効果的な足場は、手を加えて再利用できるので、その書類は必ず保管しておくといい。理想的には、グループが集まって作業に取りかかる前の晩に、足場を各参加者に提供すべきだ。だが、切羽詰まっているときは、ランチタイムにいくつかの可能性をメモしてもらうだけでもいい。何であれ、「位置について、よーい、ドン！」よりはましだからだ。

ブレインストーミング③

ウォーミングアップで全員を適切なマインドセットにする

最初の10分から15分を使って、グループとしてのウォーミングアップを行う。ちょうどテニスの試合前に、対戦相手とするような感じで。ウォーミングアップをすることで、参加者は、自分が抱えている問題や心に秘めている持論などを取り払って、頭をすっきりさせられる。またそのグループは、仕事で拠り所にしている、型にはまった収束性のマインドセットから抜け出すことができる。

私たちは仕事をしているとき、ミスを発見し、リスクを最小限に抑え、混乱を整理し、脱線をしないよう心掛けている。だが集団でアイデアを創造するときは、それとは異なる作業方法が必要となる。ばらつきをなくし、リスクを減らし、決断をして、前へと進む道に向かって収束する思考法ではなく、与えられた時間内で追求できる目標を数多く考え出すような、できるだけ広く発散する思考法が必要なのだ。

この違いを、日本からきたある経営幹部の一団に説明したあとで、1人の地位の高い参加者が新しい解釈を提示した。この経営幹部は「発散的な思考をしているときは何を提案しても大丈夫だが、収束的な思考をしているときは、責任をもって考えなくてはならない」といったのだ。この解釈はある意味しっくりくるように思えた。仕事で的外れなアイデアや危険なアイデアをもち出すのは、確かに無責任に思えるからだ。

私たちは、会社の資源にしろ、単なる自分自身の評判にしろ、うまく管理したいと願っている。だが創造的な状況においては、日常では生まれてこないような新しい思考が必要だ。これは、たとえ短い時間でも、「無責任に」考えるのを自分に許すことを意味する。発散的なマインドセットを取り入れると、そこにはもはや「間違い」はない。あるのは、偉大な創造性の専門家であり風景画家のボブ・ロスのいう「楽しいアクシデント」だけだ。

適切なウォーミングアップは、方向性を設定し、暗黙のうちに活動規則、たとえば判断を保留する、量を追求する、互いの発言を簡潔にする、ほかの人のアイデアを発展させるといったものを定める。相手の動作を鏡のように真似るミラーリングやじゃんけん大会のような一般的なアイスブレイクは、おそらく誰もが知っているだろう。身体的および精神的な動きを伴うものなら何でもかまわない。だが、私たちの経験では、最高のウォーミングアップは、セッションでするのと同じことを、負荷を減らして行うことだ。

たとえば、アプリの新しいバージョンが出るたびに購入する方法から、月額制の支払いへと切り替えるよう顧客を説得する方法を探しているのであれば、「私たちはどうすれば、アランの子どもたちに野菜を食べさせられるか？」といった、似たような課題をグループに与えるのだ。

この手法にあまりなじみがないグループについては、誰もが互いのアイデアに「ノー」といわなければならないという規則を設けて始めるといい。

「野菜をスムージーにしたらいいのでは？」

「ノー。それではうまくいかない。蒸し焼きにしなくてはだめだ」

「ノー。蒸し焼きにするのは時間がかかりすぎる。サラダドレッシングをたっぷりかけるほうがいい」

参加者がこうしたやりとりを1〜2分続けたら、こんどは即興演劇の演者がよく口にする「イエス、アンド……（いいね、それなら……）」という言葉を使って、相手のアイデアに賛同し、それに便乗するよう指示するのだ。

「いいね。それなら低カロリーでオーガニックなサラダドレッシングを使えば、さらに健康的だね」

「いいね。それなら、2つの違うサラダドレッシングから、好きなほうを選ばせたらどうだろう？　そうすれば自分の責任で決めたと思えるじゃないか」

そしてウォーミングアップの終わりに、「ノー」から「イエス・アンド」に変えたあと、改善が感じられたかどうかを全員に聞いてみる。まだ選別段階ではないので、「ノー」というのは、不要で流れを中断するだけだ。「イエス・アンド」というのは、ほかの人のアウトプットを、新たな方向性を引き出すための発散的なインプットとして活用するよう、参加者に促すものだ。繰り返しになるが、この発想は、参加者を適切なマインドセットにするためのものだ。

ブレインストーミング④チーム分けをして進行役を決める

もしグループが手に負えないほどの規模だったら、3〜6人のグループに分けたほうがいい。座席表を準備するウェディング・プランナーのように考えてほしい。既存の関係を可能な範囲で断ちきり、視点の多様化を最大限に図る（と同時に混乱を最小限に抑える）のだ。多様性を考えるときは、年齢や人種や性別だけでなく、役職や所属部門や会社での地位も考慮する必要がある。紙に書き出したり、スプレッドシートを使ったりして入れ替え作業を行う。チーム分けが終わったら、チームごとに進行役を1人決める。そして必要なら時間をとって、その進行役に以下のやり方を指示する。

チームの進行役は、最初にマーカーと付箋を各メンバーに配布する。できれば違う色の付箋を使って、誰の提案かがわかるようにしよう。また、参加者全員をホワイトボードに手が届くところに座らせるのも効果的だ。グループをそのように配置することで、チームの各メンバーが、等しい発言の機会をもつ対等な立案者であることを、明確に示せる。

重要なのは、進行役はボスではないということだ。たとえ実際にはボスだったとしても、それは変わらない（アイデアを生み出すのに、役職や階層はまったく関係ない。バッジや記章といった地位を示すものを外す必要があるなら、そうすればいい）。進行役は、全員にきちんと参加させ、活気が衰えないよう注意を払いながら、セッションを進める。

進行役は、チームの「足場」を見て、アイデアの創造を刺激するような「シード（種）」を5つか6つ選ぶ。できるだけ幅広い多様な解決策を見出すのが目的なので、チームの各メンバーから少なくとも1つのアイデアを出してもらう。そのうえで、新規性と実現可能性のバランスを模索する。完全に現実離れしているアイデアは、あまりにもばかげているか型破りで役に立たない可能性がある。逆に、あまりにも当たり前か平凡なアイデアだと、議論が一向に盛り上がらない。ホワイトボードの各欄の一番上に「シード」を明記したら、本格的に作業に取りかかる時間だ。

ブレインストーミング⑤ペースを設定する

私たちは、こうしたグループセッションには、たいてい1時間をあてている。10分から15分程度のウォーミングアップも、そこに含まれる。もっと長い時間が必要な場合は、1時間以内のいくつかのセッションに分け、それぞれのセッションの終わりに、アイデアを集めて手早くまとめる時間を5分ほど残しておく。

タイマーが動き出したら、進行役はホワイトボードの最初の欄のシードが喚起するアイデアを募る。アイデアを出すには、参加者は(a)アイデアを付箋に書き、(b)声を出してチームに伝え、(c)該当する欄に貼りつける。進行役は、セッションの進行に沿って、つねに質ではなく量を重視してメンバーを鼓舞しながら、自分自身のアイデアも出す。

進行が速いときは、各自のアイデアを入念に評価する余裕はないので、あれこれ思い悩んでいる時間を誰にも与えないよう、軽快かつ迅速に進めていく。進行役は、セッション全体を通して、判断を保留してほかの人のアイデアを発展させるよう、ほかのメンバーに促し続けなければいけない。「本命」やグループの結論を特定の方向に誘導しようという誰かの試みに収束する傾向には、しっかりと抵抗すべきだ。重要なのは、ある特定のアイデアについてどう思うかではなく、それぞれのアイデアがどんな別のアイデアを引き出してくれるかだ。

欄が埋まっていく過程で、色にも注目する。「ビル、ボードに緑の付箋が全然見当たらないじゃないか。きみもちゃんとアイデアを出してくれ」。できるだけ全員が参加し、チームの多様性をフルに活用できる状態が望ましい。もし1人か2人の参加者がその場を支配し続けるようなら、順番を決めて1人ずつ発言してもらうといい。こうした強引なやり方は、普通は必要ないが、とくにバーチャル会議では、ときどき自分の番だと確信しないと発言しない人がいる。また、参加者にはマーカーの使用も促し続けたほうがいい。覚えているだろうか？　記録しなければ、なかったのと同じだ。「ビル、それはすばらしいアイデアだ。でも、それを付箋に書いて、ボードに貼ってくれないか！」（進行役はおそらく何度もそう繰り返すことになるだろう）

アイデアの創造は、電子レンジでポップコーンを加熱するようなものだ。最初は、少数の明快なアイデアが、続けざまに「ポン」と飛び出してくる。そのあとは、あらゆる方向に向かって、着実かつ連続的にアイデアが出てくるようになる。「創造性の崖《クリエイティブ・クリフ》」を超えたのだ。

5、6分ほどたってアイデアが完全に出尽くしてしまう前に、進行役はグループの注意を次の欄に向けさせる。活力のレベルを維持し、与えられた時間内にグループがすべての欄をひと通り検討できるようにするためだ。6つの欄にそれぞれ6分ずつかけたとしても、最初のウォーミングアップと最後のラップアップを実施する時間的な余裕は十分にある。

ブレインストーミング⑥アイデアを取りこんで、マリネして、再構築する

セッションの終了時には、すべてのチームを集めて、5分間で結果とその意味合いについて話をする。ホワイトボードは、漏れなくスナップ写真に撮るのを忘れないこと。何よりも、どのア

イデアが最も有望かを決めようとしてはいけない。これから見ていくように、それはとくに最初のうちは、なかなか難しいことだ。

次に、グループに明確な任務を与える。「ヒントとみんなで一緒に考えた解決策について、引き続きよく考えてほしい。このミーティングが終わったあとで、新しい考えが浮かんでくるはずだ。今後の進め方を決めるために再招集するときは、そのあいだに得た洞察やアイデアを全員で共有できる」

解散する前に、各チームが考案したアイデアの総数を集計する。たとえば、あるグループが60分間に数百のアイデアを生み出したと知って、参加者全員が驚くほどやる気になることがある。彼らが費やした時間の投資利益率（ROI）が、いかに高いかを思い知るからだ。

時間の経過とともに、自分がやっている仕事にとって、適切なアイデア比率がどんなものかが感覚としてわかってくる。その比率が、いつも達成すべき目標となる。思い出してほしい。クリエイティブ・クリフ・イリュージョンは、実際は違うというのに、アイデアが尽きたと脳に語り続ける。アイデア比率は、そうではないことを教えてくれるのだ。それによって私たちの想定が変わり、次はもっと長く粘れるようになる。

この簡単で体系的な手法を使うと、1時間で、いままで考えたこともないほど多くのことができるようになる。いきなり2000は無理かもしれないが、最初でも数十あるいは数百のアイデアを思いつくはずだ。そして、実験的に生み出されたデータが、いかに残りを刺激するかがわかるようになるだろう。

結果をさらに充実させるには、（いい意味で）競争的な環境をつくるのが効果的だ。多くのチームのなかで、どのチームが最も多くの可能性を生み出せるかをわかるようにする。あるいは、各チームに、新しい欄に取りかかるたびに、前の欄のアイデア数を上回るよう要求するのだ。楽しくやることが重要だ。米ソ冷戦時代のチェスの決勝ではなく、チャリティー・マラソンを思い浮かべてほしい。

スタンフォード・インプロバイザーズの責任者で、私たちの友人でもあるダン・クラインが、最後に1つこんなアドバイスをしてくれる。「創造的になろうとするな。あえて明白であれ。ある人にとって〝明白〟に思えることが、ほかの人には斬新でときには感動的なまでの印象を与えることがある。潜在的なものを明確にしよう。〝いうに及ばぬこと〟などないのだ」。そうした創造的なニュートロンが、原子炉のまわりを飛び交うのを覚えているだろうか？　あなたにとっての現実の外で何かを考え出そうとするよりも、心に浮かんだことをすぐに口にして、連鎖反応が起こるのを見るべきだ。あえて明白であれ。そしてチームがすばらしいと信じるのだ。

これが、グループ作業の主なメリットだ。それは、鋼を鋼で研ぐプロセスだ。私たちが、机にへばりついて1人でアイデアを考えてばかりいないのはそのためだ。グループでは、誰か1人が創造的な英雄となるという重荷を背負うことはない。全員がリラックスして羽を伸ばし、互いに火花を散らしながら前へと進んでいく。

セッションが終わるころには、興奮が現実主義に取って代わられる。判断を伴わない量の追求は楽しいが、質はどうあるべきなのだろうか？　参加者が必ず聞いてくる質問がある。「このなかにいいアイデアがあるかどうか、どうすればわかるのですか？」

次の章で、この質問に答えていく。現実世界でアイデアを検証するためのイノベーション・パイプラインを構築すると、実験的な結果がいかに創造的思考を刺激するかがわかるだろう。進むべき道を想定してやみくもにそれをたどるのではなく、手探りで着実に前へ進むのがコツだ。

グループセッションは、アイデアの問題を解決するためのきわめて重要なツールだが、アイデアの創造は、プロジェクトの最初に起こる独立した出来事ではない。試行・改良・さらなる探求というサイクルが、イノベーション・プロセス全体を通して継続しているのだ。それが終わるのは、目的を達成したときか、さらに豊かな鉱脈を見つけるためにその目的を放棄したときだけだ。

第4章

イノベーション・パイプラインを構築する

私たちは、少しでも早く自分が間違っていることを証明しようとしている。なぜなら、それが進歩を見出すことのできる唯一の方法だからだ。[1]

――リチャード・ファインマン（物理学者）

シリコンバレー銀行（訳注／SVB。2023年3月に破綻、地銀に買収される）は、カリフォルニア州サンタ・クララに本拠を置く大手商業銀行だ。1983年の創業以来、SVBは地元の顧客であるハイテク・スタートアップに特化してきた。いまやSVBは、全米最大手の銀行の1つであり、世界中で事業を展開している。だがその活動領域全般で、テクノロジーとベンチャー・キャピタル、つまりイノベーションが、あいかわらずその成功に決定的な役割を果たしている。

私たちは2016年に、成長の促進に熱心なCEOのグレッグ・ベッカーに招かれ、この銀行の将来有望なリーダーたちと仕事をする機会をもった。ベッカーは、組織全体から人を集めて9つのチームをつくり、それぞれのチームに、探求すべき有望な戦略的分野を指定した。

新しいグループと仕事をするとき、私たちはたいてい、教育目的で仮想のプロジェクトを取り入れている。ベッカーはすでに9つの戦略的分野を決めていたので、そのうちの1つから始めることにした。スタートアップのデット・ファイナンス（訳注／負債による資金調達）がSVBの中心的事業に大きく関連しているので、試しに取り上げるのには最適だと思えた。そのチームは、新規事業を開始するにあたり、設立者がどうやって資金を借り入れるかを検討することになっている。こうした顧客はどんな条件を期待するだろうか？　一般的にどんな問題に直面するだろうか？　SVBは、デット・ファイナンスの提案をどうすればもっと説得力のあるものにできるだろうか？　これらに対する答えは、重要な影響をもつかもしれない。

前章で述べたアイデア創造のプロセスを説明したあとで、私たちはそのグループに、9つのチームに分かれて作業に取りかかってもらった。各チームは3日間、アイデアと試作コンセプトを考え出し、ユーザーのフィードバックを集めた。3日目の終わりに、結果を共有するためにグループ全体が集まった。最終的にこの問題に取り組む役割を担うチームが審査員となり、テストと検証を行うのに最も有望な提案を選ぶことになった。

ポートフォリオの検討は、出だしは好調だったが、審査チームが利点よりもリスク回避を重視していることがだんだん明らかになってきた。プレゼンテーションが終了すると、審査チームが前に出て自分たちの選んだ結果を発表した。私たちが恐れていたように、それは最も危険が少なく、最も面白味がなく、最も期待できないアイデアだった。聴衆が期待どおりの反応を示さないことに気がついて、審査チームはたじろいだ。そこで私たちは挙手を求めた。「審査員以外で、このアイデアに賛成の人は？」一瞬の間をおいてから、40人中2人が手を挙げた。

「正気なのか？」審査チームの1人が叫んだ。

「そっちこそ」と、部屋の後方から誰かが叫んだ。

審査チームの誰もが、明らかな「正解」を選んだと思っていた。だが、それ以外のほぼ全員はそうは思わなかった。いったい、何が起きたのだろうか？

なぜ選別は難しいのか

スーパーボウルの期間中に、画面に向かって「正しい」プレーとは何かを叫んでいる人をよく目にする。口先だけの評論家は、どの分野にもいる。決定に対してあとからとやかくいうのが好きな人はいる……自分が間違った決定の責任をとる立場にないときに。

これは、必ずしも悪いことではない。自分が決定の責任をとる身になるとわかっていると、どうしてもそれをもとに思考を形成してしまうからだ。みずからリスクを背負っていると、あなたの意見は変わってくる。もし自分で遂行しなければならないとしたら、本能的に対象範囲を狭め、領域を縮めるだろう。

外から見ると、あなたの友人が過労死を招くようなひどい仕事を辞める必要があるのは、火を見るより明らかかもしれない。だが、その大変な仕事があなた自身の話なら、どう考えるかはそれほど明確ではない。仕事を辞める、あるいは転職するだけでも、それに伴う労力とリスクを考えると、かなり腰が引けてしまう。よく考えてみたら、上司はそれほどひどい人ではないかもしれない……。自分が責任を負っているときは、「大きく考える」のが難しい。

シリコンバレー銀行での対立は、この葛藤を説明するものだ。ロジスティクスや処理能力やリスクの心配をしなくていいのなら、「小さく考える」必要があるだろうか？　全員の好奇心をかき立てるような真に斬新なアイデアが、いくつか提案されていた。どんなアイデアも実証するには現実世界での実験が必要だが、これらのアイデアは可能性に満ちていた。たとえ実行可能でなくても、探求すれば興味深い方向につながったはずだ。

SVBでの審査員グループが最も将来性が低いアイデアを選んだのは、それがリストのなかでは最も実現可能なものだったからだ。私たちは生まれつきサーベルタイガー（剣歯虎）を避ける傾向があり、ベイエリアの銀行では、デット・ファイナンシング・プログラムの成長可能性を最大化していなかった。ここでは、「損失回避」といわれる認知バイアスがまたもや影響している。自分の身が危険にさらされているときは、リスクがメリットに勝る。プレッシャーの下では、心はより直感に頼るようになる。それがこうした直感的な決断を過去に遡って正当化し、認知バイアスが働いた選択に、見せかけの論理と理由を加味するのだ。

最も安全で最も面白味に欠けるアイデアが、審査チームのメンバーには、心から正しい選択に思えたのだ。彼らがほかの人たちの反応を目にして驚いたのはそのためだ。彼らは気持ちの面で、ある確実性に固執していた。それは、目標への明確な見通しと、現状との整合性があって必要な労力が対処可能なものかどうかという点だ。それがあってようやく、彼らの理性が、論理的な説明をしようと動き出す。私たちのよき友人である、スタンフォード大学のババ・シフ教授はこういっている。「脳の理性的な部分は、どこかよそでなされた決断を理論的に説明するのに秀でている」

労力やリスクが認識されると、「大きく考える」能力が妨げられる。そのため、そのプレッシャーを軽減する必要がある。私たちは、アイデアのテスト用パイプラインを構築することで、これをやっている。検証プロセスはアイデアに出口を与える。「イエス」と「ノー」のラベルがついた2つのバケツ以外に、アイデアが向かう場所だ。テストといっても、費用がかかるお役所仕事的な、企業の「パイロット・プログラム」ではない。高校の科学の授業さながらの、迅速で断片的な実験を思い浮かべてほしい。1時間で仮説から結果に到達し、ランチに直行だ。

テスト用のアイデアを選ぶときは本格的に実施する場合とは違い、あなたが取り組むのは迅速で断片的なテストにすぎない。そう考えれば、あなたは自分のアイデアをメリットだけをもとに評価できるようになる。アイデアを検証するためにパイプラインをつくるのは、アイデアフローの維持にとってきわめて重要だ。費用のかかる厳粛なゴーサインが唯一の選択肢である場合、ほとんどのアイデアがあまりにも危険で資源集約的に思えて、検討することさえできない。最も野心的なアイデアを避け、実行が簡単でリスクの少ないアイデアを求め続けるのはそのためだ。あなたの創造的なマインドがこの行き詰まりを認識すると、たいていは、より大きなアイデアを考え出すのをやめてしまう。

イスラエルの死海は塩分濃度が高いことで知られているが、約150キロメートル北にあるガリラヤ湖は淡水湖で、多様な生態系を支えている。どちらの湖もヨルダン川を水源としているが、死海は水の出口がないのに対し、ガリラヤ湖はイスラエルの水需要の10パーセントを供給している。生命と活力にとって、「流れ《フロー》」は欠くことのできないものだ。

創造性の流れを回復させるのは、アイデアのための小さな出口だ。最初に大量のアイデアを生み出して、そこから「正しい」アイデアを生み出さなければならないというマインドセットにとらわれると、完璧でなければというプレッシャーから独創性のない安全なものを選択してしまう。こうした二者択一的なバイナリー・アプローチでは、人はいろいろと試そうせず、ましてや、思考を適応させるために学んできたことを活かそうとはしない。

現実は、創造的なインプットのすばらしい源泉だ。あなたのアイデアは実験を通して、費用や依頼人や顧客から学んだことの恩恵を受けられるはずだ。

ほかとは関係なく山ほどのアイデアを考案し、どれが最もいいかを決め、それを遂行するといったやり方を推奨しないのは、このためだ。これからは、現実世界でアイデアをテストし、集めたデータを使って既存のアイデアを改善し、その過程でよりよいアイデアを引き出すべきだ。これが、ひらめきから確信へと段階的に前進していく方法だ。

本章では、アイデアのパイプラインの構築方法について説明していく。

アイデアのテストをやめてはいけない　GMの失敗

実際のデータがなかったら、たとえあなたがその道のプロであったとしても、それだけでどのアイデアを追求すべきかを決める資格があるとはいえない。誰にもそんな資格はない。未知数が多すぎるのだ。実際にテストをしてみないかぎり、あなたの追求が成功するかどうかは、多かれ少なかれ運まかせになってしまう。検証を伴わないイノベーションは、車を家の方向に向け、目を閉じたままアクセルを踏むようなものだ。無事に家に帰りつける可能性もあるが、おそらくは溝にはまって終わりだろう。理にかなわないことだが、企業は頻繁に、目隠しをしたまま車で家に向かうような真似をする。市場の要求を検証もせずに、解決策を見つけようと膨大な金と時間を浪費しているのだ。その製品やサービスを誰も求めていないことが判明すると、販売部門か市況の変化のせいにされる。欠陥のあるイノベーション・プロセスに非難が向けられることは決してない。こうしたサイクルが、延々と続くのだ。

ゼネラル・モーターズ（GM）は、2016年にカーシェアリング・サービスのメイヴェンを展開したときに、早い段階でそれを経験した。[2] ニューヨークシティで試験的に実施したときは、時間あるいは日数単位でGMの車を借りようと、何千人もの人がこのサービスに登録した。正しい次のステップは、メイヴェンを周辺地域に拡大するか、さらにいいのは、別の地域でも一緒に試行してみることだった。アリゾナ州のフェニックスでの2回目のパイロット・プログラムは、まったく違うアプローチを試すはずだった。だが、GMはプログラムの実施を取りやめ、販売テリトリーを広げたい一心で、膨大な費用をかけ、メイヴェンを12カ所以上の都市に一気に拡大するという誤った方向へ進んでしまったのだ。

拡大後、GMのリーダーたちは、ビッグ・アップル（ニューヨーク市）での試行ではわからなかったコンセプト上の重大な欠陥があることに気づいたが、すでにあとの祭りだった。この欠陥は、状況が異なる別の市場に展開してみて初めて明らかになったのだ。不運なことに、規模を拡大したがゆえに、そうした問題に同時に対処せざるを得なくなった。その結果わかったのは、この構想を本格的に立ち上げる前にすべての問題を解決する時間はないということだった。GMは、幸先のよいスタートからわずか4年で、メイヴェンのサービスを終了した。

私たちの友人であり、ケラー・ウィリアムズで変革責任者を務めるジョン・ケラーによると、彼の会社でも、ある大胆な新しいコンセプトが提案されたときに似たようなことが起きていた。ジョンが私たちに説明してくれたように、不動産業においては「ローカル・インサイト（地元の情報)」が通貨の役割を果たす。看板を掲げて物件をリストに載せるのは誰でもできるが、ある場所を詳しく知るには時間と努力が必要だ。〈イェルプ〉で洒落たコーヒーショップを検索するようにはいかない。優秀な不動産業者は、担当地域に関する豊富な知識を蓄えていて、苦労して手に入れたこの専門知識が競争上の優位性となる。人々は、学区や、騒音公害や、通勤者が使う住宅街の抜け道や、そのほかの重要事項に関する不動産業者の知識を頼るようになる。

ときが経つにつれて、この専門知識は、顧客のロイヤルティや新規顧客の紹介という形で報われる。不動産業者のおかげで、自分では決して気づかないような欠陥のある物件を買わずに済んだとしたら、その恩は誰だって忘れないだろう。

ケラー・ウィリアムズの代理店は、全体では、地元に関する膨大な知識を保有していた。だが、それを内部で共有するすべがなかった。この貴重な資源をもっとうまく活用するために、ケラー・ウィリアムズは、代理店が知識を共有できるような社内データベースを構築したかった。そうすれば代理店は答えが必要なとき、いつでもそのデータベースを利用できる。たとえば、初めての地域に向かうときにはるかに早く到着できるようになる。また、全体の知識が1カ所に集まっているので、新人研修もやりやすくなる。新しい代理店が加わるたびに、地元の同じ情報を繰り返し説明する必要もなくなる。

このデータベースの発想は有望なものだったが、いくつかの疑問が生じた。どんな種類の情報が「ローカル・インサイト」としてふさわしいのだろうか？　飲食店の情報？　すぐれた小児科医？　信頼できる請負業者？　実現するに当たっては、市販のソフトでいいのか、それとも多額の費用をかけてソリューションを特注する必要があるのか？　データベースの使用に関しては、情報の提供や利用は、とくに携帯で使用する場合どれだけ容易にできるのだろうか？　誰もが知っているように、優秀な不動産業者はオフィスにじっとしてはいないからだ。

どんなアイデアにも、一連の質問がついてくる。先に進む唯一の方法は、答えがどんなものか推測することだ。だが、その推測が正しいかどうかは現実の世界でテストしてみるまでわからない。そのテストのプロセスを、完成した製品やサービスの一般への発売に委ねるのは、あまりにも多くの企業が犯している重大な過ちだ。ケラー・ウィリアムズは、データベースのパイロット版から着手するだけの分別はもちあわせていたので、1つの地域の代理店にそれをまず公開した。短い期間に大量の情報がこの新しいデータベースに入力された。利用者は満足しているようだった。懸念事項だった使い勝手も実際にはよく、実用面でかなり有用であることがわかった。利用率は、会社の期待を上まわるものだった。

GMのメイヴェンと同じように、次の正しいステップは、まったく違う地域で同じ仮説を別の角度からテストしてみることだった。だが、GMはそれをしなかった。企業にテストを行ってイノベーション・パイプラインを構築する文化がないと、延々と続くテストに時間を浪費するよりも、有望なアイデアを実行に移してしまいたいという気持ちがあまりにも強くなる。

ジョン・ケラーがこの出来事から数年経って残念そうに認めたように、ケラー・ウィリアムズは1回のテストがうまくいったあと、このデータベースを一気に全国展開したのだ。だがリーダーたちは、規模が大きくなるとそれだけ複雑性が増すことがわかっていなかった。

アイデアは、少し大きくなるだけで、はるかに複雑化してしまう。試行のあいだ不動産業者は、互いにベストプラクティスを教え合い、検索結果に含まれる質の悪い情報を排除することで、データベースを容易に維持することができた。全国規模になったとたん、このデータベースには、ユーザーの処理能力をはるかに超える速さで情報が押しよせたのだ。データベースへのインプットが50万件にまで膨れ上がると、溜まっていく情報のなかから価値のあるものを選り分けるのが不可能になった。優秀な情報提供者たちは、注意深く書いた内容が多くの短文コメントのなかに埋もれてしまうのを見てうんざりしてしまった。ソフトもまだ最適化されておらず、大量のデータをソートできなかった。オーバーロードとなったデータベースはバグが増えて速度が遅くなったために、必要な情報を見つけるのが難しくなった。

そしてデータベースは、何万というユーザーがほぼ同時に使用をやめてしまったために、行き詰まってしまった。システムを修復しようとする試みは失敗に終わった。そうしたフラストレーションによって不動産販売に支障が出てきたために、リーダーはこのプロジェクトを中止することにした。ケラー・ウィリアムズは、有望なアイデアを成功させようと意気込むあまり、目先の利益に目がくらんで、将来の大きな利益を失ってしまったのだ。

ジョン・ケラーはこれを、会社が始まって以来のイノベーションの大失敗だと見ている。なぜなら、中心となるコンセプトはあれほど可能性に満ちたものだったからだ。もしこの会社が時間をかけて複数のバージョンとテストによる仮説の検証をしていたなら、ジョンのいう「無計画な緊急発進」を避けて、有効な取り組みに集中できたかもしれない。だが、アイデアが大きな規模で失敗してしまうと、企業がわざわざ初期の開発段階まで戻り、修正に着手することはめったにない。ケラー・ウィリアムズがデータベースの打ち切りを決めるころには、ユーザーはこの自発的で無償の活動に時間を費やす意欲を失っていた。このプロジェクトの失敗は、たとえ1回テストで成功したアイデアであっても、一気に進めるのは危険であることを示している。

正しい検証プロセスは、循環的なものだ。ただ膨大な量のアイデアを考え出し、そのうちの1つをテストして、うまくいったら一気に拡大するというのではなく、テスト・結果の分析・修正・そしてまたテスト、という段階を経なくてはならない。観察したところ、企業が有望なアイデアの規模を拡大することに力を入れすぎて、この手間を省いて強引に先へ進んでしまう例が数多く確認された。成功を急ぐあまり、無意識のうちにこうした努力をないがしろにしてしまうのだ。これは、長年イノベーションを渇望してきた企業にとくに当てはまる。

社内でアイデアフローの強化に取り組んでいるときこそ、有望なアイデアを実現したいという衝動に用心しなくてはならない。成長の各段階には、次へ進む前に解決すべき問題がつねに存在する。自分のペースを保つことが重要だ。プロジェクトがうまくいかないと実行がお粗末だと非難されるが、どんなに優秀なドライバーでも目をつぶって運転することはできない。「見当をつけられる」とか「臨機応変に対応できる」といった思い込みは、少しでも早く捨てたほうがいい。そうすればより一貫して成功を収められるようになる。投資をする前に、1回きりではなく、すべての段階でテストを終えておこう。テストすることは予測することだ。それが、事前に成功を知る方法だ。

企業がテストの実施に抵抗を感じるのにはいくつか理由があり、そのなかで最も重要なのが誤った動機だ。よくわかっていない人には、テストの実施は労力がかかるわりに見返りが少ないように思える。イノベーション・プロセスはたいてい、リーダーが何かを解決するように指示するところから始まる。リーダーに対してうまく機能しないことを伝えて、組織のなかで出世する人はいない。期待した結果が出なかったことを論文に書いてノーベル賞を受賞する科学者がいないのと同じだ。テストの実施を、単に何かを排除するための、勝利か敗北の二者択一の行為と見なすのは、あまりにもリスクが大きい。

敗北の可能性を選ぶくらいなら、不可能なことを望むほうがまだましだ。多くの人が、実行可能に思えるアイデアを、実行前にあまりにも念入りに検討するのを厭《いと》うのは、そのためだ。一方でリーダーたちは、開発段階での用心と好奇心を懐疑主義や怠慢だと解釈する傾向がある。誰も、自分が勢いを止めているようには見られたくないのだ。

テストの実施が実際に何を意味するのかを全員が理解すると、こうした抵抗感は薄れていく。急ぎの断片的なテストなら、長くても数時間でできるはずだ。何週間もかかることはなく、まして何カ月も必要となることはまずない。トーマス・エジソンの長持ちする電球を開発する取り組みに見られたように、実験はアイデアを潰すためのものではない。最高のアイデアを、それ以外と区別するためのものだ。エジソンは、できるだけ多くの断片的なテストを毎日の予定に詰めこむことで、あれほど多くの成功を収めたのだ。アイデアフローを増加させると、テストによるろ過作用が欠かせなくなる。これまで見てきたように、検討すべきアイデアが多すぎると、バイアスによってすぐれたアイデアから遠ざけられてしまうことが多い。たとえ、実際のデータなしにすぐれたアイデアを見極めることが可能だとしても、それは変わらない。

きちんとテストを行えば、機能しそうもないアイデアを排除して、機能しそうなアイデアに集中できる。それによって失敗するリスクは大幅に減る。テストの実施を学習・改良・検証の断片的なプロセスと捉え直すことが、実験に対する抵抗を減らすための鍵となる。

必要な労力に関していうと、テストの実施はそのアイデアを最終的な形で実現するのに比べて迅速かつ容易であるべきであり、実際にそうすることは可能だ。あなたは数多くの実験を行っているはずなので、つねに実験費用に見合う最大の成果を期待しているはずだ。私たちがテストの設計をするときは、対象が自己資金で起業したスタートアップだろうが、膨大な研究開発予算をもつ多国籍企業だろうが、必ず**実験効率**の最適化を図っている。最高の実験は、わずかな時間と労力で、多くの実用的なデータをもたらす。数日間と数百ドルで、想定している新製品を誰も欲しがらないことがわかる可能性があるというのに、何カ月もの期間と何百万ドルもの費用を投資する必要があるだろうか？　実際、顧客の要求に関する確かなエビデンスがなかったら、どんな新しいアイデアだろうとそれを真剣に追求すべきだろうか？

テスト・改良・そしてまたテストを、機能するソリューションに的を絞るまで繰り返す必要がある。正しい検証プロセスがあれば、そのアイデアに可能性があるかどうかが、実現する前にわかるだろう。製品の場合は、市場に投入する前に、適切な価格設定や必要な在庫レベルといったことまでわかるはずだ。

そうなれば、アイデアの価値をしっかりと活かしつつ、その実現に伴う不確実性やリスクを最小限に抑えることができる。

実験のポートフォリオを構築する　小さな賭けを数多く

勝者を予測しようとするのはやめるべきだ。スタンフォード・ビジネス・スクールの同僚であるジャスティン・バーグの研究によって、「参加者は最も高い可能性をもつアイデアに、低い順位をつける傾向がある」ことがわかった。[3] 最良の結果を得るには、あらゆる可能性を残らずテストして、比較する必要がある。

難しそうに聞こえるが、思いついたアイデアをすべてテストするのは、あなたが思うより実行しやすい。あなたが考え出したアイデアのリストは怖気づいてしまうほど長いものかもしれないが、似たようなアイデアをまとめてしまえば、追求すべき方向性はたいていそれほど多くない。まずは縞模様と水玉模様のメリットを比較してから、それぞれの縞の正確な幅について心配すればいい。大きな枝ごとにテストすることで、ステークホルダーに、あなたが正しい方向に向かっているという確信を抱かせるのだ。そのあとは、大きな枝から派生するさらに具体的なアイデアをテストして得られる、現実的なデータに従えばいい。

サー・ジェームズ・ダイソンは、紙パック不要の掃除機をつくり出すのに、少なくとも1日1つのバリエーションを4年にわたってテストし、設計に加えた変更ごとのインパクトを丹念に記録した。「とても興味深かった」と、ダイソンはいった。「実験をするたびに、よくなることもあれば、悪くなることもあった。だが、一度に1つの変更しかしなかったので、よくなった原因と悪くなった原因がはっきりとわかったのだ」[4]。可能なかぎりデータに決めさせるといい。テストによってわかったことにもとづいてアイデアを修正し、テストの結果が成功するアイデアを明確に示してから、その方向へと進むべきだ。

サー・ジェームズとは違い、多くの人は、数年をかけて何千ものバリエーションを一度に1つずつテストすることはできない。アイデアのポートフォリオを構築することで一連のアイデアを同時にテストしてから、並行して試作品をつくるのだ。金融投資と同じように、すぐれたポートフォリオにとって重要なのは多様性だ。そこには、確実なもの、一握りの有望な賭け、そしてごく少数のムーンショット（訳注／困難だが、実現すれば大きな効果がある壮大な計画や目標）が含まれる。同時に実施できるテストの数は、テストしようとしているアイデアの性質によって変わってくる。効果的なテストの実施については、次の2つの章で詳しく説明する。

投資家が、不安定な市場状況のなかでリスクヘッジをするようなものと考えてほしい。すべてを1つの取り組みに捧げるのは、たとえそれが完全に妥当なものであろうと、あっさり失敗することがある。その一方で、可能性の低い方向に小さく賭けて、十分な成果を得ることもある。自分が対処できる範囲で、可能なかぎり大きく多様なポートフォリオを目指そう。対象範囲を広げれば広げるほど、トロフィーを獲得する確率が高まるからだ。あなたが生み出した創造的な可能性をできるだけ多く、またできるだけ長くイノベーション・プロセスのなかに保存しておくといい。除外されたアイデアもそこに残しておく。そうすれば、ポートフォリオを構築して一連のテストを実施したあとも、いつでも元のアイデア・リストに立ち戻り、学んだ教訓というレンズを通して再考することができる。

ポートフォリオによる実験への取り組みは、イノベーションが本質的に収益性の低い活動であることを受け入れると、俄然意味をなしてくる。個々の取り組みにはすべて、失敗の高いリスクが伴う。それは問題がないだけでなく、新しいことを試す際に必ず見られる特性だ。ここでは、イノベーションがほかのビジネス分野とは違う働きをする。失敗率を下げようとするのではなく、テストごとの費用とリスクを最小限に抑えて、できるだけ多くの失敗を積み重ねようとする。そうすることで、基準を十分に高く設定していることがわかるようになるのだ。

テストすべきアイデアを選ぶときは、資源や処理能力に関する懸念に左右されてはいけない。実験によって、多大な時間と労力を必要とするアイデアに膨大な可能性があることが明らかになれば、さらなる資源投入を正当化するだけの確かなデータを手に入れることになる。1人で机に向かっているときは威圧的に思えるものが、7桁ドルの予算と大規模なチームを備えたまったくの別物に見えてくるはずだ。成功した実験は、社内の支援や、社外投資家の関心を集めるのにつながる。私たちの経験からいうと、意思決定の際には、どんなエレベーターピッチ（訳注／短時間で内容を説明すること）よりも現実のデータのほうが好まれる傾向にある。

真に多様性に富んだポートフォリオを構築するためには、実施に関与しない人たちの支援を得ることが必要だ。ロジテックでは、ＣＥＯのブラッケン・ダレルがこれを会社の方針にしている。「部外者のほうが、解決策について急進的な考え方ができるからです」。この会社の経営幹部であるエリカ・グラデンは、私たちにそう説明した。シリコンバレー銀行で、審査チームよりもほかのチームのほうが、さまざまなアイデアを正確に評価できたのを覚えているだろうか。実行を期待されていないことで、貴重な視点を得られたのだ。

個人起業家の場合は、こうした先入観のない見方をするのが難しくなる。どの事業アイデアを追求するかという判断を誰かほかの人に委ねるのを居心地悪く感じるかもしれない。結局のところ、あなたの強みやスキルや関心事を一番よく知っているのは、あなた自身だからだ。だが、もう一度いうと、重要なのは追求すべきアイデアを選ぶことではなく、小さな賭けをたくさんすることだ。ほかの人の力を借りれば、1人でやるよりももっと多様な選択肢のポートフォリオを考案できるのは間違いない。あなたは起業家として、友人や共同経営者やかつての同僚に、自分の運命を彼らの思いつきに委ねることなく、助言を求めることができる。先入観のない外部の視点を得ることは非常に大切なので、手を抜いてはいけない。

すべてのアイデアをテストするのが難しい場合は、可能な範囲で、最も多様な実験のポートフォリオを構築するといい。最初のアイデアの数によっては、それさえも手に負えない大仕事になることがある。そんなときこそ、確固たる選別プロセスが役に立つ。

「これは興奮するアイデアだろうか?」

アイデアのストックが多いほど、簡単に達成できそうなアイデアに引きつけられてしまう。たとえば、企業が従業員に提案を求めると、結果をまとめた大量のスプレッドシートが最終的に誰かの受信トレイに送られてくる。何百あるいは何千というばらばらのアイデアをスクロールしながら、最良の提案を探していると、目についた短期間で容易に実現できそうなアイデアを選んでしまいがちだ。

これを避けるには、リストを検討する前に、選別基準を設けるといい。選択肢を検討してから選択基準を決めるとなると、どうしても潜在意識が望んでいる方向へ誘導するような基準を設定してしまうからだ。そうならないように、実現までの時間や予想コストといったいくつかの異なる軸に沿ってリストをソートしたほうがいいかもしれない。そのやり方で、管理が可能な規模まで絞りこむのだ。そうなった時点で、企業の複雑な事業ニーズの十分な理解にもとづいて、正式な一連の要件を決定できる。そのあとの数四半期まで考慮して、目標を立てることが重要だ。表やグラフもいくつか用意する。すべてのデータを、投資利益率（ROI）、利払い前・税引き前・減価償却前利益（EBITDA）、労力対効果といったフィルターに、次々とかけていくのだ。

大企業では、どのアイデアをテストすべきかの検討に際し、説得力のある主張を展開するために表やグラフが必要になることがある。だが、たとえばあなたが個人起業家で、柔軟性があるのであれば、簡単な質問を1つすることで、どんな官僚的で指標ドリブンなプロセスよりも効果的に不要なアイデアを排除できるはずだ。

その質問とは、「これは興奮するアイデアだろうか？」というものだ。

起業家のヘンリック・ヴェルデリンが、ノートがいっぱいになるたびに最も有望なアイデアを新しいノートに書き写していたのを覚えているだろうか？　ヴェルデリンは、自分の興奮の度合いを測っていたのだ。興奮は、イノベーションを推進する燃料だ。私たちの経験では、世界に通用する結果を達成するための鍵は、大きな喜びを期待することにある。多くの企業のほとんどの人は、それを求めさえしない。新しいアイデアに興奮し、結局それが失敗するのを会社で何度か目にしていると、うんざりしてくる。イノベーションを推進する方法がわからない大企業では、無関心が生き残るための戦略となる。私たちはアイデアに、精神的な投資はしたくない。なぜなら、その実現につながる明確な道が見えないからだ。イノベーションをめぐるこの失敗が避けられないという感覚が、自己達成的予言（訳注／先行きについてのイメージをもって行動する結果として、部分的にでも実現すること）になるのだ。

あなたの早朝のひらめきが、想像どおりに実現されることは決してない。ある程度の妥協は避けられないだろう。したがって、もしあなたがいまの時点で興奮していないのであれば、次の一歩を踏み出すべきではない。ジャスティン・バーグの研究が示しているように、私たちは最良のアイデアを2番目か3番目に位置づけているかもしれないが、それでもトップの近くには残している。バイアスが働いていようがいまいが、失敗するアイデアは、最終的に底のほうに溜まっていく。無関心から始まるプロセスが終わるときに、すばらしい成果に達するような方法はない。

もしあなたが、あるアイデアがうまくいくか可能性をどうしても知りたいのでなければ、知ろうとする必要などない！　それが新規事業だろうが、社内プロセスの改善だろうが、あるいは慢性的な顧客問題の解決策であろうが、最終的に重要なのは、ステークホルダーが大いに喜ぶことだ。

経営幹部やCEOだけでなく、顧客、ベンダー、提携企業、従業員といった、すべてのステークホルダーが対象となる。つまり、そのアイデアが取り組むことになる問題に関連するすべての人々だ。もしあなたが、すべての関係者を喜ばせるために、あるアイデアがもつ可能性に興奮しないようなら、自分の創造力を信じて、それをリストから外すべきだ。

確かに私たちは、信頼できるデータをもとにすぐれたビジネスケースを構築しようとしている。だがその前に、まずは驚きや興奮や喜びを引き起こすようなアイデアが必要だ。これは純粋な実用主義なのだ。退屈なアイデアはお金の浪費となり、勢いをうばってしまう。

シリコンバレー銀行での演習で審査チームの心を何がよぎったにしても、それは興奮ではなかった。彼らは、誰かを喜ばせようとはしていなかった。できるだけ手間をかけずに、何か具体的な結果を出す方法を見出そうとしたのだ。基本的に私たちは、審査チームと同じようにできている。よりよい成果を上げるためには、説明を求めることを学ぶ必要がある。あなたは、どうしても頭から離れないアイデアから恩恵を受けることになる。考えただけで、心から興奮するようなアイデアだ。

肩をすくめるようなアイデアからは、偉大な結果は決して生まれない。

「コルクボードの研究開発部」をつくろう

イノベーションが盛んな組織には、堅固な創造的文化と、確立された研究開発プロセスがある。アイデアを評価する枠組みがないと、従業員はいままでやってきたのと同じやり方をそのまま続けるほうが楽だということに気がつく。たとえ改善のための明らかな機会があったとしても、その追求に労力を費やすだけの価値はない。現状を維持しているかぎり、何か失敗をしたとしても上司から責められはしない……。

アイデアの流れを回復させるには、アイデアのためのパイプラインを構築する必要がある。水が水域をふたたび流れはじめれば、生命がよみがえる。パイプラインは、可能性を発信する場所を提供することで人々に創造をうながし、プレッシャーも軽減させる。多くの組織では、誰かが見込みのありそうなアイデアを提案すると、それに対する典型的な反応は、「よさそうだね。とりあえず進めてみたらどうだい?」というものだ。1人で新たな岩を押しながら坂を上りたいと願いながら、のんびり構えている人などいない。また、うまくいかないかもしれないアイデアに経営幹部が興奮するのを望んでいる人もいない。「とりあえず進めてみる」から「誰かがこれに興味を示すかどうかを見て、それから考えよう」というマインドに移行すべきだ。

大きなコルクボードが1枚あれば、にわか仕立てのアイデア・パイプラインを構築できる（あなたのチームにリモートで働いている人がいるなら、代わりにバーチャル・ホワイトボードのツール一式を使うといい）。人の行き来が多い廊下などの目立つ場所にコルクボードを設置し、そのすぐそばにインデックス・カード、マーカー、星形シール、押しピンなどの備品を潤沢にそろえておくのだ。

これで、コルクボードの研究開発部のできあがりだ。誰かがチームと共有すべきアイデアを思いついたら、その都度それをボードにピンでとめればいいのだ。署名はいらない。それぞれのアイデアは独立したものだ。チームのほかのメンバーは、通りすがりにボード上のカードを見て、コメントや提案を書きこみ、関心の度合いを示すために星のシールを貼りつける。カードが増えてきたら、アイデアの池ができないように気をつけなくてはならない。週1回のペースで、コメントと星が最も多かったカードを、右端の「テスト実施」という項目の下に移す。これは、チームが迅速かつ効率よく、該当する実験をその週に行うことを意味している。

あなたの会社には、いまや100ドルもかけずにつくった機能的な研究開発部があるのだ。

毎週テストを実施するのは大変な作業に思えるかもしれないが、ステークホルダーを喜ばせる可能性がある興奮に満ちたアイデアを試すことほど希少な資源の有効な使い道がほかにあるだろうか？　組織に、もしくはあなた自身に、アイデアの受け皿となる特定の場所――検証プロセスへとつながるパイプライン――を提供することで、必然的にアイデアフローを増やすことになる。そうしたアイデアの1つがうまく実現されると、会社全体の創造性がいっそう向上する。人目を引くコルクボードの研究開発部のおかげで、実験の価値が誰の目にも明らかになる。

ディレクTVで働く友人のなかには、必要に迫られて似たようなことをした人たちがいる。彼らはユーザーを重視したイノベーション・ラボを設立したかったが、本社内に専用のスペースを確保できなかった。そこで創造力を発揮して、1本の廊下を占領した。この突拍子もないやり方に対して、組織全体が驚くほど好意的な反応を示した。イノベーションにかかわるはずのなかった人たちが、廊下に置かれたボードの前を通るたびに夢中になり、自主的に意見を出してラボの取り組みに貢献したのだ。コーヒーを買いにいく途中で、そうした面白そうなプロジェクトを目にし、黙っていられなくなったのだ。ここでは、可視化と熱意がしっかりと結びついている。

コルクボードの研究開発部にしても、廊下のイノベーション・ラボにしても、アイデアに関してすばやく簡単なテストを実施する以上の義務は何も負っていない。実験が結果的に失敗した場合は、そのアイデアについてもはや頭を悩ますことはない――少なくとも現在の形であるかぎり。トーマス・エジソンのように、あなたはうまく機能しないアイデアをまた1つ見極めることに成功したのだ。その一方で、もしそのアイデアが有望なら、さらに発展させるための少しの努力を正当化するのがはるかに容易になるだろう。時の経過とともに、テストを実施していないアイデアという障害物が一掃され、新鮮な創造性の流れが復活するだろう。

スタンフォード大学dスクールの創設者の1人であるボブ・マッキムは、「バグ・リスト（不具合リスト）」の提唱者だ。私たちを悩ませているものが、最高のアイデアを生み出すことがある。たとえば、ベティ・ネスミス・グラハムが銀行で秘書をしていたときに、初めてＩＢＭの新型電動タイプライターが導入された。[5] キーボードの反応がよすぎてタイプミスが増えたことが、グラハムにとって頭痛の種だった。彼女は、副業で看板の塗装をしたことがあったので、斬新な解決策が心に浮かんだ。それは、小さなボトルに詰めた白いテンペラ絵の具を使って、ミスをすばやく塗りつぶすというものだ。グラハムは、１９５８年に「リキッド・ペーパー」として特許を取得し、やがてそれを中心に構築した事業を４７５０万ドルでジレット社に売却した。

「私が困っているのは……」。こうした問題提起をコルクボードの一番上に貼りつけて、提案を募るといい。職場文化をより活気のある創造的なものにするためのすばらしいアイデアを、あなたの同僚がもっていることがわかるかもしれない。アイデアは、「朝のミーティングを廃止する」といった簡単なものでもかまわない。その意見を会社の方針にする前にテストするのは、十分に容易なことだろう。もし全員がより多くの仕事をこなしたうえで、実際に必要な頻度で集まればいいということになれば、それで決まりだ。そうした変更が予期せぬ問題を引き起こした場合は、学んだことをもとに方針を修正して、再度試みればいい。その提案が有効だと実証されるか、あるいは決定的に排除されるまで、それを続けるのだ。

少なく選んで、多くをテストする　予測はあてにならない

選別を行うことは可能だが、理想的なイノベーション環境は、どんな選別もまったく必要としないだろう。いつだって実験が選択に勝ることに、疑いの余地はない。すぐれたアイデアを見分けることにどんなに長けていたとしても、現実のテストから得る知識を超えることはできない。すべてをテストするのは、退屈かあるいは単に不可能に思えるかもしれない。だが、このあとの2つの章で迅速かつ効果的な実験技術を学んだら、有用なテストを実施し膨大な量のアイデアを一度に除外するのは、あなたが思うよりも速く容易にできることがわかるだろう。そのときこそ、アイデアフローの強化が必要となる。

私たちの友人であるニコラス・ソーンは、プレハイプという非常に革新的なベンチャー開発企業の、設立当初の共同経営者だ。プレハイプは、みずからベンチャーを立ち上げるとともにほかのスタートアップにも投資をしているので、チームはつねに新しいアイデアを評価し、最も有望

なものに資金を投入している。ソーンと彼のパートナーであるヘンリック・ヴェルデリン（第2章で紹介した、几帳面にメモをとる人物）は最初のうち、すぐれたアイデアを選別するというベンチャー・キャピタルの一般的なアプローチを試してみた。だがそれはあまりうまくいかなかった。

「数えきれないほどのアイデアのうちのどれがいいアイデアかに関して、自分たちの直感がいかに間違っているかを知った」と、ソーンはいった。そこでプレハイプは、ますます実験に頼るようになった。そして、意見や仮説にもとづいた予測よりもテスト結果のほうが信頼できることがわかると、会社としてのヒット率が劇的に改善した。いまでは、完全に選別をしないで済ませたいと考えている。ソーンは「私たちは『これはいいアイデアだろうか？』という思考プロセスから、完全に抜け出そうとしている」と語った。

プレハイプは、彼らが「シグナル・マイニング」と呼ぶプロセスを使って、アイデアをテストしている。あるときこのチームは、消化管バイオーム用座薬と、協業パートナー企業と、トラックのライドシェア用アプリへの投資を検討することになった。将来を予測するために、彼らはまだ実現していないこうした構想を、ソーシャルメディアをとおして何百万人もの人々へ宣伝した。そして、どれだけ多くの人がクリックスルー（訳注／クリックして広告主のサイトに移ること）をしたか追跡したのだ。各実験がもたらしたデータは、別のもっと精密な宣伝バージョンへと発展し、やがて需要が確実なものになった。このようにしてプレハイプは、可能性をすばやく市場で調査し、どんな投資にもつきものの不確実性の減少を図ったのだ。

精巧な検証システムのおかげで、プレハイプはどこの競合企業もできないほど多くの方向性を探求している。いまでは、10億ドルのエグジットをいくつもなし遂げている。ソーンの、いかなる選別にも反対する主張は、大いに信頼できるものだ。彼は、自分がわかっていないということを知っているのだ。

ソーンはベンチャーキャピタリストとして、事業の多様なポートフォリオの恩恵を受け、同時に複数の賭けに出てリスクを分散している。創業者たちにはそんな余裕はない。ベンチャーキャピタリストは、好事家《こうずか》をひどく嫌っていて、1つの事業アイデアを執拗に追求するタイプの起業家に投資する傾向がある。真剣な投資家に自分のアイデアに強い関心をもってもらいたかったら、同時にいくつものプロジェクトや試作品を、中途半端な状態で抱えるわけにはいかない。起業家にとっての真のリスクは、事業の構築に失敗することではなく、ほどよく成功することにある、とソーンは私たちに語った。はっきりと失敗するのがいいことなのは、そこから手を引いてもっと有望なものに向かって足を踏み出せるからだ。

だがもし、そのアイデアが明確には失敗しなかったら？　ある程度は機能するとしたら？　あなたの関与を正当化するくらい成功したかどうか、どうしたらわかるのだろうか？　こうした疑問に頭を悩ませているのは起業家だけではない。

何らかの事業を始めるときの機会費用を考えてみてほしい。典型的なスタートアップを軌道に乗せるには数年かかる。投資した時間と労力に対して、最大限の利益を得ていることを確信する唯一の手段は、ほかのあらゆる種類のアイデアと同じように、多くの異なる事業の可能性を考え出し、それを1つずつテストして、わかったことをもとに改良することだ。

だがソーンの経験では、最初のすぐれたアイデアに注力する前に別の選択肢を検討しようと努力する起業家はほとんどいない。彼らは、なんとか収益が出ればそれを成功とみなす。2番目あるいは3番目のアイデアが、少ない労力ではるかに大きな利益を出したかもしれないことには、まったく気づいていない。

利益を出したというだけで、あなたの時間を最大限に活用したことにはならない。「ほかにどんなアイデアがあるのか？」「これが私にとって最高のアイデアなのか？」。そう自問すべきだとソーンはいう。繰り返しになるが、意欲的な起業家にとって、確信を得る唯一の方法は、漏斗《ファネル》を多くの事業アイデアでいっぱいにして、それらをテストすることだ。これには、多くの起業家に欠けている忍耐が必要となる。「ベンチャーキャピタリストの手口は、起業家をまとめて少し長く引きとめ、彼らの選択肢を評価するというものだ」と、ソーンはいった。

プレハイプが起業家に提供している「シグナル・マイニング」をもってしても、多くの人がいまだに調査には抵抗を示す。「テストを実施するのは疲れるからだ」と、ソーンは説明した。「『これはじつにいいアイデアだ』と口にするのは簡単だ。2つ以上のアイデアを試すために、『これに対して、別の取り組みができるだろうか?』と自問するには、自制心が必要だ」。当然ながら成果は、きちんと利益の出る小さな事業と、10億ドルのエグジットとの間のどこかに存在する。直感に反するようだが、最初はこの2つには差がまったくない。

「私たちは、最も奇抜なアイデアが、大きな事業へ発展したのを目にしてきた」と、ソーンはいった。「月決めで犬のおやつと玩具が入ったボックスを売る事業が、いまや25億ドルの価値をもつ。バークは、市場分析と調査において客観的にすぐれている事業よりも、はるかにいい業績を上げている。私たちは、ささいなアイデアが巨大な事業に化けることがあるのを、直感的に学んできた。だから、すぐれた選択者になろうとするのは、間違っていると思う。私はむしろ可能性に賭けてみたい」

これで実験の価値は明確になったが、実際にそれをどうやるか、という問題が残っている。迅速かつ効果的な実験用のパイプラインを構築するには、どうすればいいのだろうか? プレハイプのような企業があれほどずば抜けてアイデアの検証にすぐれているのは、そのパイプラインのおかげだ。テストの実施と聞くとすぐに、時間とお金と全般的な能力の、重大かつハイリスクな投資が思い浮かぶかもしれない。その考え方は捨てたほうがいい。通りを歩きながら見知らぬ人に「これを買いたいですか?」と聞くような簡単なことから、いかに多くを学べるかを知ったら、あなたは驚くことだろう。

大雑把な試作品やいくつかの簡単な質問で、リスト上のアイデアの80パーセントを排除できるのだ。それに必要な投資は、改まったお役所的なテスト・プロセスの20パーセントで済む。つねに実験効率の最大化に努めることが重要だ。きちんと計画された実験は、わずかな時間と労力と資金の見返りとして、大量の実用的な情報をもたらす。テスト結果がそれを保証するときだけ、さらなる投資をすればいい。

「その力は認めざるを得ない」と、ソーンは私たちに語った。「使えないアイデアは、つねに『うまくいくかもしれないし、うまくいかないかもしれない』。いいアイデアは、非常にはっきりしている。すべてがずっと簡単になる。飛躍的なほど簡単に」

有望な数値は詳しく見る価値があるが、結果が明らかにすばらしいときは、すべてがはるかに簡単になる。開発の次の段階に進むときがきたのだ。

第5章

あなたのアイデアをテストする

2014年に、100以上のショッピングセンターと数百億ドル相当の運用資産をもつある世界的な不動産会社が、小さいながらも深刻な問題に直面した。主要都市にある高級モールの4階で、しばらくのあいだ賃貸料が急落していたのだ。大勢のオフィス労働者が買い物や食事をしにこの新しいモールに訪れるのを見込んで、会社は出費を惜しまなかった。とりわけ、モザイク張りで天井がドーム状のこの4階は最高傑作といえた。エレベーターに乗って上がってくれば、街全体を見渡すことができたのだから。

しかし残念なことに、4階まで上がってくる人はごく少数だった。4階はゴーストタウンのようで、この階に入っていたテナントは、苦労したあげくに次々と出ていった。会社が何を試みようと、4階に十分な客足をもたらしてそれらの店舗を存続させることはできなかった。この問題に取り組むために、経営陣はブレインストーミング・セッションを設けた。セッションが始まって約10分が経ったところで、その後の議論をすべて誘導することになる強烈なアンカー（最初に提示された影響力のある情報）を誰かが提案した。

「ビアガーデンをつくろう」

なんてすばらしいアイデアだ！　冷えたラガービールほど、美しい眺めにふさわしいものがほかにあるだろうか？　長い一日の仕事を終えた地元の会社員が、ギリシャの神々がオリンポスの山頂でアンブロシア（訳注／ギリシャ神話における神々の飲食物）を口にするように、街並みを見下ろしながらオーガニックの地ビールを味わえるのだ。ブレインストーミングは続いたが、ビアガーデンというアンカーの引力は、抗しがたいものだった。それからあとに出てきた提案にはすべて、その影響が見てとれた。

「ビアガーデンのことはいったん忘れよう。……ワインガーデンはどうだろう?」

ビアガーデンの思いつきが会議室ではいくら魅力的に思えても、「有用性」を確認しないことには、会社は失敗するかもしれない試みにこれ以上お金をつぎこむ気はなかった。そもそも買い物客たちは、モールの4階でビールを飲みたいと思うのだろうか? ビアガーデンは、お客をエレベーターに乗ろうという気にさせるだろうか? そして、さらに重要なことだが、4階にいるあいだに、何か買い物をするだろうか? 事業にとって、有用性の問題は実現可能性よりも重要だ。望む人が誰もいなかったら、製品やサービスを提供できたところで意味がない。だが、まだ存在していないものの有用性を確かめるには、どうすればいいのだろうか?

この会社は、ビアガーデンのアイデアについてどう考えるか、顧客の意見を聞くことから始めた。本部長が率いるチームが、クリップボードをフードコートにもちこんだ。そして、食事客に次々と同じ質問をしてまわった。「もし4階にビアガーデンができたら、行ってみたいと思いますか?」。すると約1000人の顧客のうち、85パーセントが「イエス」と答えた。会議室にいた経営幹部とまさしく同じように、フードコートにいた食事客たちは、街を一望できるビアガーデンがいかにすばらしいかを、難なく想像することができたのだ。

明らかに過半数の顧客がその計画を支持したので、会社は数十万ドルを投資してビアガーデンをつくった。この新しいビアガーデンは、プレミアム・ドラフト・ビールと、数々のグルメ料理と、高級感の漂う座席を売りにしていた。下の階に掲げた看板と、ソーシャルメディアで展開したキャンペーンで、新しくできたビアガーデンを楽しむよう買い物客に誘いかけた。あとは、客が当然のごとく殺到するのを待つだけでよかった。4階は救われたも同然だ。

1カ月後、進捗報告書に目を通した本部長は、客がまだ殺到していないことを知った。実際にビアガーデンにやってきた客は、一晩にわずか10人ほどだった。そんなばかな！　８００人以上の買い物客が来ると約束したではないか！　まさか、全員がうそをついていたというのだろうか？

いずれにしても、これは多くの企業で起こりうる話だ。幸いなことに、この本部長とその同僚たちは、この問題に取り組む前に私たちに接触してきた。彼らは、5章と6章で紹介する実験技術を活用し、フードコートの顧客が4階のビアガーデンに積極的な関心を示したときには、完全に準備を整えていた。この会社は、人が「するといっていること」と「実際にすること」の違いをすでに理解していたのだ。有用性を証明するのは行動であって、調査ではない。ほかの人にとって価値があるものを自分がもっているかどうかを知るには、それを相手の前にぶらさげて、相手が食べる（あるいは飲む）かどうかを見なければならない。問題は「私たちには、これをやる能力があるだろうか？」ではなく、「もし私たちがそれをしたら、喜ぶ人がいるだろうか？」だ。「それをつくることが可能か？」ではなく「つくるべきなのか？」なのだ。チャールズ・イームズがかつていったように、「デザインに関する第1の問題は、どう見えるべきかではなく、そもそも存在すべきかどうかなのだ[1]」。

本部長とそのチームは、調査結果を手に、手早く安価な実験を考案した。印刷したテーブルテントをフードコートに置き、ソーシャルメディア上のモールのチャンネルに投稿して、4階で開催する厳選されたワインとビールの試飲会へと顧客を誘導したのだ。洒落た座席もバーもなく、あるのは折り畳み式のテーブルと、ボトルに入ったワインとビールだけだ。それと、IDチェックと給仕をする要員が1名だ。この会社が1カ月にわたり、毎週土曜日にこの驚くほど安価なテストを実施したところ、毎回10名程度のお客が4階を訪れた。

「無料でワインとビールを提供しても顧客を4階に呼びこめないのだから、ビアガーデンの計画は一から考え直す必要があることがわかった」と、本部長は私たちに語った。それでも、会社にとっては収穫があった。かなり有望に思えるアイデアに数十万ドルをつぎこむ代わりに、総額でも数百ドルの出費でその有用性が間違いであることを立証したのだ。

アイデアをテストするには、アイデアを現実的なものにしなくてはならない。だが、求められている行動が何らかの手段だろうが、メールへの返信や社内規定の遵守といった完全に非取引的なものだろうが、その行動を証明できる程度に現実的であれば十分だ。実験の目的は、「もし私がXをしたら、Yという人物が、それに対してZをする」といった仮説を立証することだ。どんな科学者でもそういうだろうが、彼らの仕事は「仮説が間違っているのを証明すること」なのだ。

実験は、あなたの考えていることを確認するためではなく、それを疑うために考案すべきだ。あなたがその状況に関して本当だと思っていることと、その状況の本当の姿との差という、最も価値のある創造的な情報が、まさにそこに潜んでいるからだ。

これから見ていくように、ショッピングモールでやったような試作品や、まだまったくできていないものを提供するのでもかまわない。それに伴うリスクを軽減し、顧客を満足させる方法があるからだ。成功を確実なものにするには、できるだけ多く打席に立たなければならない。それは、実験効率を最大化することを意味している。本章では、あなたの最大のアイデアをテストする方法を紹介する。

周囲の抵抗に打ち勝つためのツール「遡及」

「そんなことをいわれても、うちの会社ではうまくいきっこない」――あなたはそう考えているかもしれない。もしあなたが、会社で率先して実験を行う立場にあるのなら、さまざまな反対に遭うことが予想される。創造的な文化がまだ確立されていないと、人はさまざまな理由でテストをすることに抵抗を示す。うまく説得したいと思うのなら、そうした理由の1つ1つに、戦略的に対処する必要がある。

私たちの知っている一流音響技術ブランドのソフトウェア技術者が、数台のスマートフォンを使ってハイファイのライブパフォーマンスを1テイクで記録する画期的な方法を思いついた。それぞれのスマートフォンが、グループのなかの1人のパフォーマーの音声と映像を記録するというものだ。演奏のあいだは、誰のパフォーマンスが最もすぐれているかをソフトウェアが勝手に判断して、ビデオ画像を次々と切り替えていく。ボーカルが歌うときは、自動的にクローズアップに移行する。リードギターが独奏するときも同様だ。ふたたび全員が一緒に演奏を始めると、広角撮影に戻る。できあがったビデオは、プロのクルーによって撮影されたものに見えるが、ティーンエイジャーのガレージバンドでも、自分たちだけでそれをつくれるのだ。

　このソフトウェア技術者には、自分が思いついたアイデアが、ティックトックをはじめ、オンライン・ビデオ・プラットフォーム用に動画を作成するミュージシャンにうってつけに思えた。それを提供することは、会社のプレミアム音響技術を新しい世代のコンテンツクリエーターに紹介する働きをするに違いない。

ソフトウェアの場合、有用性を調べる最も明快なテストは、ダウンロード可能なベータ版だ。無料のダウンロードは、実際の購入をはっきりと証明するものではないが、バリュー・プロポジション（価値提案）を向上させるうえで、貴重なデータとなる。だが、技術者がこの取り組みを提案すると、会社の上層部は、そのアプリに会社のブランドを使うことを断固として許さなかった。「うちの製品の1つを、無償で提供するだと？」と、けんもほろろだった。「うちは専門ブランドだぞ。問題外だ」

　技術者の考えでは、その実験には会社のブランドがどうしても必要だった。ブランドを使用しなかったら、現実世界のシナリオにおいて、プロの製作者たちがこのソフトを信頼してくれるかどうかをどうやって判断したらいいというのだ？　重要な専門家の支持を勝ちとってソフトウェアを彼らのニーズに合わせるためには、この実験にブランドを使うことが必要だった。だがその思いも、「我が社がつくるものは、すべて大きな成功を収めるものでなければならない」という、会社にはびこる暗黙の了解の前では、なすすべもなかった。そうした想定は大企業に多く見られ、たいていいつも間違っている。実際には、実験に失敗しても、多くの人は気にもとめないだろう（それはいいことだ）。

あなたが会社のなかで初めて実験を提案するときは、このソフトウェア技術者のように、多くの反対に遭うだろう。思わぬ方向から反対されることもある。反対を見込んでそれに対処するためには、私たちが「**遡及**」と呼んでいるツールを試してみるといい。未来にいる自分を想定し、あなたの売り込みがすでに却下されてしまったものとして振り返ってみるのだ。その視点から、最も被害妄想的になって、想像しうる反対意見をすべてリストアップする。

簡単に聞こえるが、「遡及」をしてみると、あなたの主張の欠点がすぐに明らかになる。頭のなかでみずからを未来の失敗のあとに置いてみると、それまで意識していなかった欠点や潜在的な間違いが、手に取るようにわかってくるのだ。認知バイアスにより、1つのアイデアに夢中になることで、ほかの人にははっきり見えている欠点がますますわかりづらくなる。主要なステークホルダーに実験を提案するときに、不意に反発を食らってしまうのはそのためだ。そんな目には誰だって遭いたくないはずだ。遡及してコマ戻しをすれば、あなたの計画に潜む問題が改めて見えるようになるだろう。

この音響技術者が「遡及」の手法を使えば、実験に対する社内の反対に打ち勝てたはずだ。もし彼が、たとえ10分間でも、首脳陣がベータ版で進めることを断固として拒絶するシナリオを想像してノートに書き出していれば、商標に関する懸念がまず間違いなくリストに挙がっていたはずだ。

潜在的な反対意見のリストができあがったら、その1つ1つにどう対応するか戦略を練る。ほとんどの場合、実験に対する抵抗は、誤って認識されたリスクにほかならない。もし首脳陣が実験を、失敗する可能性がある、時間と資金の多大な投資と見なせば、それを推進しようとは思わないだろう。結局のところ、テストに成功しても、最終製品が顧客に売れたわけではない。さらに多くのテストを実施するきっかけにすぎないのだ。

こうしたマインドセットを避けるには、リスクが検知されもしないような、安価で迅速な実験を考案すればいい。不完全であっても、近い将来にできる実験を選ぶのだ。首脳陣の同意なしにできるものならさらに望ましい。会社で行う最初のいくつかの実験は、重要な構想に関連しないものを選ぶべきだ。主に自分自身の仕事に関連していて、主要なプロフィットセンターや時間的な制約のあるプロセスにはかかわらないような、手頃な実験から始めるほうがいい。たとえその実験が非常に重要ではなくても最後までやり遂げて、その過程を記録に残す。そしてその成果を見せるのだ。いくつかの興味深い結果のほうが、どんな議論よりも、実験の実施に対する抵抗を克服するのに効果がある。たとえささいなテストでも、有用性を明らかにしてリスクを減らすことがわかれば、首脳陣がさらに大がかりな実験を承認する可能性が高まる。

テストの実施に対する抵抗はいらだたしいものだが、覚えておいてほしいのは、それが知性やビジネス感覚からくるものではないということだ。従来のビジネス教育は、イノベーションのマインドセットとまったく相容れない。実際、経験豊富で有能な同僚やマネジャーほど、実験に対して慎重になる傾向がある。スタンフォード大学の同僚であるマイケル・レザービーとリータ・カティラが100以上のスタートアップを対象に行った研究によって、とりわけMBA取得者が、効率的なスタートアップ論が求める実験に抵抗を示すことがわかっている。[2] 気楽に計画を策定し遂行できるようになるには、現実世界でのテストを使って仮説を検証する方向に、態度を大幅に切り替える必要がある。

トム・ウージェックは、オートキャドをはじめとするプロのクリエーター用ソフトを製造するオートデスクのフェローだ。ウージェックは長年にわたり、あらゆる年齢、あらゆる職業の人々を対象に、全国でデザイン・ワークショップを実施してきた。[3] 彼のワークショップでは、参加者にマシュマロ・チャレンジという課題が与えられた。これは、スパゲッティの乾麺20本、テープ、ひも、1つのマシュマロを使って、18分間でできるだけ高い塔を建てるというものだ。ただし、マシュマロは塔のてっぺんになければならない。ウージェックによると、この課題では、マシュマロそのものが重要な鍵となる。マシュマロは、スパゲッティに比べて思ったよりも重く、頑丈な土台を必要とするからだ。

仕事柄ほかの参加者よりも有利な技術者を除くと、ウージェックのワークショップで最も効果的に塔を建てたのは幼稚園児たちだった。最もできが悪かったのは？ 最近MBAを取得した参加者たちだ。その差も、小さいとはいえなかった。幼稚園児たちは平均で50センチ以上の塔を建てるのに成功した。ビジネススクールの卒業生たちが建てた塔の平均は25センチだった。なぜこれほどの差がついたのだろうか？

幼稚園児たちは、自分たちがわかっていないということを知っている。そこで、いろいろと試してみるのだ。たとえば、乾燥パスタの引張強度について何の先入観ももっていないので、早い段階でマシュマロを塔のてっぺんに置いてみる。塔が倒れても、もっといいやり方を試す時間が十分にある。それに引きかえMBA取得者たちは、正式に認可されたスパゲッティ技術者のごとくテーブルについて、間違った思い込みにもとづき、複雑な塔を慎重に建てるのだ。

「ビジネスを学ぶ学生たちは、正しい計画を1つ見つけるよう訓練されてきました」と、ウージェックはTEDトークのなかで説明している。「それを見つけてから、実行するのです。すると何が起きるかというと、彼らがマシュマロをてっぺんに置くときには、すでに時間切れとなるのです。さあ、どうなるでしょうか？ 危機的な状況です」。「やりながら学ぶ」のと「考えながら学ぶ」の違いだ。

ローンチパッド・プログラムに参加しているスタンフォード大学ビジネススクールの学生たちにも、同じことがいえる。彼らの場合は、事業を立ち上げるまでにもっと時間があるので、つねに作業の大部分を事業計画の策定に充てようとする。だが、製品が市場に適合することを示すデータを伴わない計画が何の役に立つというのか？　こうした学生を、データをもとに仮説を形成するよう説得するには、私たちが努力を続ける必要がある。

普段は知的で経験豊富な経営幹部が、ことテストの実施に関しては頑なに抵抗するのは、これらがすべて原因となっている。「計画を立てないのは、失敗する計画を立てるのと同じだ」と繰り返し教わってくると、何が起きるかを知るために物事を試してみるのは冒瀆《ぼうとく》のように思えるのだ。そうではないことを、そうした人たちに教えなければならない。

あなたが会社とその事業について知っていることをもとに「遡及」を行えば、あなたの実験に対する潜在的な反対が、数多く明らかになるだろう。そこには、会社の評判を傷つけるのではという不安から、一流音響技術企業で見たような、まだ存在していない製品やサービスを顧客に宣伝するというアイデアに関する懸念まで、さまざまなものが含まれる。

いずれの場合も、そうした潜在的な反対意見を利用して、あなたのプレゼンを改善するのだ。そうするためには、似たような領域で成功した実験の具体例を探せばいい。そうした実例は、いくつかの迅速なテストでどれだけ多くを学べるかだけでなく、それらのテストが実際にもたらすリスクがいかに小さいかも、はっきりと示すからだ。もしあの技術者が、ほかのテクノロジー企業が発表したベータ版のアプリの成功例を準備して会議に臨んでいたら、期待していた承認を得られたかもしれない。

証拠を示して自分の主張を立証するのは、いつもそれほど難しいわけではない。ときが経てば、実験の価値は明らかになる。実験的なマインドセットをもつ組織は、実験がいかに不確実性を減らし、時間とお金と労力を節約するかをすぐに理解するようになる。そして、可能なかぎり意思決定をデータに委ねるようになる。だが、あなたの組織が山場を越えるまでは、できるかぎり多く実験の成功例を集めたほうがいい。実験には、軽くて、速くて、簡単なものがある。ほかにも、とくに創造的な文化が深く根づいている企業では、より複雑で、それでも単にきっかけをつくる以上の意味をもつと思えるものがある。本格的な顧客イノベーション・ラボを一夜にして築く必要はない。現状から手をつけて、そこから築けばいい。

「手軽なテスト」こそが実験効率を最大化する

アイデアは、計画することではなく実行することで現実となる。アイデアの開発、改良、遂行には、行動志向的で実験主導のプロセスが必要だ。成功の確率を最大限に高めるには、ウェブサイトで使用するフォントといった簡単なことに関しても、思考実験から実際の実験へと移行しなければならない。現実世界での実験は、議論や本能的直感や正式な市場調査までをも凌駕する。実験がもたらす現実の厳しさを知ることで、過剰な自信が打ち砕かれ、何としてもノーといわれたくないという潜在的意識が回避される。

この実験をすべて実現可能なものにするために、これから先、効果的で高品質な実験を考案するのにちょうど十分な情報をもたらすような、簡単で安価で不完全な実験を考案することに力を入れなくてはならないだろう。それぞれの実験から得た答えによって、次はもっと鋭い質問ができるようになるだろう。そうやって、ひらめきから確信にいたるのだ。

アイデアをテストする際のあなたの目標は、実験効率を最大化することだ。以下のような実行中の実験をいくつか見ると、あなた自身のテストの効率を上げるアイデアが浮かんでくるはずだ。テストを実施するのは、かつてないほど容易になっている。今日の技術は、過去の起業家たちが夢見た方法で、仮説をテストし可能性を立証することを可能にしている。一連の製品やサービスを大勢の人々に提供し、それぞれを誰が購入してくれるかを見極めることが、簡単にできるのだ。ウィックス、スクエアスペース、キャンバ、フィグマといったオンラインツールによって、プロのデザイナーでなくても、ポスターやオンライン広告や簡単なウェブサイト、さらにはソフトウェアインターフェイスまでを、試作品のアイデアのために手早く作成できる。結果は完璧ではないかもしれないが、現実の顧客で有用性を試す程度には洗練されたものになるはずだ。すぐれたアイデアは、ありきたりのグラフィックデザインを凌駕する。物理的なプロトタイプも、新参者にとって手の届くものになっている。使いやすいソフトウェアと手ごろな3Dプリンターがあれば、実験用のためにほぼどんな形状でもつくり出せる。最終製品に関しては、デザイナーや技術者やそのほかの熟練した職人に取って代わるものはないが、試作用のツールは、安く速く異なる取り組みを並行して吟味する方法を提供する。一度に10のテストができるのに、キャッチフレーズ、色彩設計、あるいは製品形状を1つずつテストする必要があるだろうか？　速く安くいくつもの方向性を排除できればできるほど、すぐれたアイデアにたどりつくまで、新しいアイデアを長いあいだ試すことができる。

最も創造的な企業は、すべてをテストする。たとえば、マーベルのスーパーヒーローの成功を、運や時代精神《ツァイトガイスト》のおかげとすることはできるが、この会社がいまやすべての映画をシネマティック・ユニバースで事前に映像化しているのは偶然ではない。各シーンの重要な瞬間を主要撮影の前におおまかに描く一般の絵コンテとは違って、「プレビズ」は、制作の工程で、あるシーンをそっくりそのまま簡単なコンピューターグラフィックスで映像化する。

高機能のアニメーションツールは、カメラワーク、スタント、特殊効果のすべてを、俳優が誰もセットに入らないうちに調整することを可能にする。最初、マーベルの映画製作会社は、映画のなかで最も複雑で特殊効果を多用するシーンにだけプレビズを使っていた。現実とデジタルの要素のすべてが一緒になったときにどう見えるかを感覚的に把握するためだ。だが、そうしたツールがより速く、より高性能なものになると、マーベルはプレビズの使用を、各映画の上演時間全体へと広げたのだ。

なぜストーリーのどこか一部を――たとえそれがテーブルでの一対一の会話であっても――撮影日まで残しておく必要があるのだろうか？　いまや監督は、ペース配分、ストーリー、あるいはセットのデザインに関するどんな小さな不備も、スタジオに足を踏み入れる前に、ラップトップ上で解決できるというのに。こうしたツールが安く簡単に使えるようになると、興行収入3億ドルの大ヒット作にとっていま当たり前のことが、すぐに3万ドルのインディペンデント映画にとっても常識となるだろう。同じように、かつてはグローバル企業だけに当たり前だったテストが、いまでは社員が2名のスタートアップでも普通になっている。適切なツールと少しの努力があれば、あなたのアイデアのほぼあらゆる側面が、現実世界で試作品となって、十分な精度でテストされることが可能になる。

効果的なイノベーションにとって重要なのは速度だ。与えられた時間内により多くのテストを行う必要がある。どんなアイデアもいつまでもいじくっているわけにはいかない。実験をすばやく——理想的にはポートフォリオの一部として同時に——やってしまうのは、実験を改善し結論を出すよりもずっと前に、最も実行可能な取り組みに焦点を定められることを意味する。

これをやるうえで、ほかのどの要因よりも重要なのが費用だ。費用のかかる実験は、手続きが非常に煩雑だ。費用のかからない実験ほど承認を得るのが簡単で、失敗を認める前に、より何回も似たような実験を試せるだろう。組織のイノベーションをこれほど困難にしているのは、多くのアイデアがまずスタートするのを阻むお役所仕事だ。複雑な承認プロセスとそのほかの手順は、日常の事業運営にとって有用で必要でもあるとはいえ、迅速な学習にとっては障害となる。実験費用を減らせば、必然的にそうした障害も減るはずだ。

私たちは、こうした手法を大手の老舗企業にもちこんだ。一緒に仕事をした数人のリーダーには、それぞれが異なるアイデアを提案するという課題を与えた。そして、新しいサービスプラットフォームに取り組んでいたリーダーに、それを顧客で試してみるには、どれくらいの費用が必要かを尋ねてみた。

「3000万ドルほど」

当たり前のことをいうようだが、3000万ドルの実験ポートフォリオを同時に行える企業はそうそうない。私たちがこのリーダーに費用の削減を迫ったのはそのためだ。実験の不要な項目を除外し、すぐ次の段階に的を絞ったあと、このリーダーは、20万ドルという修正した見込みを提示してきた。かなりの節約ではないか！　それでも私たちは、さらに小さく速く安く考えるよう彼に求めた。この額を見込んだ前提を細かく見てみると、フィールドサポートコールの対応要員として、フルタイムの顧客サービス担当を3名雇う計画であるのがわかった。

「1つの実験のために年俸ベースで人を雇うことについて、誰か何かいわなかったのだろうか？」と、私たちは指摘した。「カスタマーサービス部でもあるまいし！」。このリーダーは、会社での20年の経歴において、1年に満たない契約や、フルタイム以下の給与で人を雇ったことが一度もなかったのだ。彼は、真夜中の電話対応を考えて多少の抵抗を示したあと――dスクールでは、設立者たちが電話対応をこなしている――別のタイムゾーンにいる既存のチームが、夜の電話にも難なく対応できることに同意した。フルタイムのカスタマーサービス要員の必要性がなくなると、実験費用は1万5000ドルにまで減った。通常の企業の研究開発投資に比べたら微々たるものだ。

実験を安く実施できるようにすると、障害がなくなるのがわかるはずだ。これには最先端の技術が必要な場合もあるが、前提を見直すだけでいい場合のほうが多い。前提を疑ってみると、あなたもたった1週間で、2980万ドルの節約ができるかもしれない。

アディダスとナイキの「継続的なイノベーション」

「着想モード」で膨大な量のアイデアを思いつき、それを「行動モード」で世に送り出せばいいということは決してない。「モード」は忘れたほうがいい。アイデアの考案と行動は、それぞれ継続的なサイクルに入りこまないといけない。急速に成長している事業を調べてみると、フィードバックループがそれを支えているのがわかるはずだ。テストとフィードバック、その繰り返しだ。成長が著しいときは、実行と学習が結びついているのがその理由だ。同じように、停滞している事業はどれも十分なフィードバックなしに運営されているか、集めたフィードバックにもとづいて行動する意欲が組織的に欠けているかのどちらかだ。フィードバックの結果を活用せずにアイデアを実行するのは、目をつぶって走るようなものだ。気が済むまで、勢いよく自信をもって前進することはできるが、コンクリートに激突する可能性もある。

運動靴の二大ブランドは、ナイキとアディダスだ。どちらの会社も取りつかれたように試行錯誤を繰り返し、アスリートと密接に連携して、現実の状況において製品の改良に努めた人物によって創業された。これらの創造者たちは、変更するたびにテストをして、効果を前のものと比較する方法がないのなら、靴のデザインを変えても意味がないことがわかっていた。ストライプとスウッシュ（訳注／ナイキのロゴのこと）は、あとで好きに加えればいい。靴のスピードを、外観から判断することはできないのだから。

ドイツの靴職人アディ・ダスラーは、陸上競技が大好きで、競技会で使われるスパイクシューズを改良することから運動靴の仕事を始めた。最初のうちダスラーは、つくった靴を自分で試してみて、実際のトラックでの性能がどんなものかを知ろうとした。だがやがて、世界一流の靴は、世界一流のアスリートに試してもらう必要があると確信するようになった。スポーツスポンサーシップというアイデアの草分けとして、ダスラーはリナ・ラトケやジェシー・オーエンスといった一流のアスリートに、オリンピックで彼の靴を使用するよう説得したのだ。マスコミの報道も、彼の事業の成長に一役買った。さらに重要なのは、偉大なアスリートが現実の世界競技会で彼のつくった靴を使用するのを目にするようになったことだ。これは、裏庭で試していたときと比べると大きな進歩だといえた。

ドイツのオリンピック陸上競技チームのヘッドコーチがダスラーに連絡してきたとき、この創造的な靴職人にとって、また1つさらに直接的なフィードバック源が増えた。ドイツの若い陸上選手の全員が、ダスラーがデザインした靴を履いて結果を報告するようになったのだ。このフィードバックの継続的な流れは、アディダスの前身である会社にとって、非常に重要であることがわかった。

数十年後、そこから約８０００キロメートル離れたオレゴン大学では、陸上コーチを務めるビル・バウワーマンが、製品を売るためではなく、選手が競技会で勝てるようにするために、スニーカーの性能を改善したいと考えていた。ダスラーとは違い、バウワーマンは靴づくりについては何も知らなかったが、これまで見てきたように、仮説を試すための迅速で安価な実験を行うのに専門的なスキルは必ずしも必要ではない。ひとたび方向性が決まれば、いつでも専門家を引き入れて適切に実行できる。何年もかけて新しい技能を習得して理想の靴を自分でつくる代わりに、バウワーマンは、選手たちがすでに履いていた運動靴に修正を加えることで、自分のアイデアを試したのだ。

「バウワーマンは、いつもロッカールームにこっそり入りこんで、私たちの靴を盗み出していた」と、当時の陸上競技チームのメンバーだったフィル・ナイトは、のちに書いている。[4]「その靴を、何日もかけてばらばらにして、元どおり縫い合わせたのだ。いくつかの細かい改良を加えて戻してきたので、私たちは鹿のように速く走れることもあれば、足から血を流すこともあった」。チームのコーチだったバウワーマンには、研究所とハツカネズミがそろっていたのだ。

こうした試作のすべてが最終的に目指していたのは、「軽さ」だった。「1足につき30グラム減らせば、1・6キロメートル走る場合25キログラムに相当すると、（バウワーマンは）いっていた」

と、ナイトは書いた。重さを減らすには、カンガルーの革からタラの皮まで幅広い素材を試してみて、アスリートのタイムにどんな影響があるかを追跡する必要があった。

数年後、ナイトはバウワーマンを説得して、日本からオニツカ・ランニングシューズを一緒に輸入することにした。またもやバウワーマンは、アスリートたちでいろいろな靴をテストして改良を図った。「レースのたびに、バウワーマンには2つの結果がもたらされた。それは、ランナーの成績と靴の性能だ」と、ナイトは書いている。今回違っていたのは、バウワーマンは、自分のアイデアを日本に送って、オニツカのプロのデザイナーにそれを実現してもらえたことだ。製品がバウワーマンのビジョンに十分に近づいたとき、バウワーマンとナイトは、最短のフィードバックループを実現するために、自分たちの会社を立ち上げようと決めた。ナイキの誕生だ。

回路を閉じる。すべてのアイデアに関して、短く直接的なフィードバックループを確立しないかぎり、あなたの組織のイノベーションを加速させることはできない。何もわからないまま走り続けるのはやめるときだ。

ネットフリックスの「うまく設計された実験」

リード・ヘイスティングスとマーク・ランドルフが、映画を郵便で配送するアイデアを最初に思いついたとき、2人はVHSのテープがかさばりすぎて、費用効率の高い方法では出荷できないことに気がついた。そして、ほかに可能な配送方法がなかったので、日本で開発された新しいDVDというビデオフォーマットについて知るまでその考えを棚上げしていた。約13センチのプラスチックディスクは郵便で送れるくらい安かったので、障害が1つ取り除かれた。ネットフリックスのこのアイデアが機能するには、ほかに何を実現する必要があっただろうか？　1つには、これらのDVDを、郵便局で損傷するリスクなしに送付できなければならない。この新しいフォーマットはまだアメリカでは普及していなかったので、ヘイスティングスとランドルフは音楽CDを自分たち宛てに郵送してみることでこの仮説を検証した。パッツィー・クラインのベストアルバムが無傷で届いたとき、2人は、彼らのビジネスモデルの検証に向けて一歩前進したのがわかった。現在ネットフリックスの時価総額は1000億ドルを超えているが、この最初に行った実験には20ドルもかからなかった。

実験的検証は、漸進的なプロセスだ。ヘイスティングスとランドルフはDVDを顧客に郵送できるとわかると、簡単なウェブサイトをつくって次の段階へ進んだ。19世紀後半はeコマースがまだ始まったばかりで、オンライン販売に関するあらゆる仮説を検証するには、かなり綿密なテストが必要だった。彼らは映画のウェブページを細心の注意を払って構築し、画像と宣伝文句とリンクの組み合わせを変えると、ディスクの販売にどんな影響があるかを調べた（映画のレンタルを始めたのは、あとになってからだ）。2週間努力を惜しまずに開発したあと、テストを実施したが、たいていは失敗した。

「私たちは顔を見合わせて『2週間を無駄にしただけだった』といった」と、ランドルフはインタビューで当時を思い出して答えた。「それで『よし、もっとペースを上げよう』といった。そして途中の工程を省いて、実験を1週間でやったが、また失敗した。さらに工程を省いて、テストを1日置きにするようになった。それが、あっという間に毎日テストするようになり、やがて気がつくと同じ日に4つか5つのテストをしていた」

その時点まで、テストのプロセスで綿密だったり細かいところにこだわったりすることは何もなかった。2人は、数週間どころか数時間でページをつくり続けた。だが、ランドルフとヘイスティングスには、こうした安く速く不完全な実験でも、使用可能なデータが得られることがわかっていた。間違ったページをいくら完璧につくっても、何もいいことはない。だが一方で、成功するテストは、そのページにスペルの間違いやリンク切れがあっても、顧客に受け入れられる。進展とは、いいアイデアがあるかどうかの問題ではなく、「たくさんの悪いアイデアをテストするために、このシステムとこのプロセスとこの文化を構築する」ことを意味する。

あなたができること（実現可能性）を、市場が欲していること（有用性）よりも優先してはいけない。実験によって欲求を特定したら、その欲求を満たす実現可能な方法はほぼ間違いなく見つかるはずだ。実験の最初の数サイクルは、つねに有用性に的を絞るべきだ。人はこれを欲するだろうか？　もしそうでないなら、代わりにこれはどうだろう？　可能なかぎり、試作品を並行してつくるといい。人は、どの選択肢を、それ以外のすべてをひっくるめたものよりも好むだろうか？あるアイデアに関する欲求のピークが一度わかってしまうと、驚くほどすぐに実現可能性が見えてくる。

実験ごとに、1つの仮説を検証する。ウェブサイトの訪問者はクリックするだろうか？　顧客は電話をかけてくるだろうか？　同僚は会議に出てくるだろうか？　最初のいくつかの実験は、直感が示唆するよりも、つねに速く安くなければならない。2時間以内にできることを考えるべきだ。もしあなたが実施したいと思う実験が1日以上かかるようなら、仮説を見直したほうがいい。見返りが期待できるような、小さな疑問にまで落としこむべきだ。あなたは、ちょうど迷路に足を踏み入れたところだ。それがどこに続いているのか、まったくわからない。このあと左に曲がるのだろうか？　それとも右だろうか？

何よりも、誰もまだ要求していないものをつくり上げるべきではない。たとえば、Xをするアプリを思いついても、需要を測るためだけにそのアプリをつくるべきではない。代わりにそのアプリに「なる」のだ。テクノロジー業界では、有名なメカニカル・タークに関連づけて、これを「ターキング」と呼ぶことがある。メカニカル・タークは、18世紀のチェスをする自動機械で、精巧なまやかしであることがあとで判明した（人間のチェスプレーヤーが「機械」のなかに隠れていたのだ）。その概念は、アマゾンがオートマトン（機械人形）にちなんでクラウドソーシングサービスにその名をつけたことで、さらに広まった。

疑わしきは、タークせよ。椅子を1脚買う前に、看板をいくつか掲げて、誰が4階にビールを飲みに来るかを確認したほうがいい。調査は役に立たない。欲求は、人々の言葉ではなく、行動で判断すべきだ。すべてのテストに、人の動きを組み込むのだ。実験が成功するには、人々が訪問、クリック、購入、加入、サインをしなければならない。そこにはコミットメントが不可欠だ。提供するものが何であれ、シミュレーションして人々がどういう反応を示すかを見る方法を見つけるのだ。そこに需要があるときは、データがはっきりとそれを示すはずだ。

そのあとに続くのは、あなたのニーズに適応できるような、簡単だが完全に実用的な実験プロセスだ。それを最初のひな型と考え、経験にもとづいて実験のやり方を改良し、あなたの会社に最も合うものにすべきだ。

テストを設計する　人の欲求を測る簡単な方法

組織のなかで1つの実験や一連の実験を実行に移す効果的な方法は、発見した内容をレビューするためのフォローアップ会議（事後検討会）を予定することだ。その会議で議論するつもりの実験結果を事前に決めておくといい。そのあとで全員の予定を確保し、そこを基準にして会議を予定どおり行うためには、各メンバーが何をいつまでにやる必要があるかを明らかにするのだ。覚えているだろうか。とくに初期の段階で実験が2時間以上の労力を必要とする場合は、もっと簡単なものを見つけるべきだ。直接的で、非公式で、個人的なものを考えるといい。欲求を測るもっと明白な方法が、必ずほかにある。それに必要なのは、たいていハードワークと靴底をすり減らして歩きまわる努力であり、ベンチャー・キャピタルによる投資ではない。山のような資料とマーカーとテープで、何ができるのだろうか？　ウェブページ、パンフレット、ポスター、あるいはキャンバやアドビスパーク（訳注／現在はリニューアルしてアドビエクスプレス）のような使い勝手のいいデザインソフトを使ったワイヤーフレームだろうか？

もしあなたが、ただ製品をもって外を歩き、それを生身の人間に提供したらどうなるだろうか？ ヘンリック・ヴェルデリンとニコラス・ソーンは、バークを創業したとき、犬のおやつと玩具が入った試作品の箱を犬好きの知り合いに見せた。[5]「おっ。すばらしいじゃないか」と、友人たちは口々にいった。「そっちの準備ができしだい、契約する」

「スクエア（訳注／スマートフォンやタブレット端末を利用してクレジットカード決済ができるアプリ）を使えば、私たちのスマートフォンでいますぐ決済できるよ」と、2人は答えた。ヴェルデリンとソーンは、こうやって多くの顧客と契約を結んだ。バークにはまだ「実際には機能しないワードプレスのサイト」しかなかったというのに、スマートフォンを使って顧客のクレジットカードをリーダーに通したのだ。ビアガーデンを支持する意思表示をしただけの、本章の冒頭に出てきたモールの買い物客とは違い、こうした犬の飼い主たちは実際に取引を完了した点に注目してほしい。これこそ、あなたが望む種類のデータだ。

必要なのは「完全性」ではなく「推進力」だ。安く速く不完全な実験のそれぞれが、より正確で重要な答えをもたらすような、いっそう効果的な実験へとあなたを導くデータを提供してくれる。思考実験は、さらなる思考につながるだけだ。

あなたが使う具体的な戦略は、状況によって変わってくる。

・ウェブサイトにボタンを追加する。
・質問表を社内に配布する。
・パンフレット、看板、ドアハンガーを考案し、行動喚起のためのURLか追跡可能なQRコードをつけて配布する。
・タイトルや提供内容を変えたメールを発信して、開封率、クリック数、返信数を比較する。
・ソーシャルメディア上で、対象ユーザー宛てに投稿するかメッセージを送って、反応を追跡する。
・プレゼンテーションをまとめた2枚のスライドを作成し、同僚たちで試してみる。
・会議の参加者に、選択肢のどれかに投票する権利を与える。
・カスタマーサービスコールに対する提供内容を増やして、反応を追跡する。

テストが簡単すぎるように思えても、心配はいらない。実行してそれを続けるのだ。レベルを上げるのはいつでもできる。できるだけ簡単で小規模なものから始めるといい。

もしメーリングリストがあるなら、一度に全員に向けてメールを発信してはいけない。最初はリストのほんの一部を使い、自分が正しい方向に向かっていることを確認してから対象を広げるべきだ。利用すべきメーリングリストや顧客ベースがまだないときは、別の方法で参加者を見つける必要があるだろう。だが、親しい友人や家族を当てにしすぎてはいけない。彼らの動機はあなたを支援することであり、あなたが間違っていることを証明することではない。

それに彼らは、あなたが狙う市場の代弁者でもない。あなたが提供するソリューションが対象としている人たちに接触すべきだ。人々はこの問題についてツイッターやフェイスブックで不満を述べているだろうか？　それなら、ツイッターやフェイスブックで接触してみればいい。それともレディットやツイッチやディスコードのどこかに集まっているのだろうか？　それなら、同じくそこで接触すればいいのだ。問題を抱えた人たちがいる場所に行って、直接提案をするのだ。相手はそれを欲するだろうか、それとも欲しないだろうか？

提案をするときは、条件つきの言葉はいっさい使わないこと。ためらいがちな態度を見せてもいけない。そうでないと、人々は最初からあなたに疑いの目を向けるだろう。「私たちはXをしようと考えています」とか「Yに興味がありますか？」といったセリフは、口にすべきではない。ヴェルデリンとソーンは、スクエアのクレジットカード・リーダーを手にドッグランに出かけていった。規模の大小にかかわらず、すべてのテストに、それくらいの覚悟をもって臨むべきだ。そうしないと、信頼できる結果を得ることはできないだろう。

仮説を構築する　あなたは何を証明したいのか?

非公式な実験において、仮説の構築はきわめて重要でありながら、しばしば見落とされてしまう手順だ。何を証明したいのかを事前にはっきりと決めておくべきだ。どの変数を変えるつもりか、またそうすると何が起きると思うのか?　どの指標を追跡するのか?　具体的にそれを書き出して、すべてのステークホルダーの合意を取りつけることが大切だ。もしあなたが何を発見したいかについて曖昧な態度を取っていたら、誰もが結果に合わせて仮説を修正したくなるだろう。

新製品に最もふさわしい色を決めるには、どの色合いが最も多くのクリックを招いたかを見るだけでは不十分だ。先に進めるには、少なくともどれだけのクリック数が必要かを、事前に決めておくべきだ。もしそのページに十分なトラフィックを呼び込めなかったら、次は別の方法で実験を行う必要があるだろう。青色にクリックが4回、黄色に2回というのでは、決定的なエビデンスとはならない。時間が足りないときには、どうしてもそう思いたくなるのだが。「収集したいデータ量」などの目標を明確にして、その基準に達するまで、実験を調整するのだ。実験に合わせて基準を調整してはいけない。

最初に仮説を構築することで、引き出したいと思っている1つの行動か決断について、考えを明確にせざるを得なくなる。もしXを増やした場合の影響を測りたいのであれば、YやZを同時にいじってはいけない。それは、結果を曖昧なものにするだけだ。目指すのは、同一条件のもとで、できるだけ入念な比較を行うことだ。

データを収集する　基準値の設定

何かを変更する前に、基準値を定める。新しい看板が店の来客数にもたらす影響を調べるのなら、まずは現在の来客数を測定するべきだ。曜日や季節によるばらつきも考慮しなくてはならない。7月の来店者数を基準値として、12月に実験を行うのでは、結果が歪められてしまう。

入手済みのデータを使って作業する。ほとんどの大手企業は、主要な指標を注意深く追跡しているが、それほど念入りにやっていない会社はたくさんある。完全なデータがそろっていないことに妨げられてはいけない。たとえばスタートアップにはおそらく基準値がないが、それは問題ない。重要な1つの変数を変更した2つのパターンで結果を比較するABテストを実施すればいい。ウェブのトラフィックを2つのランディングページ（LP）で比べたり、2つの店舗立地で宣伝看板の効果を比較したり、2人の接客係に違う歓迎の挨拶をさせたり、メーリングリストのなかの2つのグループに別のタイトルでメールを送ったりできるはずだ。

つまり、可能であれば基準値を設定すべきだが、次に進む前に季節需要の全体像を把握するためだけに、丸1年を費やすような真似はすべきでない。アイデアに関していえば、「いま」は決して裏切らないからだ。

ループを閉じる　フォローアップの重要性

それぞれのテストのあとに、得られた結果を基準値と比較するか、結果同士で比べてみる。ひっきりなしに実験をしていると、驚くほど簡単に、実験していることを忘れてしまう。

個人的な例を挙げると、ジェレミーと彼の妻は、新しいホームスクーリングの予定だと毎日同じ時間に妻の気力が衰えることについて話していた。その問題を話し合っているうちに、彼女は突然、数週間前にスケジュールを変更して、子どもたちがもっと集中できるかどうか確かめようとしたことを思い出した。それを、すっかり忘れていたのだ。テストするつもりだった仮説を思い出したことで、彼女はスケジュールを変更した結果を慎重に検討し、その先どうするかを決定できた。

大企業のチームが、働きすぎの親のように実験の筋道を見失う可能性は少ないと思うかもしれないが、これは会社でしょっちゅう起こっていることだ。何かを変更して、それを「実験」と呼ぶのは易しい。だが、フォローアップ（事後検討）を行わなければ、データを分析することや、ましてやそれにもとづいて行動することは決してない。実際、企業の実験のほとんどが、ここでつまずいている。新しいやり方は、うまく機能するかもしれないし、しないかもしれない。仮説に対して結果を評価しないかぎり、決してはっきりとはわからないだろう。実験効率はどうだったのだろうか？　努力に見合う学習ができたか？　望んでいたものではないとしても、明確な答えを得られただろうか？　それとも、結果は決定的ではなかったのだろうか？　もっと重要で実用的なデータを得るために、次はどんな別のやり方ができるだろうか？

実験は物事を試すハードルを低くするが、低くしすぎると、厳密さが失われて学習に結びつかない。ハンドルを回してはいるが、依然として目隠しをしているようなものだ。先の例のように、どの色に対してもわずかなクリックしかなかったとしたら、サイトへのトラフィックそのものを増やす方法を見つけなくてはならない。決定的でないデータは、実験そのものに手直しが必要なことを示している場合が多い。提案を変える前に、テストを修正すべきだ（これについては次章で詳しく説明する）。

不十分な設計の実験を通して見ると、どんなアイデアもお粗末なものに思えてしまう。アイデアの価値を証明するか、より有望な探索すべき道を明らかにするまでは、そのアイデアを進めたり、断念したりすべきではない。実験の初期の試みの多くには、もっといい実験があとに続く。真の失敗といえるまでには、はるかに多くの作業が必要なのだ。

それでもまだ苦戦するようなら、そのプロジェクトに関与していない同僚に、あなたの取り組みについて厳しく追及してもらうといい。判断するうえで、他者の間違いは目につきやすいからだ。まったく違う視点をもつ人――別の部門、あるいは別の業界でもかまわない――を見つけて、あなたの仮説、手法、そして結果を吟味してもらうのだ。容赦なく、こき下ろしてもらえばいい。あなたの仮説のどれが適切でないのか？　ここではアイデアが試されているわけではない。それは実験の役目だ。手直しが必要なのは、実験そのものだ。その実験は、有用なデータをもたらしているのか、それとも真実を見えなくしているのか？

1つの実験に関して確実にループを閉じる最良の方法は、最初にフォローアップ会議の予定を決めておくことだ。実験が始まる前に、全員の都合がいい時間を確保する。そうすれば、全員に期限を与えて、適切な遂行を促すことになる。さもないとあなたの実験は、より緊急性の高い、だが最終的にはそれほど重要ではない要求によって、脇に追いやられてしまうだろう。

修正、反復、方向転換が成功を招く

きちんと設計された実験は、多くの場合、よりよい実験を可能にするのに必要なデータをもたらす。より具体的な質問に答え、あなたを正しいアイデアにいっそう近づけるような、より緻密な実験だ。目的のためではなく、方向性のための実験といえる。

明確な「イエス」は、当然ながらすばらしい。製品と市場ニーズの適合のような、すぐれた組み合わせを実現したときは、それがわかる。正しいアイデアは、そのほかのアイデアより少しだけうまく機能するわけではない。劇的にすぐれた結果をもたらすのだ。選択肢Aと選択肢Bの大きな違いが、Zを通してわかるはずだ。だがこれは、一度に1つのバリエーションしかテストしていないと、気づくのが難しいことがある。複数のテストを並行して行うメリットは、考え得るさまざまな結果がすばやく見られることだ。

たとえば、赤ん坊の名前の候補を友人に伝えると、相手はそれがどんなものであろうと強い関心を示すはずだ。10個の候補を挙げれば、おそらくそのうちの1つが、ほかのどの名前よりも相手を喜ばせるだろう。1つのアイデアがうまく機能するときは、一目でわかるものだ。

成功するのはこのうえなく楽しいが、明らかな失敗がもつ価値を侮ってはいけない。そのアイデアに公平にチャンスを与えてみて、役に立たないことがはっきりとわかったのだから。

フィリップ・バローは、ミシュランのカスタマー・イノベーション・ラボの責任者として、明確な「ノー」を大切にすることを知っていた。当然ながら組織はプロジェクトを無事完了する方向に強く傾いていて、有用性が証明されていないアイデアに不相応な注力をする。リーダーは、失敗を受け入れて方針を変える代わりに、誰も望んでいないアイデアの実現にさらなる資金と労力をつぎこんでいる。リスクの低い実験は、なんとしても成功させなくてはという、動機主導のプレッシャーからあなたを解放してくれる。「私たちが組織にもたらす価値の半分は、アイデアを没にすることで生まれます」と、バローは私たちに語った。「多くのアイデアを没にすればするほど、最後までやり遂げる可能性のあるアイデアのために、多くの資源を確保できます。顧客の共感を呼ぶようなアイデアです」

同じ間違いを別の形で繰り返さずに、つねに有用な間違いをするようになるためには、テストしたことのすべて、とりわけ失敗を記録すべきだ。ネットフリックスとVHSテープの話で見たように、失敗に終わったアイデアも、技術の進歩や市場の変化のおかげで別の道が開けることがある。完全な振り出しに戻るのではなく、データに立ち戻ればジャンプスタートが可能だ。

あなたの疑問にすべて答え、ステークホルダーの懸念をすべて解決するような理想的な実験などない。忍耐強くあるべきだ。完璧主義にならずに、執着しすぎないこと。イノベーションは、釣りであって猟ではないのだ。

「試作品がソリューションだという考えにとらわれてはいけない」と、バローはミシュランのリーダーたちにいっている。「学習のためにやっているのだ。それが、あとで見直す機会を与えてくれる。絞りこむ時間がまだあることを知るべきだ。はじめのうちは、まだ発散する段階だ」。実験は、隠れた機会を明らかにする方法だ。人々の興味や関心を直接耳にすることができる。ときには、立証しようとしているアイデアの隣のアイデアを選んでしまうこともある。だが、進んで方向転換をする気があれば、間違ったアイデアの追求が正しいアイデアへと導いてくれることはある。バローは、実現する価値のあるものを知るために、アイデアを実現することの重要性を強調している。

ミシュランでは、あるチームがタイヤの空気圧を管理するツールを開発した。空気圧は、オフロード・コミュニティのドライバーにとって目下の懸念事項だ。だがミシュランが試作品を顧客に見せると、その反応は気のないものだった。オフロードファンは、空気圧のあつかい方をすでに知っていたのだ。ハイテクのタイヤ圧センサーによる利便性の向上は、彼らの関心を捉えるほどの付加価値を提供しなかった。こうしたドライバーたちが本当に知りたがっていたのは、オフロード・トレイルそのものについてだった。なじみのあるトレイルに関する秘密の情報をつねに求めていて、探検するための新しいトレイルを探していたのだ。

ミシュランは方向を転換して、オフロード・ドライバー同士の位置情報の共有を可能にするアプリの試作品をつくった。タイヤ圧センサーのアイデアとは対照的に、今回は熱烈な歓迎を受けた。オフロードに関する情報提供は、チームが机に座って考えていたものとは違っていた。「間違った」アイデアを現実のユーザーに提示したことで、貴重な洞察を得られたのだ。これはよくあることだ。

次の章では、さまざまな企業において実施されている、効果的な実験を検討する。これから見ていくように、それは「完璧な」実験の設計や迅速な学習についてではない。必要なのは、ミシュランのタイヤ専門家が、アイデアが失敗に終わったときに見せた柔軟性だ。

進んで計画から逸脱する気はあるか？ 最初のアイデアを手放して、よりよいアイデアを捉えられるか？ 自分自身にそう問いかけてみるといい。バローが私たちに語ったように、「たいていの場合、問題であることが問題なのだ」。もし、より生産的な道を模索するために、進んで問題を見直す気がなければ、結局は無駄な努力に終わってしまうだろう。

第6章

世界をあなたの研究所にする

インスピレーションは、能動主義（努力して身につけた専門知識）と、受動主義（妨げのない信頼できる受容性）の組み合わせだ。[1]

――ロバート・グルディン（『The Grace of Great Things』著者）

いまやあなたは、仮説をテストし解決策を検証する、段階的なプロセスを手にしている。機械的なプロセスに従う段階からマインドセットを身につける段階に進めば、さまざまな状況で実施されている実験主導のイノベーションを目にすることができる。現実世界の実例は、あなたのニーズに最もふさわしい実験手法に関する洞察をもたらすに違いない。

ビル・ギブソンは、東京に本拠を置く製薬会社のエーザイで、最も一般的な認知症であるアルツハイマー病に取り組むグループの上級リーダーを務めている。米国アルツハイマー協会によると、65歳以上でアルツハイマー病を患っている人が、アメリカだけで６２０万人いるという。[2] ２０５０年までに、その数が１２７０万人に達すると予測されている。

新しい治療法を見つけなくてはならないというプレッシャーはきわめて大きいが、検証されていない仮説にもとづいて先に進むには危険が伴う。アルツハイマー病という課題にできるだけ効果的に対応するために、製薬業界は、研究所の内外を問わず、仮説を徹底的にテストしなければならない。そうしないと、多大なリスクにさらされるからだ。

ギブソンはｄスクールでリーダーシップ・プログラムを終えたあと、私たちと一緒に、エーザイに実験的なマインドセットをもち込みたいと考えた。エーザイの広大な研究施設では、厳密な製剤試験が際限なく続けられているにもかかわらず、「考えて、それから決める」という、アイデア創造と選択へのバイナリー・アプローチが、どこかに染みついていた。継続的な改善を推進して、実際にアルツハイマー病に影響を与えるには、エーザイは、製剤であれ何であれ、仮説をすべてテストする習慣を身につける必要があった。急がなければならないというプレッシャーが途方もなく大きかったので、なおさらそういえた。「私たちは、答えに飛びつく前に、仮説とは別の可能性を明確にする必要があります」と、ギブソンはいった。「最初に明確にする習慣を身につけ、それから活動の根拠となる仮説に真剣に疑いの目を向ければ、おのずと革新的な別の可能性を考えはじめるようになります」

私たちは、想定する結果にもとづいて決断を下しながら仕事をしている。普段から現実世界で実験をしていると、事業がどう機能するかに関する基本的な仮説さえも、いかに間違っていることがあるかがわかるようになる。実験を深く根づいた習慣にするには、データが意思決定に情報をもたらすどんな小さな機会も捉える必要がある。ギブソンにとってこれは、日常的な活動に関するテストを実施することを意味していた。実際に彼は、社内メールといった単純な事柄もテストすることが可能だと気がついた。

思わぬ発見や、アルツハイマー病グループのなかのさまざまなチーム間の協力を促進するために、ギブソンは月例フォーラムを開催して、非公式な情報交換や、新しいアイデアの提案ができるようにした。そして、参加者を最大限に増やすために、参加を呼びかけるメールの件名に関してABテストを実施した。これは、普段から研究所で1万種類の医薬品をテストしている企業にとってはささいなものだった。数十人のメール受信者を対象とした対照群のいない非公式で小規模なテストで、何か役に立つ結果を導き出せるのだろうか？

結論からいうと、ギブソンはこの実験で、特異性のもつ力に関する貴重な教訓を得ることができた。いまでは、ギブソンが発信する行動喚起のメールには、件名、期待する行動、そして時期が一番上に書かれている。そしてこのささやかな学習効果が組織全体に広がっている。ギブソンはその教訓にとどまらず、実験的思考をタイミングよく投入していった。それによってエーザイは、研究者たちが用いる綿密なアプローチを補完する迅速で安価で非公式なテストを新薬の開発に取り入れるようになった。

「私たちは、クイックヒットを打つことを学ぶ演習を実施する方法を模索しています」と、ギブソンは私たちに語った。「たとえば、患者さんたちはかかりつけ医とどんなふうに認知機能障害について話しはじめるのかを知りたいと思いました」。ギブソンは、数週間もしくは数カ月かけて正式な市場調査を計画し実施する代わりに、エーザイの社員に聞き取り調査を行った。あなただったら、自分でできる検査をするのと、医者に行くのとでは、どっちの診断方法を選ぶだろうか？「誰もが現実にこうした状況に直面する可能性があります」と、ギブソンは説明した。「そして、自宅検診のほうが便利かもしれないが、かかりつけ医と話すほうが安心する、と考える人が多いことがわかりました」。オフィスで聞き取り調査をするだけで、探索すべき有用な方向がわかってきたのだ。「いまでは、少しでも多くのかかりつけ医がアルツハイマー病の兆候を発見し、定期健診を促せるように支援しています」

本章でさらに多くの実験例を読む際には、細部よりも、内在する好奇心に注目してほしい。似たような取り組みが、いかにあなた自身の努力を台無しにするような間違った仮定をくつがえし、アイデアを無駄になる前に立証するかを考えてみるべきだ。

そしてもし、これらの話の1つを読んで「私だったら最初からそんなばかげた想定はしない」と考えるようなら、人の欠点は目につきやすいことを思い出してほしい。あなたの事情はまた別の話だ。

つくる前に売ってみる　マン・クレイツ

「父は毎年、父の日に同じネクタイを手に入れる」という古いジョークがあるのには、それなりの理由がある。男性のためにギフトを買うのは、女性にとっても男性にとっても難しい。スタンフォード大学ビジネス・スクールの学生だったジョン・ビークマンは、この問題を解決するために、私たちのローンチパッド・プログラムに参加した。ビークマンはすでに、男性へのギフトというのは難しい市場だと聞かされていた。だが彼は、この前提を疑っていた。バレンタインデー、父の日、誕生日、卒業といったお決まりの機会以外にも、男友達や同僚や部下にギフトを贈る機会は少なくない。そんなときに何を買えばいいかわかっていない人たちに、迅速で簡単で楽しいギフト選びのプロセスを提供するには、どうすればいいだろうか？

ビークマンは、選りすぐりのアイテムが入ったギフトボックス事業があちこちに出現していることに気づいていた。こうしたボックスはほとんどが明らかに女性向けで、さまざまな価格帯のアイテムをテーマ別に詰め合わせたものだった。雑誌『コスモポリタン』のギフトガイドの現物を思い浮かべてほしい。気軽に楽しめる本、リップスティック、よい香りのするチューブ入り保湿クリーム。こうしたコンセプトは人気があるにもかかわらず、『GQ』や『エスクァイア』の読者向けのギフトボックスの発売は、誰も試みたことがない。これらの男性向けの雑誌はギフトガイドよりも発行部数が多いというのに。ビークマンには、ここに男性用ギフトの問題を解決する糸口があるように思えた。

そしてギフトボックスに関する調査によって、需要の測定が課題であることがわかった。多くの異なる製品を在庫にもつ場合、なかには傷みやすいものがある。各ギフトボックスに対する需要を測る効果的な方法がないと、少なく買いすぎて収益を上げる機会を逃すか、多く買いすぎて倉庫いっぱいの雑多な品々を抱えるかのどちらかだ。なかには腐ってしまうものも出てくるだろう。ビークマンが考えた事業のアイデアは、たとえコンセプトは顧客の心を捉えたとしても、物流面で問題を抱える可能性があった。

私たちのアクセラレーター・プログラムにおいて、ビークマンは、調査に頼らなくても、実験によって各ボックスの有用性を測定できることに気がついた。そしてこのテストを実施するために、頑丈な木箱（とそれ用のバール）を試作品として準備した。それから、ボックスのコンセプトを6つ考案した。そのうちの3つは、アルコールの出荷がとてつもなく難しいことがわかって除外し、残った3つの箱は大規模小売店で購入できた菓子やキャンディーがメインのものになった。ビークマンは、もしその箱とブランドが、どこでも買えるアイテムを詰めただけで売れるなら、簡単には入手できない高級ギフトならばさらに成功するはずだと考えていた。時間をおいて、アイデアの推進力を失うのは避けたかった。製品のあらゆる面が完璧になるのを待ってから発売したのでは遅すぎる。

ビークマンは、箱のコンセプトを決めると、各アイテムを1つずつ購入し、同じ試作品の箱の前に3組のアイテムを並べて、1日かけて写真を撮影した。倉庫もサプライヤーもディストリビューターも、予備の箱さえもなかったが、写真を撮影して最初のカタログを作成した。そして、間に合わせのウェブサイトをつくると、「マン・クレイツ」と名前をつけて、そこに製品の写真をアップロードした。それぞれの箱には、採算がとれる値段をつけた。それから、トラフィックをサイトに呼びこむために、フェイスブックに広告を載せた。

徐々にサイトへの訪問者が現れはじめた。誰かがまだ実在しない箱を購入するたびに、ビークマンは即座にその取引を無効にした。それから顧客に電話をかけて、会社がまだたった1人で運営しているスタートアップであることを説明したうえで、製品やサイトや購入プロセスについて意見を求めた。ビークマンが電話した相手は、最初はいらだちを感じたに違いないが、このめったにできない経験を面白がった。ほとんどが技術系のスタートアップとかかわったことがなく、あとで重要になるかもしれないフィードバックを進んで共有してくれたのだ。ビークマンは電話を終える際に、将来の購入時に適用できる50パーセント割引を提供した。

もし調査が需要を測定する効果的な方法でないのなら、なぜビークマンはこの段階でフィードバックを集めたのか、と不思議に思う人もいるかもしれない。この場合は、相手のマン・クレイツを購入しようという意思を正当に確認したのだ。彼らは購入ボタンをクリックして、クレジットカード情報を入力した。その時点で、そのインプットは非常に重要なものとなった。これらの人たちは本当の意味で、ビークマンの最初の顧客だった。

ほとんどのリーダーは、顧客がまだ購入できない製品を売り出して、相手を失望させるなど、リスクが高すぎて試すわけにはいかないと考える。だが、それは違う。ビークマンのデータベースに残っている、初期の「失望させられた」顧客を数年後に追跡してみると、その多くがいまも顧客のままだとわかったのだ。この試作品のサイトは、売れるか売れないかわからない品で倉庫がいっぱいになる前に仮説を検証できる、理想的な研究所の役割を果たしつづけた。

「誰もが成功の種を探していますが、失敗の種が見つかる場合がほとんどです」と、ビークマンは私たちに語った。「たしかに、何が成功するかを知るほうが重要ですが、失敗することを知るのも、次に何を試すかについての判断と直感を形成するのに役立ちます」

ビークマンは、マーケティングに関するさまざまなやりとりをしながら、どれが最も消費者の心を捉えるかを把握しようと努め、やがて「蝶結びなし、リボンなし、ボンボン飾りなし」というキャッチフレーズにたどりついた。彼の考えでは、それは「正解」ではなかったが、データには逆らえなかった。ビークマンは、販売のあらゆる面に自信がもてるようになるまで、来る日も来る日も、広告コピーや価格の微調整を続けた。自分が一番よくわかっているとは思わずに、何を望んでいるかを市場にみずから語らせたのだ。驚いたことに、実験によってわかったのは、競合品を揶揄《やゆ》するのが非常に効果的であるということだった。この会社の「お見舞いバスケット」に関する、ランディングページに載せる最も効果的なキャッチフレーズは、「彼にギフトバスケットを贈ってはいけない。彼はすでに具合が悪いのだから」というものだった。

ビークマンは、どれだけの数の箱をいくらで売れるかがわかっていて事業を始めたので、必要な在庫量は簡単に計算できた。だが、そこでやめる必要があるだろうか？　ビークマンはいままでも折に触れて、新製品を「ゴースト・クレイツ」として発売している。顧客はそれをショッピングカートに入れるたびに、不都合の埋め合わせとしてディスカウントを提供された（取引を成立させてから、取り消す必要はもはやなかった。ビークマンは、箱をカートに入れることが、データを集めるための購入と密接に相関していることを実験で確認していたからだ。ただしそれは、すべての事業にあてはまるわけではない）。実施中の実験は、マン・クレイツが、商品化の決定においてはめったに失敗しないことを請け合っている。

マン・クレイツは顧客重視の学習手法を使って急速に成長し、2016年の「最も急成長している企業500社」の51番目の企業となった。ビークマンは現在、別の領域で新しいスタートアップを立ち上げている。彼がどんなふうに取りかかっているかは、おそらくあなたにも想像がつくことだろう。

許可を求めるより許しを請う　サイベックス

安全性は、健康産業における主要な関心事だ。皮肉なことに、寿命を延ばし、健康を改善するための習慣が、けがにつながるケースが非常に多い。朝のランニングで足にまめができたり、心臓麻痺を起こしたりすることもある。ウェイトトレーニングに複雑なマシンが加わると、その危険性は増大する。2021年には、当時破竹の勢いだったペロトンが、新しいトレッドミル（ランニングマシン）のリコールを余儀なくされた。[3]その独特なデザインが、1人の子どもの死と多くの負傷事例を引き起こしたと考えられたためだ。フィットネス装置は、新しいアイデアを安全に開発するために、より頻繁に実験を繰り返すことが非常に重要な分野の1つだ。慣れないマシンに乗った人が何をするかは予測がつかないし、毎回マニュアルを読むとも思えない。

ビル・パチェコは、サイベックスでプロダクトデザインのシニアディレクターに任命されたばかりのときに新しい任務を与えられた。年末までにトレッドミル部門で現在の6位から1位になることをCEOが望んだのだ。トレッドミルは最も普及しているフィットネス装置なので、順位を3つ上げるだけでも、サイベックスの損益に劇的な効果をもたらすはずだ。パチェコは、デザインをどう変更すれば需要にそれほど大きな影響を与えられるのかを考えた。dスクールで学んだことを活かす、またとない機会だった。

たいていのジムでは、監視されていない大人は、とくに年配で鍛えていない人の場合、いままで使ったことのないメーカーのトレッドミルに乗ると、動きの速いベルトコンベヤーの上をがむしゃらに走る傾向がある。それは大惨事を招きかねない行動だ。インターネットには、トレッドミルで走っているときに、うつぶせに倒れたり、それ以外のけがをしたりする人たちの映像があふれている。とくにスピードが速いときは、わき見をするだけでもバランスを崩してしまう（ありがたいことに、ジムではあらゆる場所にテレビがついている）。

一方で、ペロトンの問題が示すように、トレッドミルのデザインに何らかの変更を加えると、予期せぬ新しい危険を招くリスクが大いに高まる。慣れないトレーニング装置を使うときに、使い方を尋ねたり、指示を仰いだりする人は少ない。装置の一部を変更する際に、最初に頭に浮かぶ疑問は「もし誰かが、適切な監視がついていない状態で間違った使い方をしたら、最悪の場合どんなことが起こりうるだろうか？」というものだ。

パチェコは、トレッドミルがもたらす危険を知っていた。実際、多くの潜在的な利用者がトレッドミルを避けていたのは、そのリスクを認識しているからだ。トレッドミルの使い方を誤ってけがをする無知な新米ユーザーがいるために、はるかに多くの人が恐れをなして、試してみようとさえしないのだ。こうした人たちにトレッドミルを進んで使ってもらうには、サイベックスはどんなことをすればいいのだろうか？　その質問に答えることが、CEOが求める需要の喚起につながるかもしれない。

このことを念頭に、パチェコはさまざまなジムで人がサイベックスのトレッドミルを使う様子を観察した。目の前で必死に頑張っている利用者たちに深く共感していなかったら、その姿を滑稽に思ったに違いない。自信満々に走っている人たちも、そのほとんどが、結局は必死にコンソールにしがみついていたからだ。コンソールは運動中の支えになるためではなく、制御盤と持ち物の保管場所として設計されていた。サイベックスは、人が舗道を走るときとまったく同じように、腕を自由に振って走ることを想定していたのだ。だが相手の身になって観察していると、利用者はバランスを失うのを恐れているのがわかった。不自然な角度で運動の妨げになるにもかかわらず、ランナーたちは必死でコンソールにしがみついていたのだ。

顧客の多くが、ある製品をあなたの意図とは違う方法で使っているのを目にしたら、それはあなたの意図を見直す必要がある証拠だ。パチェコは、トレッドミルに目立つ安全ハンドルをつけたら、ユーザーの望む安全性を提供できるのではと考えた。もしハンドルバーが、目の前の手が届くところに——だが走る邪魔にならない角度で——ついていたら、ランナーは緊張やストレスを感じずに、ずっとそれにつかまって走っていられるはずだ。不安定な姿勢でコンソールにしがみつくより安全なだけでなく、慎重すぎて普通のトレッドミルには乗らないような新しいユーザーを引きつけることもできるだろう。

パチェコは、この専用ハンドルバーのアイデアをサイベックスに持ち帰ったが、まったく受け入れてはもらえなかった。製造コストにハンドルバー分の40ドル以上を加算するまでもなく、利益が十分に低かったからだ。さらに、ハンドルバーは見た目が悪い。サイベックスのモデルは、市場に出まわっているほかのすべてのトレッドミルのなかで浮いてしまうだろう。「このプレゼンにはいいところがまったくない」と、R&Dの責任者はパチェコにいった。「何か別の提案をしてくれ」

パチェコは、顧客の主観的印象に対する自分たちの主観的印象について議論しても意味がないと思い、その代わりにdスクールで学んだ断片的な手法を使ってみようと決めた。実験は、どんなパワーポイントのスライドよりも彼のコンセプトの有用性を効果的に証明してくれるはずだ。パチェコは近所にあるホテルのジムに行くと、そのジムに置かれているサイベックスのトレッドミルのうちの2台に、試作品のハンドルバーをつける許可を求めた。ホテルの支配人は、その潜在的な用途を即座に理解した。訴訟を避けるためなら、ハンドルの見た目の悪さなど誰が気にするだろうか？　許可を得たパチェコは、急ごしらえのハンドルバーを、ホテルにある10台のトレッドミルのうちの2台に取りつけて、様子を観察することにした。

毎朝、ジムのゲストはどのトレッドミルに乗るかで意思表示をした。試作品のハンドルバーをつけたトレッドミルが空いているときは、10人中8人が、ハンドルバーのついていない8台よりもこの2台のほうを選んだ。その理由を尋ねると、明確な答えが返ってきた。「こっちのほうが安全に見えたし、実際にそうだったから」。パチェコはデータを手に、この変更を実施するようサイベックスを説得した。年末までに、サイベックスのトレッドミル事業は、この安全ハンドルによって、2年連続で20パーセント成長を達成した。

実験をすばやく繰り返す　ウエストパック・ニュージーランド

ビジネスにとって、ベータ版の提供は、顧客フィードバックの収集よりも有用な「強化学習」という目的にかなう。プロジェクトは、すばやく効果を出さないと、うやむやにされて忘れ去られてしまうことがある。それでは学習にならない。パブリックベータとして何かを提供することで、企業は難局を迎えても1つのアイデアを堅持せざるを得なくなる。ベータ版に劣ることをすれば、フィードバックを提供し、ちょっとした欠陥を大目に見てくれた初期のユーザーを裏切ることになるからだ。開発プロセスを開始することで、ベータ版は改善を継続するよう、企業に一定の圧力をかけ続ける。

当然ながら、すべてのアイデアが一般用とはかぎらない。社内向けの貴重なアイデアもたくさんある。だが、その場合もベータ期間は、同じ重要な目的を果たしている。

数年前、ウエストパック・ニュージーランドのITチームは、何千人ものブランチ・マネジャー（支店長）が頼りにしているきわめて重要なソフトウェアを改良することに決めた。そのソフトウェアは、あらゆるマネジャーの日常業務において大切な役割を果たしていたので、たとえ小さな改善でも、会社にとっては効率性を大幅に改善する要素となるはずだ。

エンタープライズ・ソフトウェアの開発には、イノベーションへの取り組みの失敗が付きものだ。これには才能やスキルよりも、欠陥のあるシステムや動機がかかわっていることが多い。大企業で社内向けのソフトウェアが開発されるとき、ユーザーから開発プロセスへのインプットはほとんどない。主要な決定が、別の部門の人間や単に組織の上層部によってなされるからだ。開発されたソフトウェアは、説明用のパワーポイント資料とともに、上から下へと伝えられる。このトップダウンのやり方は、改善を促すきわめて重要なフィードバックループを省いてしまう。ユーザーは、不満があっても競合品に切り替えるわけにはいかない（そのためには仕事を辞めるしかない）ので、欠陥を何とかしようという気にはあまりなれないのだ。

その結果、エンタープライズ・ソフトウェアは、使いやすくなったり、使う楽しみを増やしたりすることなく完成してしまう。それに対応するのは、必要に迫られたときだけ行う、不快な作業と化している。

ウエストパックは、もっとうまくやりたかった。リーダーたちは、ブランチ・マネジャーたちのフィードバックを真剣に取り入れたいと考えていた。残念なことに、善意では問題は解決しない。プロジェクトの進行が滞ると、この銀行は、IT部門でブートキャンプ（短期集中訓練）を実施するよう私たちに依頼してきた。プロセスを一緒に調べてみると、ブランチ・マネジャーと

IT部門のあいだに、7つもの官僚的な階層が存在することがわかった。

7つだ！　もしユーザーが、バグを報告したり機能を提案したりしようと思ったら、それについて決定を下すことのできる人に到達する前に、7つの階層をすべて通過しなければならない。それを繰り返し成功させるには、直接的なフィードバックループを機能させる必要がある。7つの官僚的な階層を通っていては、現実的な変化は決して起こらない。ただの伝言ゲームになってしまうからだ。

ブートキャンプから最初に生まれたアイデアは、IT部門を支店に「移植」するというものだった。開発担当者をブランチ・マネジャーと同じ部屋に入れて、一緒に問題の解決にあたらせるのだ。当該のブランチ・マネジャーにしてみれば、これは願ってもない状況だった——最初のうちは。ソフトウェアに問題の兆候が現れたときに、好きなだけ開発担当者に助けを求めることができたからだ。だが、支店の切り盛りで忙しいブランチ・マネジャーには、ソフトウェアのフィードバックを提供する時間が、一日を通してあまりないことがわかってきた。開発担当者は、コード化する代わりに時間を持て余すようになった。貴重な資源の無駄遣いだった。

何か野心的なことをやろうとして失敗すると、多くの事業は、ほかの扱いやすい問題に取り組む道へと逃げ込んでしまう。だが、ディスカッション・フォーラムでイノベーション・ブートキャンプについて話をすると、ウエストパックは、このプロセスに目に見える形で関与することを確約した。組織全体に散らばっているブランチ・マネジャーたちは、物事が基本的にパブリックベータとして展開するのを見ていた。この銀行は、透明性をもって運営することで、途中でやめて面目を保つ道をみずから断ち切ったのだ。これは最高の強化学習だ。ひたすら何度も繰り返すことで、解決するしかない。

次なる実験として、チームはプロダクト・マネジャーを任命して、ＩＴ部門とすべてのブランチ・マネジャーとの仲介役とした。だがすぐに、提案はふたたび遅れて伝わったり誤解されたりするようになった。またもや、官僚主義が顔を出したのだ。

オフィスの周辺や近所を歩きまわることが、学習のための最短ルートとなることはよくある。迷ったときは、外へ出かけるといい。ほかの人と話してみるのだ。この簡単な戦略が、誰もが驚くほど創造性を活性化させることが多い。ウエストパックのＩＴ部門とのフォローアップ会議において、私たちはブランチ・マネジャーと実際に少し話をしてみるよう提案した。問題はないはずだ。すぐそこの角に支店があるのだから。

その支店では、マネジャーのレイチェル・コンプトンが、ワークフローを改善し、細々とした不満をすべて解決するためのアイデアを山ほどもっていることがわかってきた。そうした不満は、会社に何百万ドルもの生産性の損失をもたらしていた。正式なルートを通して提案をしても、意義ある変化につながったことが一度もなかった。そのためコンプトンは、会社には彼女の提案を価値あるものとみなす人が誰もいないと思っていた。しかし結局のところ、7つもの官僚的な階層のせいで、IT部門まで提案が届いていなかったのだ。コンプトンと話したあと、チームは新しい取り組みを試すことに決めた。IT部門を支店に移植する代わりに、支店をIT部門に移植することにしたのだ。コンプトンは本社オフィスにやってきて、本社の人と一緒に問題解決に取り組むようになった。

このやり方は、その逆よりもはるかにうまく機能した。コンプトンはこの目的用の時間を与えられていたので、彼女を悩ませていた具体的な問題に、開発担当者と一緒に取り組むことができたのだ。ほどなくして、チームはこの共同作業の最初の結果を公表した。ソフトウェアにおける不正確な表現のせいで、IT部門にテクニカルサポートを求める電話がひっきりなしに掛かり、時間の浪費となっていた。以前からこの問題を知っていたコンプトンは、ユーザーのためのプロセスを明確にすることで、ついにその問題を解決する機会を与えられたのだ。それによって、会社の時間と資金が節約されただけでなく、彼女自身の仕事もやりやすくなった。この成功を収めたイノベーションへの取り組みの仕上げとして、コンプトンはその解決策と、どうやってそこにたどり着いたかを、社内のディスカッション・フォーラムで発表した。非技術系の社員である自分の写真も、プレゼンテーションのなかに含めた。みずから変化を支持したことが、何千人ものほかのブランチ・マネジャーたちの士気と関与を高めたのだ。

組織のなかで実験を行うときは、物事をできるだけ透明にしておくべきだ。学習を余儀なくさせ、推進力を維持するには、退却する余地を自分に残してはいけない。問題を抱えている人たちと、解決策を考案する人たちを直接結びつけて、何が起きるかをほかの人たちに観察してもらうのだ。

さらに、もし行き詰まったら、椅子から立ち上がってほかの人と話をしてみるといい。相手は、できればあなたがよく知らない人のほうがいい。恥ずかしがってはいけない。こうした対面でのやりとりは、創造的なインプットを最も多く提供してくれる源泉なのだ。

実現するまでは、実現したふりをする　ブリヂストン

日本のタイヤメーカー、ブリヂストンのエリカ・ウォルシュと彼女のイノベーションチームは、私たちを雇って、台頭するライドシェア・サービスを活用する方法を見つけようと考えた。調査によって、ウーバーとリフトのドライバーの車は、平均をかなり上まわる確率でメカニックな故障に遭遇していることがわかっていた。問題を悪化させていたのは、こうしたドライバーたちが車を定期点検に出したがらないことだった。整備士のところに車を点検に出すと、それがそ

のまま収入の減少につながったからだ。その結果、小さな問題が長いあいだ発見されずに、しばしば顧客を乗せたまま車が完全に故障した。ライドシェアのドライバーにとっては、こうした故障は収入を失うだけでなく、アプリ上の評価を損なうことも意味している。

定期的に車を整備に出すことが現実的でないのなら、ドライバーが自分のガレージで定期検査ができるようにしたらどうだろうか？

診断テストで具体的な問題が指摘されれば、進んで車を修理に出すかもしれない。自己診断によって、ドライバーの収入とオンライン上の評判を損なっていた故障を防げるのではないだろうか。

ブリヂストンの技術者によると、センサーを装着したマットを使えば、特定の問題を早期に検知できる可能性があった。整備士のところに車をもっていく予定を、ソフトウェアで自動的にドライバーのオンラインカレンダーに入れることもできる。これは忙しいドライバーとブリヂストンにとって朗報かもしれない。ブリヂストンは、マットがトレッド（溝）の異常な摩耗を検知するたびに、タイヤを売ることができるのだ。

ウォルシュとブリヂストンの経営幹部たちは、このアイデアが大いに気にいった。この会社の論理の延長線上にある、需要を増大させる真っ当な方法に思えたからだ。一方で、エンジニアリング・チームは、この技術的可能性に興奮していた。「いくつの自動車専用センサーをプラスチック製のマットに押しこむことができるか」――そんな余計なことは考えなくていい。

このように、あるアイデアで社内が盛り上がっているときのR&Dの方針は、6カ月の期間と多額の資金を与え、完全に機能する試作品の開発に取り組ませるというものだ。ライドシェアのドライバーがこのパンケーキ状の診断マットを望むかどうかという問題は後まわしだ。だが、今回は違った。ウォルシュは、多額の資金を使って診断用コンピューターを増強しなくても、チームは迅速かつ安価にこの製品の有用性を見極められると確信していた。その方法は、実現するまで、実現したふりをするというものだ。

彼らはビニール製のバスマットを大量に買いこんで、それをライドシェアのドライバーたちが使うガレージに敷きつめた。そのあとドライバーたちに、それぞれのマットには最先端のセンサーが埋め込まれていると説明した。夜になると、ブリヂストンのチームが車を1台ずつ手作業で点検し、朝までに詳細な診断報告書を書き上げたのだ。ブリヂストンは、数十万ドルあるいは数百万ドルをかけて試作品をつくる代わりに、約18ドルでシミュレーションを実施したことになる。

ブリヂストンのウォルシュと彼女のチームが理解していたように、人々が望んでいると確信するまでは、そのアイデアを推し進めるべきではない。バスマットを使ったテストによって明らかになったのは、ライドシェアのドライバーたちは、よくわからない部品を交換する必要性を指摘するような、複雑な報告書を望んではいないということだ。カーマニアなら診断の詳細を歓迎したかもしれないが、ライドシェアのドライバーたちは、自分の車に対して、収入を得る手段としての関心しか抱いていなかった。彼らにとって重要なのは、車が確実に動くかどうかだけだった。

失敗を学習のための教材だと思えば腹が立つこともない。イノベーション・サイクルに、すぐにフィードバックしてくれるからだ。ウォルシュと彼女のチームにとって、バスマットを使った「失敗」は、新たな思考を引き出した。もし、失敗した診断レポートが、そもそもドライバーに届いていなかったら？　代わりに、ドライバーの勤務時間外に車を回収して、整備士のもとへ修理のためにもち込み、ふたたび戻すサービスに連絡がいくようにしていたら？　修理に時間が長くかかる場合は、そのサービスが代車も用意してくれるかもしれない。そうすればドライバーたちは、仕事を逃すことがない。

ブリヂストンは、メンテナンスのバレットサービスは提供していなかった。代車も所有していなかった。だが、実験によって十分な需要があることが証明されれば、自信をもって投資をするか、そうしたサービスを提供している会社と提携することができるはずだ。

さらなるテストをすべきときだ。

大きなアイデアのための小さなテスト　レンドリース

大きな企業の大きなプロジェクトはそれに見合った大きな実験を必要とする、という論理には抵抗すべきだ。最も大きな木が、最も小さな種から育つことはあるからだ。イノベーション・プロセスの初期に、有用な答えを出して次の段階へ進むために莫大な投資が必要だということは決してない。大企業の野心的なアイデアでも、迅速で安価で不完全な実験で確認することができる。

たとえば、オーストラリアの大手不動産業者であるレンドリースは、数十億ドル規模の開発を、50ドルのフェイスブック広告からスタートさせている。

ナタリー・スレッサーは、職場環境を専門とする社会心理学者だ。スレッサーは、レンドリースの上級幹部として進化を続けるニーズを理解し、変化するトレンドへの対応を決めるために会社と一緒に取り組んでいる。そして、そうしたトレンドの1つに関するアイデアを、私たちのイノベーション・アクセラレーターにもち込んだのだ。

平日の朝はいつも、スレッサーをはじめとする何十万人という勤め人が、1時間以上かけてシドニーの郊外から市街地にあるオフィスに通勤している。スレッサーは、未来の仕事の専門家として、柔軟な勤務形態がますます求められていることを知っていた。シドニーの知識労働者は仕事のほとんどをラップトップ上で行っていたので、何時間もかけて1日も欠かさず往復することにはほとんど意味がなかった。シドニーの会社で働く通勤者にも通勤しなくていい日ができるような策があれば、公衆を含むすべてのステークホルダーに経済的、環境的、実用的な価値をもたらすに違いない。

スレッサーは、この問題に関して考えられる解決策はバランガルーにあると考えた。バランガルーはレンドリースが開発に成功した都市で、高級小売店、レストラン、カフェ、そして豪華な共有ワークスペースを売りにしていた。働く人たちは、広々とした優雅な環境で好みのコーヒー、サラダ、ヨガ教室を楽しんでいた。バランガルーが栄えたのは、働く人たちに自宅のある高級な郊外と同じ快適さを提供しているからだ。そこでスレッサーは考えた。バランガルーが近所の快適さをオフィスにもち込むことで成功したのなら、レンドリースはその逆を行って、オフィスを近所にもち込むことで成功できるのではないだろうか？

共有のワークスペースは、企業の従業員が集まっている地域であれば、どんな郊外でも設けることができた。企業の厳格なセキュリティ基準を満たし、家に近いのに家の雑事に煩わされない場所を提供するスペースだ。従業員はそこで、通勤列車のなかで長時間にわたり携帯電話でゲームをするよりも有意義な時間を過ごすことができる。この提案は、たとえ従業員のほんの一部が毎週数日間そのスペースで過ごすだけでも、企業にとっては経済的な意味がある。スレッサーは実施した調査をもとに、柔軟性が増すことで、生産性、従業員満足度、人材確保といった、レンドリースの企業テナントにとって重要な指標がすべて向上すると、自信をもって主張できた。

これだけの規模のアイデアは、精巧で費用のかかる多段階の開発プロセスを経てから、1つのテナントにオファーするのが普通だ。レンドリースなら、顧客と有料契約を結ぶことなく、候補地を訪れ、調査を実施し、詳細な費用を見積もることができる。私たちがアクセラレーター・プログラムを実行したとき、スレッサーと彼女のチームはすでに2年にわたり、このサテライトオフィスのエコシステムについて、そうした試みを推進するために必要なきっかけを社内でつくろうと苦心しながら、いろいろと推測をしていたのだ。

私たちはこのアイデアについて知ったとき、推測をやめて新しいワークスペースに関する広告をすぐに出すべきだとスレッサーに伝えた。有用性を調べるのには、お金も時間もたいしてかからないはずだ。ターゲット広告の威力と高度化のおかげで、小規模のテストでも、非常に重要な結果をすばやくもたらせるのだ。

レンドリースは、まだ存在していない製品を宣伝することに消極的だった。レンドリースのように少数の大手法人顧客を抱える企業は、マン・クレイツのようなウェブベースのスタートアップよりも、顧客をいらつかせたり失望させたりするリスクに敏感だ。こうした懸念に対処するため、スレッサーは、レンドリースの名前をまったく出さずに、近郊に住む通勤者に的を絞った広告をフェイスブックに載せた。「あなたの近くのバランガルー」を請け合う広告をクリックした人は、勤め先を明記すれば、さらに詳しく知るための順番待ちリストに登録できた。こうした申し込みは需要が相当あることを示していて、シドニーに本拠を置く各企業の需要レベルも把握できた。もはや、仮定にもとづいて売り込みのための会議の予定を決めている場合ではなかった。レンドリースは、顧客のところへ出向いてこういった。「マンリー（訳注／シドニーから遠くない郊外の地域）だけでも、おたくの社員の500人が、もっと詳しく知りたいと登録しています。どれだけの数の席をレンタルされますか？」

1年後、「ローカル・オフィス」と名づけられたパイロット・プログラムが鳴り物入りでスタートし、地元メディアもかなり注目した。初日の申し込みからすでに、スレッサーの初期データを超えていた。「次から次へと人が集まってきた」と、スレッサーは報告した。レンドリースはさまざまな商用モデルを試してから、うまく機能するものに落ちついた。それは、サテライトオフィスの費用を、顧客がシドニーのメインオフィスに払っている賃料に一本化するというものだ。パイロット・プログラムの間に、スペースそのものに関するユーザーからのフィードバックもきわめて貴重であることがわかった。レンドリースはそのフィードバックにもとづいて、貸し切りの静かな部屋や、無料のコーヒーの提供といった改善を加えた。COVID-19によって、やがてパイロット・プログラムは終了を余儀なくされたが、レンドリースはそのコンセプトを立証し、いまでは「ローカル・オフィス」のような近所のワークスペースのネットワーク全体と提携を結んでいる。

スレッサーは、迅速な学習プロセスが気分を浮き立たせるものだと気づいた。「いままでどうしてこのやり方をしてこなかったのかわかりません」と、彼女は私たちに語った。「アクセラレーター・プログラムのおかげで、『許可を求める』マインドセットを振りはらって、『データと妥当性を示す』マインドセットを身につけることができました」。

スレッサーの経験は、アイデアの正当性を立証する取り組みを変えた。「うちのような大きな会社は、リスクと不確実性の違いに、かなり混乱しています」と彼女はいった。「フェイスブック広告のような手段を取るのは、不確実性は高いですが、リスクは高くありません。本当のリスクは、洞察を得る機会を逃すことなのです」

完成を遅らせる　マニミーとラヴェル・ロー

完璧主義に、すみやかな学習の邪魔をさせてはいけない。あるアイデアの忠実度の低いバージョンを世間に向けて発表するのは、品質へのこだわりをもつ企業にとってはとくに耐えられないことかもしれない。老舗企業は、より迅速に動いて学ぶために基準を緩めるのをじつに居心地悪く感じている。しかし実際は、それが起業家に競争上の優位性を与えているのだ。スタートアップは、まだハードルを設定していないため、満たすべき基準がない。顧客がいないのだから、満足させなくてはいけない顧客の期待も存在しない。新しい企業がこれほどイノベーションを推進しているのはそのためだ。そうした企業は、上を目指すしかない。もし大企業がシリコンバレーのスタートアップのようにイノベーションを図りたかったら、いつ、どのようにして基準を緩めたらいいかを学ばなくてはならない。

ジョヨン・ソンとデヴィッド・ミロ・ロピスは、私たちのローンチパッド・アクセラレーター・プログラムに、1つのアイデアをもち込んだ。それはオーダーメイドのプレスオン・ネイル（つけ爪）というアイデアだ。ソンは、マニキュアをした爪の見栄えが大好きだったが、サロンで2時間過ごさなくてはならないのが嫌でたまらなかった。「ネイルのスタイルを、靴を替えるのと同じくらい簡単に変えたいというのが私の夢でした」と、ソンは私たちに語った。市販のプレスオン・ネイルはこの上なく便利だが、しばしば残念な結果に終わる。すべての指の爪床が少しずつ違うために、目障りなずれが生じてしまうのだ。

ソンと彼女の共同創業者は、オーダーメイドのつけ爪が、多くの顧客のためにこの問題を解決するものと信じていた。もしあなたの爪床の1つ1つに完璧に合うプレスオン・ネイルを購入できるなら、マニキュリストと何時間も過ごす必要があるだろうか？　この製品は、時間を節約するだけでなく、表現の可能性も広げるだろう。顧客は、多くのスタイルのプレスオン・ネイルを購入して、その日の気分でつけ替えられる。インスタグラムは、人気のある新しい世代のマニキュア・アーティストを生み出していた。だが、そうしたインフルエンサーのサロンに車で行ける場所に住んでいないかぎり、行きつけのマニキュリストにお気に入りの作品を見せてうまくやってくれるよう願うことしかできない。オーダーメイドのつけ爪なら、クリエイティブなマニキュリストがオンラインのマーケットプレイスにデザインを提供し、世界中のファンはそれを購入して自宅で受け取ることができるのだ。

このコンセプトには、1つだけ問題があった。2人の創業者は、どちらもそれを実現する技術的スキルをもっていなかったのだ。顧客の爪の写真を使って、オーダーメイドのつけ爪をつくることは可能に思えたが、試作品を提供するのにも、画像処理と3Dプリントに関する専門知識が必要だった。

そうかもしれないし、そうでないかもしれない。私たちは、2人の創業者にそういった。いずれにしても、技術的な実現可能性の問題を考えるのは、有用性を確認してからでも遅くない。もしこの製品が存在していたら、人は買ってくれるだろうか？　それを知るために、ソンとミロ・

ロピスは、急いで簡単なウェブサイトをつくり、宣伝コピーを書いて、フェイスブックに広告を載せた。注文が入りはじめると、2人は創造力を駆使して、顧客の写真をもとに、プレスオン・ネイルを手で切り抜いた。これらは見せかけのシールと大差ないものだったが、それでも市販のネイルよりはましだった。次の段階に進むにはそれで十分だった。

有用性を立証すると、ソンとミロ・ロピスは、電動工具メーカーのブラック・アンド・デッカーが主催するハードウェア重視の起業家育成プログラムに受け入れてもらった。そうして2人は世界一流のツールと、先進的な技術訓練にアクセスできるようになったのだ。その結果、彼らのコンセプトの実行は急速に改善した。ほどなくして2人はトップ・ネイルアーティストと協力して、流行のデザインをマーケットプレイスに蓄えるようになった。この段階は、無名でほとんど収入のない新しい会社にとっては大きな課題となるはずだった。だが、インフルエンサーと契約を結ぶことを熱望していたにもかかわらず、この創業者たちは、最初から真実以外は口にしないと決めていた。潜在的なパートナーに対して、隠し立てをせずに正直でいることは、協力関係を築くためだけでなく、成長したときに会社の評判を保つためにも重要なことだ。

「私たちは、透明性をもって交渉の席につきました」と、ソンは私たちに語った。「私たちはこういったのです。『マニミーの事業はこういう状態にあり、これがいまの段階で約束できることです。そしてこれが、私たちの目指すビジョンです。あなたと一緒に仕事をすることが、その過程における重要なマイルストーンなのです』」。彼らが最初に接触したデザイナーは、コストと収益を分け合うという考え方に感銘を受けて、規模が小さいことは大目に見てくれた。「私たちが契約を結べたのは、そのためです」と、ソンは当時を思い出して語った。

これは、アイデアを実現するのに必要なものがいかに少ないかを示す一例だ。エリザベス・ホームズがセラノスでやったように、タートルネックを着て結果を誇張する必要などない。協力者、クライアント、顧客を創造的なプロセスに引き入れ、共謀者にすることができれば、その多くが驚くほど進んでリスクを共有してくれる。セラノスが廃虚と化したとき、マニミーの売上は急激に増加していた。

もし、ソンとミロ・ロピスが技術的に完璧な状態になるのを待って有用性をテストしようと考えていたら、いまだに待っていたはずだ。だが、2人は待つのではなく、オーダーメイドのプレスオン・ネイルが実現可能で、需要さえあれば細かいことはどうにでもなるという仮定のもとに、先へ進んだのだ。結局、技術はすでに存在していた。彼らは、技術の習得に貴重な時間を浪費するよりも、自分でネイルをカットすることにしたのだ。こうして技術的な問題は解決された。2人は、時間とお金と労力の投資を正当化するのに十分な需要があることを、安く速く不完全な方法で証明したのだ。

手でネイルをカットするのは骨の折れる作業に思えるが、マニミーの初期の苦労も、ラヴェル・ローの苦労の前では霞《かす》んで見える。ダニエル・ルイスとニック・リードは、スタンフォード大学ロースクールの学生だったときに、ローンチパッドにやってきた。法律家の家系出身のルイスは、法律家が使っている、手間のかかる旧態依然としたテクノロジー・ツールを目にして育った。それは、リードがロースクールで初めて遭遇したものだ。

法律家が使っていた旧式な法律系のリサーチ・プラットフォームのせいで、訴訟の準備や判決理由の起草が非常に骨の折れる作業になっていた。関連する判例法を見つけ出して判例を理解するのを書物を使って行うのは、困難な作業だった。デジタル技術とインターネットを活用すれば作業が楽になるはずだと思うかもしれないが、リーガル・リサーチのリーダー的存在であるレクシスネクシスは、イノベーションを断念してしまったかのように見えた。この会社が提供する検索ツールは基本的なもので、利用可能なデータが急増しても、それについていくだけの進化を見せていなかったのだ。

ルイスとリードは、データの可視化と機械学習によって、そのプロセスがはるかに効率的になると考えていた。たとえば、検索結果をリンクの果てしない羅列として表示する代わりに、判例を視覚的に表示して有用なつながりがわかるようにしたら？　あるいは、ユーザーが直近の判例にすぐにたどりつけるようにしたら？　さらに一歩進んで、検索エンジンが毎回、特定の種類の申し立てに対して裁判官が承認したか棄却したかがわかるようにしたり、特定の裁判官に対して最も説得力のある判例や法律用語を明確にしたりすることができたら？

ラヴェル・ローの創業者たちは、裁判に勝つために役に立ちそうな書類や主張に迅速に狙いを定めるために、デジタル技術を活用する多くの方法を想像していた。2人はまた、退屈な文字列をカラフルで説得力のある図表に替えて、法律家が検索結果を確認して使いこなせるようにする方法も考えていた。

マニミーと同じで、この2人の創業者も、野心的なビジョンを実行するための、技術的ノウハウをもっていなかった。だがそれでも、有用性をテストすることはできた。紙でつくったモックアップを使い、想像上のソフトウェアのコンセプトを顧客に売り込むシミュレーションを行ったのだ。法律事務所がこのサービスを契約するようになると、2人は顧客から学んだことを使って、ソフトウェアをつくっている開発者に指示を出した。ソフトウェアによってビジョンが達成されると、この会社は急成長を遂げた。ラヴェル・ローの設立からわずか5年で、ルイスとリードは会社を売却した——レクシスネクシスに。

マニミーとラヴェル・ローでは、野心的な創業者が実現可能性よりも有用性を優先した。彼らは完全な手作業によって、有用なテストを行うのにちょうど十分な忠実性をもって、アイデアのシミュレーションを行った。もしどちらかの企業が、事業を始める前に最終製品のようなものを完成させようとしていたら、実行可能な事業を構築するよりずっと前に、時間と資金が足りなくなっていただろう。

あなたの会社は、完全に実現する前に、それを顧客に販売するのをためらうかもしれない。このためらいは、短期的にはより安全なものに感じられるが、生き残るために必要なイノベーションを抑制してしまう。レクシスネクシスは、機能するソフトウェアももたない2人の若く有力な起業家に主要な顧客を奪われたとき、初めてそれに気がついた。もし忠実性が気になるのなら、新しい製品が未完成であることを伝える方法がたくさんあることを知るべきだ。そのなかから、顧客のあいだに、いらだちや失望ではなく、好奇心やロイヤルティが生まれるような方法を選べばいい。大切なのは、初期のユーザーで期待値を設定し、彼らから学んだことに関して、迅速かつ透明性をもって行動を起こすことだ。うまくいかないことがあればすばやく対応し、それをループのなかに残しておくべきだ。

大企業の洗練された世界においては、実験は解放感をもたらす概念だ。あるリーダーが私たちにこういった。「実験とは、私のチームに、何か新しいことを試してみる許可を与えてくれるものです。『実験』だといえば、成功しなくても、完璧でなくてもいいのだと思えます。まだ知らない何かを学ぶためにしているとわかっているので」

わざと間違えてみる　ビージェーズ・レストラン

いまや多くのレストランにとって、デリバリー・ビジネスのかなりの部分は、ドアダッシュやウーバーイーツといったアプリを通して入ってくる。こうした仲介アプリが、顧客関係を完全にコントロールしているのだ。だがそのせいで、カジュアルレストランチェーンのビージェーズ・レストランは困難な状況に置かれていた。顧客は注文に関して問題があったとき、誰に連絡すればいいかわからない。アプリに連絡しても、サポートセンターはレストランのせいにして顧客に返金するだけだ。ビージェーズは、注文に関する問題が発生したら、たとえば入っていなかったディップをもって駆けつけるといった直接的な対応をしたいと考えた。だが、そもそも電話がかかってこないというのに、どうやってそのやり方を試せばいいというのか？

ビージェーズは、デリバリー体験を改善するのに手を貸してほしいと私たちに依頼してきた。彼らは、すでにそれぞれのバッグに、こんなメモを入れることを試していた。「ハイ。あなたのお料理を詰めたハンナです。これは私の電話番号です。ご注文の品に関して、何か問題があればご連絡ください。すぐに対応いたします」。このアイデアをテストするのに、彼らはビージェーズの1店舗からデリバリーされるすべてのランチの注文に、このメモを入れたのだ。23件の注文があったが、誰も電話やメッセージを寄こさなかった。どうしたというのだ？　メモは「まずい」アイデアだったのだろうか？

おそらくそうだろう。だが、何よりも実験そのものが「悪い」ものだったのは間違いない。私たちがビージェーズのリーダーに指摘したように、これらの注文を準備した従業員は、メモが入っていることを知っていた。意識的にせよ無意識にせよ、彼らは、それぞれの注文をきちんとそろえようと、十分な注意を払ったはずだ。ミスはもともと少なかったが、これによって問題はさらに起こりにくくなっていた。ビージェーズの平均的な店舗では、アペタイザーが入っていないことが1日に1件はあった。有意義な量のデータを集めるには、何カ月かにわたってすべてのオーダーにメモを入れる必要があったのだ。

そんなとき、マーケティング担当バイスプレジデントが、すばらしい提案をした。「わざと、いくつかの注文を間違えてみよう」。部屋にいた従業員たちはショックを受けたように見えた。「まさか、そんなこと」と、誰かがいった。「うちのお客さんに、そんなことできませんよ」

あなた自身と、あなたのチームにこう尋ねてみるといい。「私たちは、どれくらい本気で学ぼうとしていますか？　わざと間違った注文をデリバリーするような真似ができるほど、改善を気にかけていますか？」。実際のところ、学習に失敗すれば、どのみち顧客を失望させることになる。ただ、それが目につかないだけだ。たとえば、ビージェーズの各店舗で1日2回以上オーダーを取り違えることもありうる。注文の半分以上がほかの会社を経由していたら、顧客がクレームをつけたとき、リーダーはどうやってそれを把握したらいいのだろうか？

結果として、このレストランはわずか1日でアイデアを決定的に立証し、サードパーティーのアプリに頼っている顧客との新しいコミュニケーション・チャンネルを開拓することができた。確かに、ディップが入っていないことで腹を立てた客もなかにはいたが、そうした不満は実験の設計段階で想定済みだ。マン・クレイツの事例で見たように、顧客に実験の説明をするだけでも、顧客の認識はくつがえせる。確立された企業が、体験を改善するために積極的に動くのを目にすることはあまりない。将来の注文を対象とするディスカウントも、痛手をやわらげる1つの方法となるはずだ。

実験は重要な学習をもたらし、顧客との関係をいっそう強化するように、よく考えてつくり上げるべきだ。実験的なマインドセットを身につけて、現実世界でのテストのメリットがわかってくると、進んで小さなリスクを負って将来の大きなリスクを未然に防ぐようになるだろう。

テストの結果が決定的なものでなかったり、直感に反するものだったりするときは、そのアイデアを忘却の彼方に追いやる前に、あなたの手法をよく考えたほうがいい。ビージェーズは、実験の結果だけでなく設計も見直すことで、アイデアそのものを放棄する前に、テストの欠陥に気づいたのだ。イエスかノーかのバイナリー（二者択一）なテストからの脱却が、この会社の学習への取り組み方を変えたのだ。

アイデアの有用性を立証できたら、そのまま進めばいい。さらなる実験によって、あなたが築いたものに磨きをかけるのだ。おそらく、利益を増やせるだろう。顧客が、あなたの製品をショッピングカートに入れるのをやめるまで、少しずつ価格を上げていけばいいのだ。意図的かつ系統的に行動しよう。いまや人々が何を望んでいるのかがわかったのだから、その製品に関係のないものを排除できるだろうか？　実現のプロセスは単純化が可能だろうか？　ある部分を実行するのに必要な時間と労力を測定して、効率化を図るといい。何よりも、仮説に疑問を抱きつづけることが大切だ。この解決策は持続可能なものだろうか？　状況が変わってもレジリエントなものだろうか？　これはフル生産に移行する前に、知っておきたいことだ。

ビニールのバスマットと手作業のネイルカットでは、ある程度のところまでしか行けない。あるアイデアが有用であり実現可能であることが判明したら、それを現実のビジネスにあてはめる必要がある。より多くの人と資源を引き入れる段階だ。現実世界のデータをもとに説得力のある事例を築けたのなら、それを拡大するのは簡単だ。

あなたは、仮説をテストし、ステークホルダーが提示しそうな疑問の多くに対処してきた。次の段階へ進む準備が整ったのだ。

2

Elevate

向上させる

第7章

他者の視点を取り入れる

多くのアイデアは、生まれた場所にとどまっているよりも、ほかの人の心に移されたほうがよいものになる。[1]

――オリバー・ウェンデル・ホームズ（詩人、医師）

本書の第1部では、最も優秀な創造者と問題解決者たちが、ひらめきから確信への道をどう進むかを学んだ。これまでに説明してきたように、あなたはイノベーション研究所を構築し、運営することができる（最初にしては野心的すぎると感じるなら、第4章で述べたコルクボードの研究開発部から始めるといい）。いずれにしても、革新的なマインドセットの基礎はすでに学んでいるので、組織のなかでイノベーション・パイプラインをつくるために必要な基本的事項はわかっているはずだ。

この第2部では、「どのようにして画期的なアイデアを得るか？」という核心的な問題に取り組んでいく。第2章で触れたように、アイデアは、スーパーでブロッコリーを手にとるように必要に応じて入手できるものではない。脳にさまざまなインプットという栄養価の高い食事をきちんと与えて、育成すべきものなのだ。

そこで第2部では、アイデアの育成に関する高度な技術を紹介する。まずは、最高の創造的インプットである「ほかの人たち」から始めよう。

目が見えない3人の男と象に関する古代の寓話について考えてみよう。最初の男が象の鼻に触れて、これは蛇だと判断する。2番目の男が脚を触って、「あいつの勘違いだ！ これは明らかに木の幹だ」という。3番目の男が、牙をつかんでこういう。「2人とも間違っている。槍《やり》に決まっているじゃないか。こんな簡単なことがわからないなんて、どうかしている」。3人の男はそれぞれ心のなかで「リンクトインを更新しなくては。同僚は間抜けばかりだ」と思ったことだろう。

この寓話には、誰の解釈が「正しい」かをめぐって3人が言い争いを始めるバージョンもある。なんとも悲劇的ではないか。安全な雰囲気のなかで観察結果を共有できてさえいれば、「厚皮動物《こうひどうぶつ》」という斬新な答えにたどりついたかもしれないのに。理想的なのは、偏見をもたずに互いの意見に耳を傾け、この厄介な問題に関する貴重な視点を提供してくれたことに感謝し合うことだ。この3人の男たちが同じ動物の違う部分に触れたのは、ある意味では幸運だ。3人で答えをつなぎ合わせればいいのだから。だが残念ながら、この物語ではそうはならなかった。世の中の多くのチームでも同じだ。

創造的なアウトプット――新たな問題に対する効果的な解決策――の質は、主にその量によって決まる。アイデアの数が多ければ多いほどいいアイデアが生まれるのだ。しかし、長い鼻、短い鼻、厚い鼻、薄い鼻というように、1つのテーマに関する「アイデア」ばかり思いつくこともあるだろう。幅広い可能性を探求するには、もっと発散的な思考がきわめて重要となる。

あなたのアイデアの多様性は、あなたの創造的なインプットの多様性によってもたらされる。インプットの量と種類は、どちらも健全なアイデアフローにとって大切なものだ。同僚や協力者から顧客やクライアントまで、そのすべてが、ある問題に関する多くの独特な視点を集めるためになくてはならない存在だ。創造的な衝突からは新鮮な思考が生まれる。ゼロックスのパロアルト研究所（PARC）やベル研究所のような企業イノベーションの温床が発達したのは、そのリーダーたちがまったく違う分野から専門家を集め、サイロに籠《こも》ることを禁じたからだ。実際に彼らは、専門家同士の交流を促進するためにできることは何でもやった。

有能なイノベーターは、キャリアを通して利益になるような長期的視点のポートフォリオ構築に努めることで、同僚や協力者たちの集まりを育てている。もしあなたが自身のポートフォリオ構築に時間と労力をつぎこんでこなかったのなら、いますぐ取りかかろう。驚くほどの成果があるはずだ。さまざまな考えと遭遇することほど、創造性を高めるものはない。

ロジテックのCEOであるブラッケン・ダレルは、外部の視点をきわめて重視するリーダーだ。彼は毎日かかさず同じレストランで朝食をとり、スタートアップ創業者を2、3人呼んで仕事の話をする。「こうしたブレックファースト・ミーティングの9割は時間の無駄で、おそらくこれほど効率の悪いものはない」と、ダレルは私たちに語った。だが残りの1割には、それを補ってあまりあるほどの価値がある。創業者たちが、業界のどこに「優位性の源泉」があるかをダレルに教えてくれるからだ。ダレルは、「効率の悪い」情報収集にかなりの時間を定期的に費やしながらも、在任中にロジテックを見事な成長軌道に乗せ、直近の5年だけで企業価値を8倍に増やしたのだ。

心理学者のハイディ・グラントと、リーダーシップの専門家であるデヴィッド・ロックは、「不均質なチームのほうが純粋に賢い」と主張し、民族・人種・性別の多様性がもたらすプラス効果を示すエビデンスを集めている。[2] 多様化したチームのほうが、業績がよく、間違いが少なく、イノベーションも効果的に行う。私たちが企業と一緒に仕事をし、スタンフォード大学のdスクールで教えた経験も、それを裏づけている。さまざまな視点を混ぜ合わせると、間違いなくイノベーションは促進される。

アイデアの提供者間や、チームや、組織全体で、多様化したポートフォリオの構築を試みるときは、何らかの人口動態的な枠組みを超えることがある。ピザチェーンの幹部は、性別や境遇がどうあろうと、ピザチェーンの幹部だ。部屋にピザチェーンの幹部が10人以上いても、提案するのは「スモール、ラージ、エクストラチーズ」という3つの選択肢だけだ。異なる職業に目を向けてみよう。別の考え方と問題解決の方法を探すのだ。この問題について、あなたが最も意見を求めそうにない相手は誰だろうか？　異なる視点を集める際には、近道や手引きとなるチェックリストはない。心を開く勇気をもって、あなたとはまったく違う背景をもつ誰かと会話を始めてみよう。

自分のなかに、馴染んだものに偏る傾向があると自覚していなくても、そういう傾向があると想定して、それに立ち向かうことが大切だ。問題に関して、より豊かで、深く、幅広いポートフォリオを構築するには時間と労力が必要になるが、努力をする価値は大いにある。おそらく意見が合わないだろうと思う相手と話をしてみてほしい。勇気をもって立ち向かうのだ。そうした相手を熱心に探すことで、自分の思考における欠点が見えてくるだけでなく、予想外のアイデアが出てくる可能性もある。もちろん、相手のいうことに従わなければならないという意味ではないが、小さな火花が大きな炎になることもある。

均質なチームは、明快な仕事を効率的にこなす。MLB（メジャー・リーグ・ベースボール）のテキサス・レンジャーズは、おそらくNBA（ナショナル・バスケットボール・アソシエーション）のロサンゼルス・レイカーズに所属するレブロン・ジェームズと話をすれば、多くのことを学べるだろう――もちろん、レブロンをチームに加えても、NHL（ナショナル・ホッケー・リーグ）のスタンレー・カップで優勝することは決してないだろうが。だが均質なチームというのは、斬新な解決策を考え出すのがじつに苦手だ。異なる専門知識や経験をもつ人たちは、互いの見解について驚くべき解釈をする。互いのアイデアをもとにして、予想外の方向に事を進めるのだ。幅広い類推ができるチームは、未知の領域により早く到達する。たしかに、違う世界観をもつ人たちが交わると、衝突が起きるかもしれない。だが、そうした衝突を、破壊的ではなく創造的なものにするのがリーダーであるあなたの仕事だ。そのエネルギーを、相手にではなく問題に向けさせるのだ。

あなた自身で、あなたとは違うタイプの人と出会う確率を最大限に高めよう。そのためには、忍耐と寛容を身につける必要がある。多様な視点からなるポートフォリオを築くのは、間違いが起こる前にそれを把握するためではない。人を集めるのは、チームの半分に、残りの半分の意見を取り締まらせるためではない。その目的は、ほかの方法では得られなかったインプットを集めることにある。

他者の視点を取り入れるのは、最も興味深いアイデアを見つける方法だ。

パタゴニアが「サーフィンの素人」を探した理由

第1章でペリーは、9・11後の顧客の需要に関する懸念が、いかにパタゴニアにおけるアイデアの流れを妨げたかを語った。ペリーは自分の間違いに気づくまで、新しい製品を、それも早く必要としていた。パタゴニアの首脳陣は、サーフ・ウェア市場に参入することで成長を目指そうと決めた。

当時は、クイックシルバーやビラボンのような、革新的で若者向けのブランドが市場を支配していた。パタゴニアが頭角を現すにはどうすればいいのだろうか？　パタゴニアは、この市場に飛びこむ前にできるだけ多くの方向性を検討しようと、多様なメンバーからなるグループをつくってメキシコにサーフィン旅行に出かけた。ペリーをはじめ多くのリーダーはサーフィンが大好きで、すでに役に立ちそうな専門知識をもっていた。だがそれは、全員が同じレンズを通してこの問題を見ているという意味でもあった。専門知識はもちろん大切だが、初心者がすぐに気づくようなことを見えなくさせる場合がある。この視点のポートフォリオを多様化するために、彼らは「未経験という経験」を活用することにした。パタゴニアの事業には十分精通しているが、サーフィンについては何も知らないという人はいないだろうか？

この重要な初心者の視点をもつ人物として、パタゴニアは大原徹也《おおはらてつや》に白羽の矢を立てた。パタゴニアで原材料の調達を担当する若手社員だ。大原は、一度もサーフィンをしたことがなかった。実際、ウェットスーツを着るのも今回が初めてだ。ほかのメンバーが熟知しているサーフィンとサーフ・ウェアについて、まったくの初心者である大原は、いったいどんなことに気づくだろうか？

真に新鮮な視点に代わるものはない。初心者はどうしても、新たに体験することのすべてを細部にわたって見るからだ。それを最大限に活用すべきだ。

大原はサーフィンについて、すぐに重要なことに気がついた。海水はじつに冷たい。ペリーとほかのメンバーは、それを当たり前だと思っていた。それどころか、冷たい水はサーフィンの醍醐味だとさえ感じていた。だが初心者にとってはそうではなかった。大原の理解では、ウェットスーツの意義は水のなかでも比較的暖かくいられることにあった。彼の期待と、現実の冷たさのあいだの相違は、「比較的」という言葉に表れていた。大原は寒くてたまらなかったが、長い経験を通してその寒さに慣れていたペリーたちは、嬉々としてサーフィンを楽しんでいた。

寒さ対策のために、大原は専門とする素材の観点から、技術的な問題に思いをめぐらせた。ウェットスーツの典型的な素材であるネオプレンには多くのすぐれた特性があったが、それほど暖かくないのは明らかだった。速く乾くわけでも、よくフィットするわけでもなく、いいにおいもしなかった。実際のところ、新品のタイヤのようなにおいがした。絶対にもっといい解決策があるはずだ。

また、パタゴニアで素材担当マネジャーを務める大原には、石油系の生地は環境破壊につながることがわかっていた。たとえそのほかの点でネオプレンが完璧だったとしても、世界でも最も環境に配慮しているメーカーの1つであるパタゴニアが使用することはありえなかった。

大原はこの点を考慮して、アイデアを喚起するような枠組みを考えた。どうしたら天然素材だけを使って、冷たい水のなかでも快適に過ごせるようなサーフ・ウェアをつくれるだろうか？

大原はその疑問を念頭に、自然界に似たような状況がないか考えてみた。多くの温血の哺乳類は、寒くて湿った状況でも、寒がることもなく一日中外に出ている。たとえば羊がそうだ。大原は、羊の群れがウェールズの田舎を動きまわるところを思い浮かべた。体を覆う厚い羊毛のおかげで、寒く湿った冬の気候にも平気で耐えている。さらにいいのは、羊毛は濡れてもネオプレンのような不快なにおいがしないことだ。ウールを天然ゴムで覆えば、正真正銘の環境にやさしいウェットスーツができるはずだ。保温性からフィット感まで、あらゆる点でネオプレンよりすぐれたものになるだろう。

ほどなくしてパタゴニアは、大原が想定した条件を満たすようなウェットスーツを開発した。そして、ウェットスーツの分野で徐々に足がかりができてくると、ほかのサーフ・ウェア製品もそれに続いた。数年後、パタゴニアは無駄をさらに減らすために、ウェットスーツのウールをリサイクルしたポリエステルに替えることになる。だがこの反復型開発は、大原の最初の貢献がなければ実現しなかった。大原自身は、のちにパタゴニアの研究部門の責任者になったあと、別の機会を求めてよそへ移っていった。そしてギャップ（Gap）のサプライチェーンの責任者といった輝かしいキャリアを積み、いまではエコロジカル・イノベーションに関する企業向けのコンサルタントをしている。

メキシコへの調査旅行の際、多くのメーカーで大原のような立場にいる者だったら、一行が方針を決めたあとで、開発プロセスをつけ加えていたはずだ。だがそれでは、このような貢献をするには遅すぎる。パタゴニアは、サーフィン初心者の視点を取り入れたことで、画期的なアイデアを育てることができたのだ。

経験豊富なサーファーが、パタゴニアからネオプレン製のウェットスーツを買うこともあるかもしれないが、そもそも彼らは購入するブランドを変えることがあるのだろうか？ ましてや、パタゴニアはこの分野では新参者だ。サーフィン初心者が、顧客の支持を得るうえで重要な存在であり、大原が気づいたことは、おそらくほかの新米サーファーもすべて気づくはずだった。ペリーとほかのリーダーたちは、既存のソリューションに慣れすぎていたために、欠点がはっきりとは見えていなかった。知識にとらわれていたのだ。

本章で紹介する、視点を活用するための7つのツールのうちの1つである「未経験という経験」のおかげで、彼らはブレークスルーを成し遂げたのだ。

視点のポートフォリオを多様化する

これから紹介する7つのツールは、他者の視点をアイデアフローに供給する手助けをするものだ。だが、どれもそのままで完璧に機能すると期待してはいけない。他者の視点を取り入れるには、訓練が必要だ。ほかの人たちはすばらしいインプット源となるが、同時に頑固で、しつこく、ときには怒りっぽいこともある。人とはそんなものだ。

7つのツールそのものに関しては、そのうちの1つか2つはすでにあなたが使っているものかもしれない。だが少なくともいくつかは、あなたとあなたの会社にとって目新しいはずだ。うまく機能しているものはそのまま使い続けてほしいが、視野を広げるために、新しいものもいくつか取り入れることを検討すべきだ。これらの各ツールは、さまざまな業界のあらゆる規模の組織で吟味されてきた、きちんと機能するものばかりだ。アイデアフローが詰まったときに引くことができる、レバーのようなものだと考えてほしい。ときが経つにつれて、目の前の問題にはどのレバーがもっとも適切かが、感覚的にわかってくるだろう。

第3章で紹介した、私たちの友人でスタンフォード・インプロバイザーズの責任者、ダン・クラインのアドバイスを思い出してほしい。「創造的になろうとするな。あえて明白であれ」。多様なグループでは、1人にとって明白なことが、ほかの人にとっては、予想外で、挑発的で、興味深いものになる。メンバーに、できるだけ明快かつ直接的に、考えを説明するよう頼むのだ。無理して誰かを感動させたり、「独創性」に手を伸ばしたりする必要はない。各メンバーが自分自身のアイデアや反応や第一印象にこだわるほど、そして他者による本物の貢献を歓迎するほど、感動的な交流が生まれる。

ノーベル経済学賞を受賞したトーマス・シェリングが、かつてこんなことを書いている。「たとえ分析がいかに厳密でも、あるいは想像がいかに大胆でも、人にはできないことが1つある。それは、自分には決して起こらないことをリストにまとめることだ！」[3]。アイデアフローのもつ不思議な力は、一緒に明白である勇気をもつ人たちのグループが、どのメンバーにも個人的には決して起こらないことを集団で想像できるようにする。

ツール①学習サークル

特定の役割、プロジェクト、あるいは企業に関連した戦略とは違い、「学習サークル」という、定期的に会ってアイデアを共有し議論するグループをつくると、生涯にわたって異なるインプットをあなたに提供してくれる。私たちがこのツールを最初に紹介するのはそのためだ。あなた自身の学習サークルをつくって維持する努力は、あなたのキャリアを通してずっと見返りを提供してくれるだろう。

ベンジャミン・フランクリンは、外交官や政治家としての功績以外にも、遠近両用眼鏡や避雷針、そしてもちろん、彼の名前を冠したフランクリン・ストーブを発明した。公共図書館で本を借りるとき——本書を図書館で借りる人もいるだろう——は、誰もがこのアメリカ合衆国建国の父に感謝するはずだ（訳注／フランクリンは1731年に米国初となる一般人向けの図書館を設立した）。フランクリンの創造的な貢献を数え上げたらきりがない。このような桁外れに創造的なアウトプットが、同じように頑強なインプットを必要とするのは明らかだ。フランクリンは、キャリアの最初からこうしたインプットを意図的に行っていた。

フィラデルフィアの若き印刷業者だったフランクリンは、知人を集めて定期的な会合を計画的して開催し、互いの知識の向上に努めた。このグループとその運営は数年間でさらに発展したが、「ジャントー」と呼ばれたこのクラブをつくった目的は、あくまで知的討論か専門知識の共有を通して知識の「交換」を行うことにあった。

ジャントーのメンバーは、それぞれ異なる職業についていたが、個人的な成長だけでなく、商業と事業の中心としての街の発展に対する関心を共有していた。みな自分の事業や家庭をもつ忙しい人たちだったが、ジャントーがもたらす豊富な価値のために、毎週会う時間を捻出していた。最初のグループは、レザー・エプロン・クラブとしても知られ、40年近く続いた。その支部の1つが、アメリカ哲学協会としていまも存続している。

18世紀の社会的道徳観を考えると、フランクリンは驚くほど多様なメンバーを集めていた。金持ちと貧乏人、若者と年寄り、役人と商人、といったように。当然ながら全員が白人だったが、当時にしては、壁が取り払われていた。毎週金曜日の晩になると、ジャントーのメンバーは個人的に関心をもつテーマについて書いたエッセイを発表した。そのあと、それについて倫理や自然哲学やいわゆる科学的探究に関する討論を行ったのだ。礼節を保つために、このグループは、直接的な批判や個人攻撃をした者に対して少額の罰金を科した。メンバーの多くは高等教育を受けていなかったが、好奇心が旺盛で、知的に大胆であり、もちろん熱心な読書家だった。フランクリンは、メンバーを選ぶ際に必ずそれを確認した。

フランクリンの学習サークルは、彼の創造的なアウトプットと、彼のビジネスの両方にとって有用であることがわかった。たとえば、州内の取引を促進するためにさらに多くの紙幣を印刷しようという動きがあったとき、ジャントーはその問題を討議した。フランクリンは、そうした討議に触発されて、そのアイデアを支持する小論文を匿名で発表した。多様なインプットと、創造的なアウトプット。フランクリンの小論文も追い風となってその提議が可決されると、さらなる紙幣を印刷する必要が生じた。フィラデルフィアの若き印刷業者は、その儲かる仕事をまんまと手に入れたのだ。

職人、芸術家、科学者、そして起業家は、つねにグループをつくって、学習とイノベーションを促進している。ジャントーをこれほど効果的にしたのは、その多様なメンバー構成だった。これは、フランクリンの大胆な好奇心と、植民地時代のアメリカの相対的に平等主義的な社会がもたらしたものだった。それ以来数世紀にわたって、ほかにもジャントーの成功に続こうとするグループが出現した。

たとえば現代の企業のリーダーは、自社のマインドセットから抜け出して部外者の視点を取り戻す手段として、専門家を集めている。マーク・パーカーはナイキのCEOだったとき、芸術家をはじめとする創造的な知り合いを集めて定期的に夕食会を開き、製品のアイデアについて話し合ったり、協業の可能性について意見を出し合ったりした。[4] パーカーはデザイナーとしてキャリアをスタートさせ、いまもインスピレーションを求めていた。「人には驚かれるかもしれないが、私は奇抜なことが好きなんだ」と、パーカーはいった。彼は、ポートランドにあるナイキの本社でほとんどの時間を過ごしていても、こうした夕食会のおかげで、スニーカー狂やスケーター、そしてグラフィック・アートといった都市文化とつながっていた。

学習サークルはさまざまな形をとるが、重要な特徴を共有している。何よりもまず、こうしたサークルは、どんな組織にも属さない。学習サークルの目標は、異なる視点と経験を1カ所に集めることにあり、メンバー構成は多岐にわたるほどよい。さらに、1つの企業にメンバーが集中すると、学習サークルのなかでどうしても徒党を組むようになり、開かれた議論が阻害されてしまうからだ。第2に、学習サークルは、信頼と親密性が醸成されるように、またさまざまなテーマが複数の会合にまたがって議論されるように、定期的に開催される。第3に、学習サークルは、ジャントーが個人攻撃を認めなかったように、各会合が脱線しないよう基本指針を定めている。

最後に学習サークルは、対面だろうがオンラインだろうが、リアルタイムで会うべきで、スラックのような非同期通信では行われない。

これらの中心的な要素以上に、学習サークルの体制と焦点は、各メンバーの個人的および職業的目標に役立つものであるべきだ。1つのグループは、特定の産業（エレクトロニクス、海運、教育）、ターゲット市場（ミレニアル世代、Z世代）、あるいはほかの焦点を中心にして集まっている。フランクリンのジャントーに関しては、その焦点は、フィラデルフィアと州全体の文化的および商業的な野心の促進にあった。あなたの学習サークルも、独自の焦点を見つけて議論と情報共有を促進すべきだ。そのためには、思わぬ発見が期待できる程度に自由で、だが会合が親睦会にならないような体制を築くことが必要だ。

ツール②ペンパル

チャールズ・ダーウィンは、郵便制度を彼の科学的研究にうまく利用し、1ダース以上の研究分野における何百人もの協力者と定期的に連絡をとっていた。ダーウィンは、ビーグル号での航海と独創的な『種の起源』の出版とのあいだの数十年間に、進化論を発展させた。その大部分は、郵便を使い、初期の研究の切り抜きを手紙に添えてほかの分野の専門家に送り、意見を求めることでなされた。このようにダーウィンは、より広い科学界における貴重な情報の中心として機能しながら、歴史上最も独創的な知的飛躍の1つを成し遂げた。その文通の習慣は、彼の研究に活力をもたらすとともに、それがなければ決して交差することのなかった人々やアイデアを結びつけたのだ。

今日の私たちは、メール、ソーシャルメディア、そしてますます増えているオンラインの映像や音声を通じて、たえず「文通」している。だが私たちが他の人たちと共有しているのは、ほとんどが不必要な情報だ。有意義な貢献をしているわけではなく、仲間の考えや関心を確認しているにすぎない。

「ペンパル」というツールは、意図的な「文通」によって、そうした傾向を一変させる。他者の仕事に建設的に貢献し、自分の仕事に対する他者の貢献を促すものだ。現在および過去の同僚、同じ分野の専門家、メンターやメンティーの関心や研究対象を考慮しつつ、自分にこう問いかけてみるといい。自分は、この議論に何をつけ加えることができるのか？　目の前のテーマに、どんな新しいヒントを提供できるのか？　ほかの人がいったことを単に繰り返すのではなく、まだ広く知られていない新鮮な考えを伝える習慣をつけるべきだ。伝えるのはあなた自身の考えでも、その過程であなたの目にとまったものでもかまわない。

あなたのネットワーク内の全員にすべての考えを広めるよりも、恩恵を受けそうな人に直接その考えを送ったほうがいい。ノイズ（役に立たない情報）のなかの信号（有益な情報）の比率を最大限に高める努力をすべきだ。あなたの知っている人たちは、あなたの選択眼に感謝し、結果としてあなたの言葉をより重く受け止めるようになるはずだ。

dスクールの同僚であるレティシア・ブリトス・カバニャロは、進行中の未完の仕事を他学部の同僚と日常的に共有している。カバニャロは、同僚や学生の研究に関連しそうなことに出くわすと、すぐにそれを送ることにしている。聴いているポッドキャストで、面白そうなエピソードや情報を耳にすると、ジョギングの途中でも立ちどまって、その場ですばやくメールを発信する。それは面倒な作業ではあるが、カバニャロの寛大な行為は、役に立ちそうなことを見つけたときに共有する文化と、dスクールの枠組みを超えた相互依存関係を定着させてきた。

ペンパルというツールを使って選択的かつ寛大に情報を共有することで、あなた自身の創造的なインプットを増やすことができる。あなたの貢献が大きければ大きいほど、その見返りとして受け取るインプットも多くなる。そうはいっても、何を受け取るかよりも、何を与えられるのかをよく考えるべきだ。ペンパルであるためには、友人や同僚が、いま何をしていて何に興味があるかを知っておかなければならない。これは共有だけでなく、傾聴も必要だということを意味している。

あなたのネットワークに属する人たちは、いま何の仕事をしているのか？　どんな難問を解決すべく苦労しているのか？　見方によれば、彼らの問題は、あなたがどのみち浪費してしまう情報を、より活かすために移転する枠組みになりうる。定期的な「文通」の習慣は、あなた自身の注意を、あなたかほかの人にとって真に価値のあるものに集中させるためのツールとなるのだ。ときの経過とともに、積極的なペンパルであることは、あなたのネットワーク全体で積極的に情報共有する好循環を生みながら、あなたの認知能力を磨き、学習を加速させるだろう。

ツール③顧客評議会

顧客のニーズを把握するのは、あらゆる事業における最も重要な機能だ。「人々が欲しいのは1／4インチのドリルではない。彼らは1／4インチの穴が欲しいのだ[5]」。ハーバード・ビジネス・スクールのマーケティングの教授セオドア・レビットは、かつてそういった。これを理解していれば、たいていのことはなんとかなる。dスクールでは、リーダーシップの特性のなかでも、とくに共感を重視している。

ミリ・バックランドとエリー・バッキンガムという、私たちのプログラムを履修した2人のスタンフォード大学のＭＢＡは、ランディングという「ビジュアル・キュレーションのためのデジタルスペース」を設立したとき、この教訓を肝に銘じていた。このサイトは、ムードボード（訳注／イメージを共有するために複数の要素をコラージュしてまとめるもの）をデザインし、好きな製品から人生の目標までなんでも共有するためのツールを提供している。顧客の気持ちをより理解するため、バックランドとバッキンガムは40人の「スーパーユーザー」からなる評議会をつくった。ランディングの顧客評議会のメンバーは、構想初期のバージョンを見てフィードバックを提供する機会を得る。また会社のスラックへのアクセス権も与えられ、社内の打ち合わせにも招かれる。この種の顧客とのコラボレーションは、潜在的なリスクが伴うにもかかわらず、フィードバックループを短縮することで会社に価値をもたらす。製品に加える変更について厳しく吟味するのに、よくその製品を使う顧客よりふさわしい人がほかにいるだろうか？　そのフィードバックを受けるのに、アイデアの誕生時よりもふさわしいときがあるだろうか？

受賞歴のあるイギリスのエドテックのスタートアップ、エクスプロレルムズの創業者で、自身も母親であるリーダ・エル＝サイエは、高品質で没入型の教育アプリの必要性を理解していた。だが彼女は、自分がエンドユーザーでないことも承知していた。「私は、ゲームで育ったわけではないし、ゲームをしたこともありません」と、エル＝サイエは私たちにいった。「ユーザーグループと一緒に、コンセプトを設計しなければならないことはわかっていました。そのユーザーとは、子どもたちです」。子どもたち、両親、教育者に何十回とインタビューを行ってみて、製品の開発期間のすべてにおいて、このインプットがいかに貴重であるかが彼女にはわかったのだ。「私は、大人ではなく、子どもからなる諮問委員会を設置しようと決めました。そしてそれを、『すぐれた頭脳委員会（ボード・オブ・ブリリアント・ブレインズ）』もしくはＢＢＢと呼ぶことにしました」。いまやメンバーは１００名を超えている。ＢＢＢは、ユーザーの洞察の供給源であるだけでなく、ブランド・アンバサダーの名簿も兼ねているのだ。

「すべての子どもたちが、安全性のため、両親とともにワッツアップのグループメンバーになっています」と、エル＝サイエは説明した。「彼らは、外観、ゲームのアイデア、カリキュラム内容に関してフィードバックをしてくれます。それぞれ別の地域に住んでいるので、このアプリをいろいろな国で迅速に立ち上げることもできました」

顧客を協力者として引き込むということは、製品やサービスに大幅な変更を加えられるうちに、ぜひ使ってほしい人たちと共有することだ。それはつまり、目標を修正し、失敗を避けられるということだ。こうした協力関係は、実現が早ければ早いほど有益なものになる。ときとともに、企業の「顧客評議会」は、その会社がもくろむすべての動きに関して貴重な洞察を生むインプットが詰まった「永遠のシチュー」となる。

だが、組織内で心理的安全性を構築する努力をきちんとする前にそこに飛びんではいけない。

最高の顧客は、しっかりした意見をもっているはずだ。チームは、こうした水門を開く前に、互いの正直なフィードバックが心地よく感じられるようになるべきだ。

私たちがこのツールを提案すると、リーダーはさまざまな言い訳を口にする。「私たちには無理です。特許の問題があるので！」。失敗する製品に、特許が何の役に立つというのか？ 19世紀ドイツの軍事戦略家、ヘルムート・フォン・モルトケ（大モルトケ）がかつて書いたように、「どんな作戦や戦略も、最初に主要な敵軍と遭遇してしまうと、何の役にも立たない」のだ。実際、顧客と直面して無傷でいられるアイデアはない。ランディングのデザイン評議会ほどの透明性をもつものはあなたの事業には適していないかもしれないが、顧客とより密接に協力する方法はつねにある。顧客の考えはあまりにも貴重なので、後まわしにしてはいけない。

ツール④異花受粉

協力者や同僚との関係がいかに重要だとはいえ、仕事上の緊密な関係にエネルギーのすべてをつぎこむと、創造的な思考を抑制してしまう。

デューク大学の社会学者マーティン・ルーフによると、強いつながりからなるネットワークにばかり密着していると、多様なインプットから切り離され、グループの考え方に従うよう圧力を受けてしまう。[7] まったく違う業界の専門家でもいいので、普段のサークルの外にいる人たちとの偶発的な出会いを求めてバランスをとれば、貴重な発見や洞察を得られる。別のネットワークに属する人たちとの弱いつながりが、ルーフのいう「非冗長」な情報の流れを開く。簡単にいうと、自分が属さないネットワークは、豊富な創造的アウトプットを生み出すのに必要な、異なるインプットの宝庫なのだ。

ルーフは、新たな事業を始めようとしている700以上の起業家精神にあふれるチームを研究して、強いつながりと弱いつながりを取り混ぜた社会的ネットワークをもつグループは、強いつながりだけで成り立っている孤立したグループよりも、3倍近く革新的だということを発見した。つまり混合型のネットワークのほうが健全だということだ。メンバーが同時に「異なる情報源にアクセス」し、「適合への圧力」をかわすことができるからだ。

もちろん、見知らぬ人とのたった一度の偶然の出会いを優先して密接な関係をないがしろにしてはいけない。社交家になるのではなく、強いつながりと弱いつながりをうまく両立させるのだ。「異花受粉」というツールは、偶発的な出会いを含む社会的混合をほどよく予定に組み入れるためのものだ。

新しい習慣を築くには、食事がすばらしいきっかけとなる。リチャード・ファインマンは、プリンストン大学の食堂で仲間の物理学者と一緒に座っていたが、やがてほかの人たちともかかわろうと決心した。「ほかの世界で何が起こっているかを知りたいと思うようになったのだ」と、のちにファインマンは書いている。[8]「それで、別のグループとそれぞれ1、2週間、一緒に座ってみることにした」。こうした出会いは、ファインマンの好奇心を刺激した。哲学者たちと同席したあとは、彼らのセミナーに毎週参加するようになった。生物学者たちは、生物学の大学院課程に行くようファインマンを説得にかかった。こうした学際的な探求によって、ファインマンは想像力をかき立てられ、世界観を広げていった。そしてジェームズ・ワトソンから、ハーバード大学の生物学部で講演するよう依頼されるまでになったのだ。この伝説の思想家が仲間の物理学者と毎日1時間余計に専門分野について話したとして、これほどの精神的な糧を得られただろうか？

同じように、ベル研究所の研究部門の責任者であるビル・ベイカーは、カフェテリアで見かけた最初の人物と同席することを実践した。[9]相手は真空管のガラス吹き職人のこともあれば、半導体研究所の冶金屋のこともあった。そしてベイカーは、その従業員に仕事や個人的な生活やアイデアについて穏やかに尋ねるのだった。ベイカーはその詳細を驚くほどよく記憶していて、普通だったら気づかないような、まったく異なる研究分野間の重要なつながりを見出すことができた。この簡単な習慣が、サイロを破壊し、電撃的な新しいアイデアの回路に電流を流したのだ。

手ごろなカフェテリアがない場合は、自分で会合を設定すればいい。ソフトウェア・スタートアップのオフィス・トゥギャザーの創業者およびCEOであるエイミー・インは、最も才能ある友人たちを集めて定期的に開催しているグループディナーで異花受粉を促進している。インは、参加者に事業に関して念頭にあることを共有してもらい、彼らを仕事や投資家やそのほかの機会に結びつけることに驚くほどのシナジーを見出している。「私は自分のポートフォリオ企業の1社を、彼らにとって最初の5社の顧客のうちの3社に紹介しました」

もしあなたが大企業に勤めているのなら、ほかの部門の同僚に声をかけて、定期的にお茶に誘うといい。マーリッチ・コンフェクショナリーのCEOであるブラッド・ヴァン・ダムは、私たちのプログラムの1つを受講したあと、ビルの周辺を歩いて、目についた社員に意見を求めはじめた。社員たちはCEOのこの行動に最初は戸惑っていたが、ある保守技術者の提案が製品化されると、意見をどんどん述べるようになった。社員には、ヴァン・ダムがただ尋ねるふりをしているのではなく、きちんと聞いていることがわかったのだ。

交点を探す。部署の境界線をまたいだ仕事をしている人に接触する努力をするのだ。最も有用な発見が見込めるのは、サイロ同士が交わる場所なので、できるだけその接点にいるよう努めるべきだ。学部をまたがるプロジェクトに志願する。委員会に参加する。会社の野球チームの応援に行く。可能な機会をすべて利用して、普段交わることのない人たちと話をしてみるのだ。異なる視点がいつ新たな可能性に火を灯すかは、誰にもわからない。

強いつながりによって物事を効率的に成し遂げるように、弱いつながりによって最も刺激的な発見に出会うのだ。

ツール⑤未経験という経験

新鮮な視点を得るには、ほかの分野の専門家を招き入れるといい。ある状況においてスキルセットを磨くことで、問題を解決するためのたとえと経験則とそのほかの有用な精神的ツールの独特な組み合わせを手に入れられる。専門家は、馴染みのない状況で新たな問題に直面するとしばしばこのツールボックスを使って興味深い結果を出すことがある。彼らは、特定の問題に対する「正しい」取り組み方は知らなくても、それを自分なりに解決しようとして、探求すべき興味深い道を見つけうる。専門知識を1つの領域から別の領域に移動させることで、パタゴニアの大原徹也の例で見たように、じつに大きな成果が生まれることがある。ある問題が、いつもの専門知識では歯が立たないときは、別の分野の専門家に助けを求めるべきだ。

自分の仕事はよくできるが、このやり方はいままでしたことがないという人を雇うことで、「未経験という経験」を活用できる。マーベルは、ほかのジャンルでの経験をもつ映画監督を定期的に起用して、スーパーヒーロー映画を監督させている。コメディ（『マイティ・ソー　バトルロイヤル』のタイカ・ワイティティ、『アントマン』のペイトン・リード）、ドラマ（『ブラックパンサー』のライアン・クーグラー）、スリラー（『スパイダーマン　ホームカミング』のジョン・ワッツ）のすべてがそうだ。それなのに、なぜ特殊効果を使ったアクション映画の製作における深い専門技能を有している。マーベルは、なぜ手を広げるのだろうか？

予期せぬ洞察を手に入れるもう1つの方法は、部門間で専門家を入れ替えることだ。IBMが1960年代に画期的なシステム／360シリーズのコンピューターを開発することに成功したのは、CEOのトーマス・J・ワトソン・ジュニアの言葉を借りると「社員に所属部門を交換させた」からだ。[10] 当時のIBMでは、小型コンピューター部門と大型コンピューター部門が熾烈な競争を繰りひろげていた。そこで製品開発の責任者は、片方の部門のリーダーを、もう一方の部門のリーダーに任命したのだ。ワトソンによるとこの異動は、「フルシチョフを米国大統領に選ぶ」くらいのインパクトをチームに与えた。だがこの策が功を奏した。小型コンピューター部門から大型コンピューター部門に移ってきたボブ・エバンスは、IBMのコンピューター製品をすべて1つの互換性のあるシステムに統合したらどれだけの価値が生まれるかを即座に理解したのだ。組織全体で労力を節約できるだけでなく、顧客も、自分のニーズが拡大したときにソフトウェアの書き換えなしに小型コンピューターから大型コンピューターへと移行できるようになる。この小型コンピューターの専門家は、会社の労力を結集させることで、大型汎用コンピューターをはるかに競争力のあるものに変えたのだ。そのおかげで、IBMは数十年にわたって、業務用コンピューターの市場を支配し続けたのだ。

たいていの場合、社会通念の持ち主は信頼されて当然だ。言動がほとんどいつも正しいからだ。だがときには、経験の重みによって専門家の思考が凝り固まってしまうことがある。画期的なアイデアとばかげたアイデアを区別するのは、その道のプロにとって思いのほか難しい。この落とし穴を避けるために、会社の新人に質問をしたりアイデアを提案したりする場を与えるといい。質問が無知を露呈するものでも、アイデアがばかげたものでも、一向にかまわない。なぜなら新人は、彼らの貢献が非常に貴重となる場合があることがわかっていないからだ。「新人に注目」して探求の機会を与えないと、組織が既知の領域の外に可能性を見出すことは期待できない。

メガン・ドイルが、非代替性トークン（NFT）について初めて聞いたのは、伝説的なイギリスのオークションハウスであるクリスティーズ・ニューヨークで、新人のカタログ制作者をしていたときだった。NFTは、ビットコインやそのほかのデジタル通貨と同じブロックチェーン上に記録され、JPEGのようなデジタルアートや、そのほかのデジタル資産のユニークな作品の販売を可能にする。いずれにしても、限界はあるのだが。

技術的な目新しさはさておき、そもそもNFTで表される価値をクライアントに納得させることは可能なのだろうか？　オークションの世界で何年も経験を積んだ者であれば、直感的な答えは「ノー」だ。だが、アートビジネスにおける経験が比較的浅いドイルには、何がだめなのかがわかるほどの知識がなかった。現物のアート作品に、ひそかにNFTを含めてみると、2020年末にクリスティーズの売上が想像を超えて増加したため、上層部はさらなる調査を行わないわけにはいかなかった。だが、徹底的な調査を行うのは、誰が適任だろうか？　ドイルは要件を完全に満たしていた。1つには、上司たちと比べて時間的な余裕があった。また、NFTに関して、心底興味をもっていた。新人は、経験豊富な社員が忙しくて手がまわらないような、リスク含みの調査にエネルギーと情熱をもって臨む。

ドイルは、熱意をもってこのプロジェクトを引き受け、ブロックチェーンやNFTプラットフォームの専門家と、デジタル・アーティストについて喜んで話し合った。新人の場合、たいして期待されていないので、ミスをしてもそれほど大事にはならない。怖いものなしだ。

プラットフォームでNFTを試し、「暗号資産の速習コース」を受講したあとで、ドイルは上司に簡単なテストを提案した。それは、2020年のカタログに、100パーセントデジタルのアート作品だけを掲載して販売してみるというものだった。もしアート作品に現物がまったくなかったら、NFTだけで売れるものだろうか？ 最初、このアイデアは反対された。カタログに載せる予定の、現物の作品がすでにあまりにもたくさんあったからだ。だがドイルは、新人特有の熱意をもって粘り、実務的な懸念に対処して部内の士気を高めていった。

「誰も関心を示さなかったら、すぐに引っ込めて、なかったことにすればいいんです」と、ドイルは指摘した。クリスティーズは、何とかなると信じて、マイク・ウィンケルマンとビデオチャットを実施することにした。ビープルとして知られる、NFTの世界で注目されているデジタル・アーティストだ。社内からの支援の高まりもあって、ウィンケルマンの作品「エブリデイズ 最初の5000日」は、それ自体がイベントとなり、2021年前半にオンラインでまとめて売りに出された。ドイルの喧伝が功を奏したもう1つの証として、クリスティーズは初めて暗号資産を受け入れる決断をした。

「エブリデイズ」の入札価格は100ドルからスタートした。結局のところ、まだ実験的な試みなのだ。だが、100ドルが最初の8分間で100万ドルに跳ね上がったとき、クリスティーズは、ドイルが誰も予想しなかったほど貴重な視点をもたらしたことに気がついた。この作品が6900万ドルで落札されたとき、アートの世界は永久に変わったのだ。

ロッキード・マーティンのスカンクワークス（先進開発計画）部では、デニス・オーバーホルザーという若い数学者が、ロシアの科学者が10年前に書いた技術論文のなかにある公式を発見した。[11]

それは、レーダー探知を逃れられる航空機の実現を示唆するものだった。残念なことに、それに沿って航空機を設計するのは標準的な航空力学に反することになる。冗談だろう？　ロッキードの技術者たちは、オーバーホルザーのアイデアを一蹴し、彼を異端者として火あぶりにした。だが新しくこのプログラムの責任者に任命されたベン・リッチは、オーバーホルザーの計画を承認した。

「熟練者の多くは、オーバーホルザーよりも古い計算尺を使っていたのだ」と、リッチは当時を思い起こしていった。「それで、若造がいきなりリーダーとして君臨し、新しくまだ真価が試されていない体制のもとで最初の大きなプロジェクトの采配をふるのが、なぜだかわかっていないようだった。私はステルス技術がまだ胚形成期にあり、オーバーホルザーがその理論を解き明かすまでほとんど知られていなかったことを説明しようとした。だが、納得してはもらえなかった」。最終的な設計は、レーダー反射断面積をきわめて小さくすることを可能にした。それによってロッキード・マーティンは大きな利益をもたらす国防契約を獲得し、航空宇宙産業の歴史に残る確固たる地位を築いた。オーバーホルザーの新人としての直感が、ロッキードのＦ－１１７Ａナイトホークに直接つながったのだ。Ｆ－１１７Ａは、最初の実用的なステルス航空機で、湾岸戦争をはじめとするさまざまな紛争において重要な役割を演じることになる。

経験の欠如に関していっておくべきことがある。新鮮な血液についてだ。たとえば、ハーバード・ビジネス・スクールのリンダ・ヒル教授は、大学を出たばかりのメンバーをチームに加えている。ヒルがある本を執筆していると、24歳のアシスタントが組織的学習の理論を説明するたとえとしてタコを提案してきた。そのアイデアは有用であることが証明され、ヒルはタコのスケッチを額に入れて、いまも机の上に飾っている。新人の視点がもつ価値を忘れないためだ。「次から次へと本を書いていると、どうしてもルーチン作業になってしまいます」と、ヒルは私たちに語った。「新人にそのルーチンを崩されると、立ちどまって別の見方を模索せざるを得ません。聞いたこともないような質問をされると、長年抱いてきた前提に疑問を抱くようになるのです。ストレスはたまりますが、そのおかげで品質は向上します」

「新人に注目」する効果を説明する例として、最後にもう1人挙げておく。ジェレミーの父親である弁護士のジェイ・アトリーはあるとき、大手自動車保険会社のガイコとその系列会社の代理人として、連邦最高裁判所で弁論を行った。その裁判で勝訴につながった主張は、18カ月の経験しかない1人の弁護士がもたらしたものだった。その若い弁護士は、ジェイ・アトリーの部屋に入ってくると、じつに「ばかげた」質問をした。ジェイは、話を最後まで聞くことにした。それは、経験豊富な弁護士であれば却下する類の質問で、その意味では「ばかげた」ものだった。だが、調査に関する有意義なヒントをもたらした。その若い弁護士は、進んで質問したことで、裁判の勝利に貢献したのだ。現在ジェレミーの父親は、ほぼ全員が新米弁護士の法律事務所を開設する準備をしている。ジェイ・アトリーには、専門知識と経験がある。あと必要なのは新鮮な視点だ。

ツール⑥補完的な協力者

芸術、科学、そして発明の歴史は、一組のペアが見せる驚くべき力を明らかにしている。ジョン・レノンとポール・マッカートニー、スティーブ・ジョブズとスティーブ・ウォズニアック、スーザン・B・アンソニーとエリザベス・キャディ・スタントン。2人のまったく違う人間の協力が、世界的な功績においてこれほど共通しているのはなぜだろうか？ それは単なる精神的な支えといった話ではない。

心理学のケヴィン・ダンバー教授が「分散的推論」と呼ぶ創造的コラボレーションの価値は、ほかの人が私たちの盲点に気づかせてくれることにある。[12] どんなに仕事ができても、あるいはどんなに経験が豊富でも、あなたは1つの視点しかもたないことで、必ず何らかの制約を受けているだろう。コラボレーションがメリットをもたらすのは、私たちがそれぞれ別の盲点をもっているからだ。

ダンバーの研究によると、コラボレーションがイノベーションを促進するのは、私たちに見えないものが、ほかの人にはよく見えることが多いからだ（ダン・クラインの名言、「あえて明白であれ」を思い出してほしい）。２人が１人に勝るのは、それぞれが同じ事実を目にして、まったく違う結論に達することがあるからだ。そうした結論をすり合わせることが、劇的な発見につながるのだ（目が見えない3人の男の寓話を思い出すといい）。

ダンバーは、研究を通してあることに気がついた。ある研究所の科学者たちは、同じ種類の研究をしているほかの研究所の科学者たちよりも進展が速かったのだ。それは、同じデータに関して、各研究者が順番に別の解釈を提示するようにしていたからだった。１人の研究者が意見を述べるたびに、別の研究者の思考に刺激を与え、その結果アイデアの連鎖反応が起きて、創造的なアウトプットが加速的に増えたのだ。

ジョン・バーディーンとウォルター・ブラッテンは、ソリッドステート・トランジスタを開発するために、ベル研究所で互いに協力して働いていた。[13] 理論物理学者のバーディーンは、黒板に方程式を書いていた。一方、実験物理学者のブラッテンは、そうしたアイデアをもとに実験用回路基板でプロトタイプをつくっていた。ブラッテンはわかったことをバーディーンにフィードバックし、バーディーンはその発見を方程式に反映させて改善を図った。黒板と実験用回路基板とのあいだのやりとりを通して、この理論物理学者と実験物理学者は、世界を変えるようなイノベーションを成し遂げたのだ。

本書の著者である私たち自身がコンビなので、この戦略はとくに気に入っている。私たちがコンビを組んでいなかったら、本書は存在していなかっただろう。パートナーシップをこれほど重視しているのは、私たちだけではない。注意して見てみると、本や事業や建築物といった人類の重要な試みの発端にはほとんどいつも、まったく違うタイプの2人の人物がかかわっているのがわかるはずだ。創造者は、自分の視野だけでは、そんなに遠くまでは見渡せない。誰でも推論を誤る。誰にでも盲点があるのだ。思いがけない発想が、個人の努力の邪魔になることもあれば、協力者のための創造的なインプット源として役に立つこともある。

ほかの多くの創造的な戦略と同じで、違いをどう活用するかが重要となる。よいパートナーを見つけるには、どんな軸の上でもいいので、できだけ遠くにいる人を探すといい。大きく違うのは、経歴でも、性格でも、問題解決への取り組み方でもかまわない。その違いが、互いを補完する役に立つはずだ。生産的なコラボレーションには、衝突がつきものだ。私たちは、自分が知らないということがわかっていない。「個人では、データから別の結論を導き出すのは非常に難しい」と、ダンバーは書いている。「そして、結論を制限したり拡大したりするのも困難だ」。協力者なしでは、誰もがその功績を制限されてしまうだろう。

伝統的な組織体制においても、公式あるいは非公式の「補完的な協力者」とペアを組むことは可能だ。プロクター・アンド・ギャンブルの社内スタートアップの責任者を務めるクラウディア・コチュカは、彼女の大胆なビジョンのバランスを取ってくれる人物を必要としていた。そこで、いつもの現実主義に則って、財務担当役員に白羽の矢を立てた。「クラウディア。毎日のように戦略を変更するわけにはいかない」。その役員は彼女によくこういった。もちろん、ときには方向転換をしてチャンスをつかめることもある。だがこの財務担当役員は、彼女のパートナーとしてきわめて貴重なインプットを提供することができた。それは、同じ状況をまったく違う目で見ていたからだ。

ツール⑦率直である自由

サンタ・クララのハイアットでパイロット・トレーニング・プログラムを実施したあと、CEOのマーク・ホプラマジアンがスタッフを招集して報告会を開催した。私たちの仕事は、ハイアットの運営に人間中心の設計をもたらすことだった。だが、このトレーニング・プログラムを全社に本格展開する前に、私たちのアプローチがハイアット固有のニーズに合っていることを確かめたかった。ホプラマジアンは、部屋に集まった30人の従業員に向かってこう質問した。「プログラムはどうだった?」

「すばらしいです」と1人が答えた。別の従業員が「気に入りました」とつけ加えた。

一瞬の間をおいて、1人の女性が手を挙げた。

「残念ながら、すべてが私の好みとはいえません」。その女性は立ち上がると、部屋全体に向けてそういった。「ずっと居心地が悪かったです」。ホプラマジアンは、励ますようにうなずいた。「率直にいって、これ以上続けるのは嫌です」。彼女はそういうと、ふたたび腰を下ろした。

ずいぶんと勇気が必要だったことだろう。まわりの人たちに迎合するのはあまりにも簡単だ。本書の前半で見てきたように、心理学の研究によって、総意に加わりたいという強い潜在意識のバイアスが誰にでも見られることが確認されている。ほかの従業員が先に賛意を示していたので、違う意見を述べるのははるかに難しかったはずだ。これは同僚からの圧力だけが原因ではない。ほかの人たちの一致した意見が、無意識のうちに実際に思っていたことを変えてしまうのだ。さっきまでは別のことを考えていたのに、気がつくとうなずいていることがよくある。

私たちが目指しているのはできるだけ幅広い視野を生み出すことなので、こうした衝動を積極的に封じることが重要だ。そうするための最も重要なツールが、「率直である自由」だ。

あなたはリーダーとして、心理的安全性を明確に築かなくてはならない。それには、本当の考えがどんなものであろうと、それを表明できるよう、チーム全員を支援し励ます必要がある。もし、意見の相違が何らかの形で阻止されるか、ましてや罰せられると、あらゆる決断が総意に引きずられてしまうだろう。

サンタ・クララのハイアットではマーク・ホプラマジアンの尽力のおかげで、パイロット・プログラムに参加した30人の従業員が心理的安全性を感じていた。ホプラマジアンは首脳陣に命じて、プログラムの期間中は型破りで反体制的な行動を奨励する旨を伝えるビデオを録画させた。そのうちの1つでは、CFOが「ものを壊すのを恐れるな！」と書かれた標識を掲げていた。ホプラマジアンは、何か新しいことをするとキャリアに傷がつくのではないかという不安を取り払うために、参加者それぞれに玩具の刑務所釈放カードまで送っていた。重要な場面で異議を唱えた参加者が、全員の気分を壊しても安全だと感じられたのはそのためだ。

彼女のしたこともよかった。このプログラムにオプトアウトが必要だとは、誰も思っていなかったからだ。彼女の発言が貴重な議論を引き出したのだ。理屈の上では、ハイアットの従業員は誰でもこの人間中心の設計のためのプログラムに参加しないという意思表示ができたとはいえ、明確なプロセスなしに安心してそれができるだろうか？　おそらく無理だろう。どうしても、仕事への影響を心配するはずだ。これは私たちに新しい枠組みを提示してくれた。

気の進まない参加者が抜けるのを、社会的および感情的に容認するにはどうすればいいのだろうか？　理由が何であれ、やる気のない参加者は全員の足を引っ張るだけだ。これまで見てきたように、イノベーションのプロセスは楽しい実験感覚を必要とする。1人が部屋のうしろで歯ぎしりをしているだけで、楽しさが損なわれてしまう。サンタ・クララでのたった1人の反対意見が、反発を恐れずにプログラムから抜ける方法を見せてくれたのだ。それによって、熱心に取り組みたいという参加者の比率が大幅に上昇した。

「発言してくれて、ありがとう」。議論の最後に、ホプラマジアンはその従業員にいった。

率直さは、アイデアフローにとって非常に大切だ。率直でいる自由があると、人は重要なフィードバックを与えても受けても安全だと感じる。アイデア創造のプロセスにおいては、すべての視点が貴重だ。実際、新しいアイデアに同意する人が、2人、5人、10人と増えていっても、正しい方向に近づくわけではない。アイデア創造の過程で出てきたそれぞれの視点の価値は、総意との比較でそれがグラフのどこに位置するかで決まる。賛否の表明で、アイデアを選別してはならない。それは実験の役目だ。

一般的な見識は、創造的なプロセスに批判の入りこむ余地がないことを示唆している。もし誰もが同じ目的を共有し、それに向かって一緒に邁進《まいしん》していると感じているなら、互いに攻撃し合うことなく、相手のアイデアを頼りにしたり、けなしたり、きっぱり離れたりもできる。すべては、アイデアを増やすためだ。

製薬技術企業NNEのCEO、ジェスパー・クローブは、従業員のあいだで目的共有を強化する必要を感じ、社員をある領域に連れ出した。その領域とは、マーケットプレイスのような場所ではなく、森のなかだ。「私たちはかつて、長さが10メートルある木製のいかだをつくって、その上で数日間過ごしたことがある」と、クローブは私たちに語った。いかだがあまりにも大きかったために、チームの技術者たちは、力を合わせてオールをこぎながら川を下らなくてはならなかった。各自の人生経験を分かち合いながら、数日間かけてなんとか自然の障害を乗りこえたときには、チームの原動力が変化していた。

「終了するころには、私を含めて全員が泣いていた」と、クローブは当時を思い出していった。これはオカルトっぽく聞こえるかもしれないが、クローブはこの取り組みが有効であることを証明する結果を得ている。いかだは、人々が一緒になってオールをこぐという行為を象徴している。もしチームが溺れることなく最後まで川を下れたら、自我を傷つけることなく、率直なブレインストーミング・セッションを行える。「信頼は、この世で唯一、お金で買えないものだ」とクローブは私たちに語った。「だから、自分で獲得するしかない」

率直である自由を生み出すためには、物事をきちんと実行しなければならない。チームを自然のなかへ連れていくことはできなくても、ほかの方法で心理的安全性を築く必要がある。やりかけの仕事を共有するよう促し、アイデアに関して批判を求めるのだ。まずは、あなた自身のアイデアから始めるといい。これらの行動を着実に強化して――たとえば、マーク・ホプラマジアンがやったように反対意見を歓迎することで——初めて率直さを常態にして、企業文化の一部にすることができる。

それには儀式が有効だ。ピクサーは、定期的にデイリーミーティングを開いていて、そこで映画監督たちが、仕掛り中の作品を組織のほかの人たちと一緒にチェックする。[14] 各ミーティングの目的は、「建設的な中間フィードバック」を促すことにある。共同創業者のエド・キャットマルによると、フィードバックをどうあつかうかが鍵となる。「参加者は、部屋の入口で、自分の自我をチェックすることを学んできた。何といっても、未完成の仕事を監督や同僚に見せるのだから。このミーティングにはあらゆるレベルの関与が必要なので、安全な場所を育ててつくり出すのが監督の仕事となる」

やりかけの不完全な仕事を同僚と共有して、率直なフィードバックを受け、そのなかで役に立つものだけを取り入れる能力は、そう簡単には身につかない。ピクサーは、この行動を、より敵対的な環境で守勢にまわることに慣れていた新入社員に積極的に奨励した。「恥ずかしさが消えると、人はより創造的になる」と、キャットマルは書いている。議論しても安全だと思える問題の解決に取り組むことで、誰もが互いに学び合い刺激を与え合うことを学ぶ。これを実現するには、共感と忍耐、そしてなによりも、あなた自身が傷つく覚悟が必要となる。

反対意見を奨励し歓迎するのは、あなたの考えを、受けたフィードバックすべてに合わせて変えるのとは違う。ハイアットの場合は、反対意見が貴重な議論を引き出して行動につながった。だが、理由があって1人だけ反対している場合には、その意見があっさり却下されることが多い。しかし問題の核心に迫るには、反対意見に冷静に耳を傾けて、その貢献の真価にもとづいて判断すべきだ。もし、誰もが対照的な見解を示しても安全だと感じなければ、そもそも検討する価値のある代替案があるかどうか、決してわからないだろう。その可能性を無視できるだろうか？

この機会に、他者の視点を取り入れるための取り組みを見直してみて、これらの戦略のどれかを加えることが有用かどうかを考えてほしい。1つの分野に的を絞って、たとえば業界の仲間とアイデアについて意見を交換してみる。あるいは、予定していなかったメンバーを現在のプロジェクトに加えてみる。もしくは、ピクサーのデイリーミーティングのような定期的な行事を、あなたのチームのために設定する。いずれにしても、新しい視点を最も差し迫った問題に取り入れて、何が起きるかを見てみるべきだ。

何を試みようと決めたとしても、一度きりで終わらせてはいけない。もしある戦略を導入してみて有用だとわかったら、それを日常業務にすべきだ。これらの戦略が、それぞれ完全な成果を出すには、努力と一貫性が必要となる。

あなたがチームや組織のリーダーではないとしても、本章をきっかけに、あなたのネットワークを創造的な資源と見なすようになってほしい。学習サークル、ペンパル、あるいはそれ以外のツールのいずれかを使って、協力者、同僚、クライアント、顧客から、アイデアフローを次のレベルへと引き上げるような貴重な視点と洞察を得られるはずだ。

多くの人にとって、仕事がハイブリッドか完全にバーチャルなものへ移行しつつあるなか、私たちはもはや、冷水器の前やカフェテリアでの偶然の出会いによって新鮮な思考を得ることは期待できない。意図的に人とつながり、一緒に創造することが、これまで以上に貴重になっている。

第8章

視点を一新する

新しいアイデアが合理的に思えるのは、あとになってからの話だ。最初はたいてい不合理に思える。地球は平らではなく丸いとか、太陽ではなく地球が動いているとか、ものを動かし続けるためではなく動いているものを止めるために力が必要だとか考えるのは、不合理の極みに思える。[1]

――アイザック・ニュートン（自然哲学者）

成功するには、チャンスを「探す」べきだといわれている。まるでチャンスはどこかに隠れていて、最も勤勉で鋭敏な発明家や起業家に見つけてもらうのを待っているかのようだ。だがチャンスは、それよりもはるかに頻繁に私たちの顔をまともに見つめている。そのため、自分が見たいと思うものに夢中になっていると完全に逃してしまう。

ペリーはパタゴニアで苦い経験をしてこの教訓を学んだ。この教訓はあまりにもつらいものだったので、それ以来ペリーの頭から離れなくなった。そしてペリーは、あなたがそんな悲運に見舞われないよう、ここでその話を披露してくれる。本章では、あなたの目の前で気づいてもらうのを待っているすべてのチャンスに気づく方法を紹介したい。

あなたのクローゼットには、ポーラフリースのベストかジャケットかプルオーバーが、少なくとも1着は掛かっているだろう。フリースはすばらしい繊維だ。ビジネスエリートたちは冬になると、オーバーコートを着る代わりにフリースのベストをスーツの下に着込むのを好む（金持ちはやることが違う）。お気づきかもしれないが（あるいは、それほど真剣に考えたことがない人のほうが多いかもしれないが）、ポーラフリースにはウールの実物は使われていない。実際のところ、羊は少しもかかわっていないのだ。ポーラフリースは、ほかの多くのイノベーションと同じく、1つの疑問から生まれた。

もし……だったら、どんなにいいだろうか？

1906年、ハンガリー移民のヘンリー・フォイヤーシュタインが、マサチューセッツ州のモールデンに織物工場を建てた。フォイヤーシュタインの羊の群れからとれたウールは最終的に、モールデン・ミルズでセーターやジャケットだけでなく水着にもなった。合成繊維が登場する前は、水のなかや水の周辺で働くとき、単に汗をかくときに暖をとる最善の選択肢だった。ほかの天然素材とは違い、ウールは濡れても駄目にならない。水分を逃すこともできる。とはいえ、ウールは重くてごわごわする。もしウールが柔らかくて軽かったら、どんなにいいだろう？モールデン・ミルズはそう考えたのだ。より柔らかくて軽い羊毛をもつ羊を育てる手もあったかもしれないが、先に探求すべきものが別にあった。それは合成繊維だ。

1884年に、フランスの科学者であるイレール・ドゥ・シャルドネが木のセルロースを使って最初の合成繊維となるビスコースをつくった。のちにアメリカの化学会社のデュポンが石油系のナイロンを開発した。弾力性があって強靭なこのデュポン社製の繊維は、すぐに歯ブラシの毛先からストッキング、第二次世界大戦中はパラシュートまで、あらゆるものに使われるようになった。

長年にわたりさらに多くの合成繊維が開発されたが、モールデン・ミルズが最初に現実的なウールに代わる素材を開発したのは1979年になってからだ。モールデン・ミルズは、ポリエステル繊維にブラシをかけて天然ウールに似たものをつくり出した。当初シンチラ（シンセティック・チンチラ＝合成チンチラ）と呼ばれた、柔らかく、軽く、耐水性のあるこの新しい素材は、ウールの2倍の断熱性をもっていた。またウールと同様、濡れても体臭を吸収してもいやなにおいがしなかった。汚れを落とすには洗濯機に放りこむだけでよかった。こうした便利な特徴が、モールデン・ミルズのフリースをアウトドアでの使用に最適なものにしていた。パタゴニアがフリースを使った衣類をつくりはじめたのはそのためだ。パタゴニアのフリースのプルオーバーは、見かけがよくない――はっきりいってダサい――が、ハイカーやスキーヤー、寒い状況で汗をかく人たち全般のあいだで大人気となった。このプルオーバーはすぐに伝説的な製品となり、モールデンとパタゴニアのあいだのパートナーシップは大きく発展した。

長年にわたって、この2つの企業は協力してポーラフリースの改善に努め、少しずつ、より軽く、より柔らかく、より暖かく、そして耐水性がより高いものにしていった。防風機能つきで弾力性のあるポーラフリースはアウトドアのカテゴリーを超え、ビーンバッグのカバーからクリスマス用のストッキング、象徴的なスナッジー・ブランケットまで、あらゆる種類の製品に使われるようになった。じきにパタゴニアは、モールデンのフリースを、キャプリーンという商標をつけた保温下着に使うようになった。キャプリーン・ベースレイヤーは、ロッククライミングからスキーまで、アウトドア活動全般にとっての現実的な選択肢となった。ペリーがパタゴニアのバイスプレジデントになるころには、キャプリーンは、会社にとって頼りがいのあるプロフィットセンターに育っていた。はるかに大きなチャンスがパタゴニアを訪れて正面玄関のドアを叩いたのは、そんなときだった。はたして誰かがそれに応えたのだろうか？

モールデンの工場長が、信用できる情報をもってペリーのところにやってきた。ある新しい企業が、モールデンのポーラフリースの購入量をどんどん増やしているという。この会社は、アウトドア市場に参入しようとする危険な競合企業だったのだろうか？　もしそうなら、ペリーは競争上の脅威に立ち向かう必要がある。だが、そうではないことがわかった。創業間もないこの会社は、実のところ、トレーニングウェア・メーカーだったのだ。この「アンダーアーマー」は、パタゴニアのテリトリーを狙っているわけではなかったので、ペリーは、フリースを大量に必要とするこの新しいブランドのことは忘れて、自分の仕事に戻った。

この運命を決した決断を詳しく検討してみよう。ペリーの立場からすると、パタゴニアの市場とアンダーアーマーの市場は、まったくの別物だった。たしかにアンダーアーマーは、パタゴニアと同じ技術とベンダーを使った保温性と除湿性にすぐれたアウトドア衣類の販売によって途方もない成長を遂げていた。だが、しょせんはスポーツブランドだ。多くの人が、ジムや競技場以外でアンダーアーマーを着るようになっても、パタゴニアはそれを無視し続けた。スポーツブランドは競争相手ではなかったからだ。この想像上の垣根のせいで、ペリーとほかの経営幹部たちは、パタゴニアの事業全体よりもはるかに大きなチャンスに気がつかなかったのだ。反応するきっかけとなるような、明らかな問題や不具合がまったくなかったからだ。パタゴニアのキャプリーンは順調に売れていた。その一方で、モールデンの製造ラインが、1本また1本とアンダーアーマー専用になっていった。

あなたは、次の有名な心理学の実験を知っているかもしれない。実験の参加者は、ビデオに出てくるグループのあいだでボールが何回行き来するかを数えるよう指示された。ビデオが終了すると、参加者はそれぞれの推計回数を共有してからこんな単純な質問をされた。「ゴリラに気がつきましたか?」。参加者がもう一度ビデオを見ると、途中でゴリラの着ぐるみを着た男が画面の中央に歩いてきて、自分の胸を叩いてから画面から消えていったのがわかった。ボールが通過する数を数えるという任務に気をとられて、ほとんどの参加者がゴリラには気がつかなかった。[2]

さすがに信じられないかもしれないが、私たちは明白なものをしょっちゅう見落としている。ペリーの場合は、アンダーアーマーというゴリラが、パタゴニアの面前で胸を叩いていたというのに、下着を売るのに忙しくてそれに気づかなかったのだ。たしかにアンダーアーマーはスポーツブランドだったが、ロッククライミングもスキーもスノーボードもハイキングも、すべてアウトドアスポーツではないか?　ペリーとパタゴニアがもっと注意して見ていれば、顧客が汗をかくのには変わりがないことがわかったはずだ。アウトドア市場は、かなり前からスポーティーな外見に傾いていた。ファンキーで昔のピッピー風の、1980年代のパタゴニアのプルオーバーは、模様や色の組み合わせがひどく、もはやトレンディとはいえなかった。顧客はしゃれたモダンなものを好むようになっていた。そうした重要の高まりを受けて、アンダーアーマーは市場シェアを伸ばしていた。

パタゴニアはたいした労力をかけずに、その並行市場を対象とする少量の衣類を開発して需要を調べられたはずだ。だがそうはせず、軽率にも、サプライヤーの警告を無視してしまったのだ。いまやアンダーアーマーは、パタゴニアの事業全体よりも何倍も大きい事業へと成長した。もしパタゴニアが対応していたら、その価値をすべて自分のものにできたのだろうか？　おそらく、できなかっただろう。だが、これは明らかに、取り返しのつかないミスだった。もしペリーやパタゴニアの経営陣が目の前にあるものに気づく方法を見つけていたら、この会社は並行市場に参入して、現在の規模をはるかに超える事業に成長していたかもしれない。

企業は、毎日のように同じ間違いを繰り返している。アンダーアーマーの急速な成長の物語に見られる教訓の一部は、きわめて重要なものだ。身近なところで、ほかの企業に事業を構築させてはいけない。だが、より根本的な教訓は、単純で普遍的なものだ。「聞いて、見て、気づく」

べきなのだ。アイデアフローは、受容性のある心に届くインプットを頼りにしている。膨大な量の情報に身をさらすだけでは十分ではない。必要なのがそれだけなら、ソーシャルメディアを何時間もスクロールすることが時間の生産的な使い方となるはずだ。理解せずに何かを見て、傾聴せずに何か聞くことほど簡単なことはない。効果的な観察には規律がある。努力とスキルが必要なのだ。だが、その見返りは計り知れない。本章では、創造的なアウトプットを育てて豊かにするような方法で、周囲の世界を観察するにはどうしたらいいかを説明する。

人によって感じ方がいかに違うかを知って、衝撃を受けることがよくある。数年前に「ザ・ドレス」の色や、「ローレル」と「ヤニー」の音をめぐってネット上で盛り上がった議論は、人が同じ感覚的インプットを認知する際に見せる驚くべき特異性を明らかにした。多くの人がある感覚的な印象を解釈する際の予測のつかないバリエーションは、物語の始まりにすぎない。芸術家や瞑想家はずっと前から知っていることだが、頭のなかには「あっち」の世界と、全方位センサーを備えた想像上の劇場がある。感知するものが視点を変えることがあるのと同じように、視点を変えれば、感知するものを変えることができる。

目の前にあるものを見ることが、なぜこれほど難しいのだろうか？　それは、脳が非常に効率的なせいだ。ある言葉を聞くか、ある画像を見ると、それが引き金となって、関連する画像、事実、アイデアなどが、次々と頭のなかに浮かんでくる。見慣れないものに初めて遭遇すると、脳がこうした連想をして、拡大を続ける思考のネットワークのなかで未知のものと既知のものを結びつけるのだ。将来的にはまた、迅速な判断が必要となった場合、こうした関連する人、場所、概念といった決まったパターンを連想するようになる可能性がある。これは状況に応じて新しい対応を生み出すのに比べると、時間と労力の節約になる。あなたは、映画館で何を買うだろうか？　ポップコーンだ。あなた自身は別のものを連想するかもしれないが、連想するものが決まっているのは確かだ。ありふれた風景に潜む予期せぬ想像外のものを見るには、こうした連想バリアを低くしなければならない。

本章では、視点を一新し、目の前にあるものが見えるようにするための方法を提供している。目の前に潜んでいる途方もない可能性に気づくには、普段の知覚モードをオフにするしかない。

よりよい問題を見つける　口臭より重大なペットの問題とは？

第2章で、実績のあるニューヨークのベンチャー開発企業であるプレハイプの共同創業者、ヘンリック・ヴェルデリンについて紹介した。投資家であり、創業者であり、アドバイザーであるヴェルデリンは、仕事として注意を払っている。ヴェルデリンにとっては、正しい問題に気づくことが、ビジネスに関するアイデアを生み出す第一歩となる。彼は自分のことを、アイデア重視型ではなく、問題重視型だと思っている。よいアイデアは実現可能ではないかもしれないが、よい問題はたいてい何かをもたらす。

ヴェルデリンはいま、解決すべきよい問題を探す調査を、デジタルの世界で行っている。ただ漫然とソーシャルメディアに目を通しているわけではない。採掘すべき豊かな新鉱脈を系統的に探しているのだ。そうした鉱脈は、新しいツールや技術の形をとることが多い。ヴェルデリンは、自分自身を最先端の場に置くことで、多くの人がまだ遭遇していない――だが、いずれ必ず遭遇する――問題が把握できるようにしているのだ。

「NFT（非代替性トークン）がどんなものかは、NFTを買ってみなければわからない」と、ヴェルデリンはいう。「自分で体験してみなくてはいけない。私は毎週、何十というアプリをインストールしている。新しいツールを試すときは、必ずそれをいじって、何かをつくっている」。ヴェルデリンが観察をこれほどうまくできるのは、パラメータが明確で一貫しているからだ。彼の脳は、何を探しているのかを正確には知らなくても、なぜ見ているのかを知っている。「何かをつくってみる」というのが、ヴェルデリンのアドバイスだ。「アイデアを生み出すには、そうしなければならない。何かをつくっていないと、アイデアはあっという間に枯渇してしまう」

脳は目標に夢中になると、意識的ではないにしても、それを相殺すべく、問題の周囲で機能する傾向がある。あなたは玄関の外のでこぼこした敷石の上を10回以上歩いてから、ようやく修理が必要なことに気づくだろう。こうした日々の頭痛の種に関する習慣的なフィルタリングは、興味をそそる問題がなかなか見つからないことを意味している。本書を読んでいるあいだにも、実現可能な事業がおそらく2つ以上、あなたの手の届くところにあるはずだ。ヴェルデリンのような起業家は、ありのままの世界を観察するのに体系的なアプローチをとることで、作業が必要な対象に気づき、アイデアを使ってそうした問題を解決している。

第2章で見たように、ヴェルデリンのプロセスの中核をなすのは「文書化」の規律だ。物事を書きとめるのは、観察を余儀なくさせる手段だ。それによって、実験から確実に学べるようになる。ヴェルデリンは、「それは最悪だ」という単純な言葉で、みずからの好奇心をかき立てている。この重要なフレーズは、プレハイプのオフィスのあちこちに置かれている付箋の山にも書かれている。プレハイプが生み出す新しい事業はすべて、最悪な何か――解決策を必要とする問題――から始まっている。

もちろん、どんな問題でもいいわけではない。すばやく簡単に解決できる問題は退屈だ。のどが渇いた? 水のボトルを買えばいい。ヴェルデリンにとって興味深い問題は、もっと根が深いものだ。顧客との対話のきっかけとなり、関係を強化させるような問題だ。「ネットフリックスとペロトンは、関係資本企業だ」と、ヴェルデリンは私たちに語った。「彼らは顧客をより理解しようとしている。それは、顧客のさらなる理解に役に立つような製品をつくるためだ」。解決したいと思う問題を把握するのがうまい企業ほど、そうした問題を見つけるのがうまい。

プレハイプの最も成功したベンチャーは、犬用のサブスクリプションボックス・サービスのバークだ。共同創業者のヴェルデリンは、つねに犬中心の問題を探しているので、その問題に、会社と顧客の関係を深める力があるかどうかにもとづいてフィルターをかけている。

「最悪なのは、うちの犬に口臭があることだ」。ヴェルデリンの考えでは、これは対話を促進する類のものではない。犬の歯を磨くか、ミント味のビスケットを与えればいい。実際、バークはいまデンタル製品を提供している。だがそれで一件落着だ。一方、「最悪なのは、私が仕事に行っているあいだ、犬が一日中独りぼっちになることだ」という問題は、興味深いさまざまな方向につながる。感情がからんでいて、可能性に満ちている。適切な解決策は、現在のバークとの関係につながるものかもしれない。そうした問題はテストすべき多くの可能性を喚起し、成功する事業分野を複数創出するかもしれない。よい問題は、探求する道をいくつも提示する。そのことが重要なのは、人は何かがひらめくまで、つねにテストと学習をしていたいと考えるからだ。

バークは失敗した実験のおかげで、小売事業で大きなチャンスをつかんだ。そのときの問題は「最悪なのは、犬は自分で買い物ができないことだ」というものだった。犬の飼い主と会話するきっかけとなるような話題が必要だった。「私たちは、犬に自分で玩具を選ばせる場を設けた」と、ヴェルデリンは当時を振り返った。「だが飼い主は、犬が選んだ玩具を決して買おうとしなかった。つねに自分が面白いと思ったものしか買わなかったのだ」。犬のショッピングはいいアイデアだったが、実現可能ではなかったために実験は失敗した。少なくとも技術的には。「現時点でバークの製品は、2万6000の店舗に置かれている」とヴェルデリンは続けた。「もしあの実験をしていなかったら、1店舗にも置いてもらえなかったのはほぼ確実だ。ターゲットは、私たちのやることを見て、私たちが小売業の改革について何かを知っていると判断し、すべての店舗にバークの製品を置いてくれたのだ」

これがアイデアフローの本質だ。問題を通して、自分のやり方を考えることはできない。製品をターゲットの店舗に置いてもらうために、これほど回りくどい方法をバークが前もって計画できたとは思えない。そうではなく、問題がアイデアを喚起し、アイデアがテストを提案し、テストが前進する勢いを生み出したのだ。「正しいことへつながる道は、直線ではない。いろいろ試してみるべきだ。ゴールへ向けてシュートを放つのだ」と、ヴェルデリンはいった。

現在ヴェルデリンは、可能性のある解決策をスプレッドシートに入力し、潜在的な市場規模や、既存の資産にどれだけ役立つかといった要因に照らして点数をつけている。実験プロセスがいくら効率的になったとしても、すべてのアイデアをテストすることはできない。そのため、次のアイデアが利益をもたらす確率を高めるためにできることを何でもしている。

現段階でヴェルデリンは、1つの問題を解決するために大量のアイデアをブレインストーミングするよりも、より多くの問題を見つけられるアルゴリズムを構築するほうに関心がある。だが、アイデアフローのAIが登場するまでは、目の前の世界をもっとよく見るために認識方法を変えるのは、私たち全員の務めだ。

前提を逆転させる 投資銀行が若者向け衣料品店で学んだこと

2008年の株価大暴落のあと、多くのミレニアル世代が株式市場への投資をためらうようになった。フィデリティ・インベストメンツは、これらの若い顧客層を投資市場へ引きこむ方法について、新鮮な考えを求めて私たちのところへやってきた。

当然ながら、私たちが最初に向かったのは、衣料品店のアーバン・アウトフィッターズだ。どこが当然かって？ たしかにそうは思えないかもしれない。だがこの店は、私たちの目的に完璧にマッチしていた。当時アーバンは、フィデリティが獲得したがっていたまさにそのミレニアル世代に非常に人気があったからだ。さらによいことに、フィデリティのオフィスの目と鼻の先に店舗があった。安く、速く、不完全な実験に最適ではないか。

フィデリティの経営陣は、店内で1人の女性客がテーブルの下にばらまかれた服の山を掘り返している姿を目にした。手抜き販売とはまさにこのことだ！　これはフィデリティが常日頃から提供を心掛けている、清潔で、秩序のある、快適な顧客体験とは正反対のものだった。一同は目を白黒させていた。

忍び笑いが収まるのを待って、私たちは、あきれ返っているフィデリティの経営幹部に向かって、アーバンがちゃんとわかってやっていると想定してみてほしいといった。自分に足りないものに気づく1つの方法として、前提をはっきりと自覚してから、意図的にそれを逆転させてみるといい。私たちは、このツールを「前提の逆転」と呼んでいる。

もし、手と膝を使って服を掘り返すことが、その顧客にとっては楽しくてやりがいのある経験だとしたら？　もし、見るからにテーブルの下に忘れ去られたような乱雑な服の山が、すべて意図されたものだとしたら？　その女性は、フィデリティが引きつけたいと思っていたターゲット層そのものだ。彼女は、フィデリティの明快で使いやすいアプリで株の売買をしたり、広々とした明るい店舗でアドバイザーと話をしたりする代わりに、リノリウムの床にひざまずいてしわくちゃのブラウスを掘り返している。これが、アーバンの計画の一部だったと想定してみよう。アーバンはいったい何を考えていたのだろうか？

そのとき、ある考えがひらめいた。目の前にいる顧客は、ただ買い物をしているわけではなかった。宝探しをしていたのだ。「平均的な」顧客では絶対に気づかないような、何か特別なものが見つかる可能性に胸を躍らせて、スタッフが整頓するのを忘れたに違いない服の山のなかを探していたのだ。普通の小売店なら服をテーブルの下に放置したりしないので、これは嬉しいハプニングだとこの女性客は考えたに違いない。結局のところ、多くの流行ファッションをあつかう店では、人気商品はすぐ売り切れてしまう。ほかにはない特別な何かを見つける最善の方法として、予想外の場所に目を向けるのは理にかなっていた。テーブルの下もそうだ。

フィデリティの一行が前提を逆転させてこの店を改めて眺めてみると、「隠された」服が意図的な販売戦略の一環だということがわかってきた。アーバンは、流行に敏感な古着ブティックのショッピング体験を模倣していたのだ。そうしたブティックでは、他の人とは違うファッションセンスがものをいう。ミレニアル世代は、誰かと似たような没個性的なファッションに誘導されていると感じるのを何よりも嫌がる。たとえこうした巧妙な服の山とそこに隠された宝物が全国のアーバン・アウトフィッターズのすべての店舗で見られるとしても、何か「ユニークだ」と感じられるものが欲しかったのだ。

前提の逆転によって、フィデリティは自分たちの体験という制約から自由になることができた。彼らがアーバン・アウトフィッターズで得た洞察は豊富な創造的可能性を喚起した。それによって顧客体験をつくり替え、より直接的にミレニアル世代に訴えられるようになったのだ。

私たちは、若いゴルファーの顧客体験を調べるためにテーラーメイドゴルフに会ったとき、こう自問した。「若い人たちに、すばらしいショッピング体験を提供しているのは誰だろうか？」。数あるチェーンのなかで私たちが訪問したのは、クレアーズ・アクセサリーズだった。テーラーメイドは、8歳から12歳のトゥイーン（訳注／マーケティングにおいてはchildとteenの間の年齢層を指す）にゴルフをやらせたいわけではないが、あらゆる範囲を対象としてみることで、役に立つ違いがはっきりとわかることがある。

フィデリティでもそうだったが、テーラーメイドの経営幹部も、自分たちとこれほどかけ離れているビジネスを研究することに懐疑的だった。イヤリングを買うたびに無料でピアスの穴をあけるような店が、高級ゴルフブランドに何を教えてくれるというのだろうか？　なんとか説得して、明るくカラフルな店内に足を踏み入れたとたん、彼らの不信感はさらに深まった。なんたる散らかりようだ！　うちの販売代理店だったら、店をこれほど乱雑な状態にはしない。テーラーメイドは、オンラインでも店内でも商品のテーラーメイド品の展示にはかなり自信をもっていた。すべてが機能別に整然と並べられていた。ドライバーはここ、パターはここ、ウェッジはここ、というように。この自信が、真の理解を阻んでいたのだ。前提を逆転させるときがきた。

「もしクレアーズが、ちゃんとわかってやっているとしたらどうでしょう？」と、私たちは彼らに聞いた。「もし顧客がこの配置を楽しんでいたとしたら?」。少なくとも、ゴルフというスポーツは、忍耐を教えてくれる。その場にしばらく立っていると、経営幹部たちは漠然と眺めるのをやめて、しっかりと見るようになった。クレアーズは、店内の配置を、機能別ではなく、状況別で行っている。これらのアクセサリーは学校用、これらはパーティー用、そしてこれらは週末の小旅行用、というように。すると突然、この「混沌」がもつ、独特の優雅な調和が見えてきた。トゥイーンは、仲間のあいだで何が流行っているのか、あるいは映画を観に行く晩にぴったりなのは何かを知らずに、最初のデートの前にクレアーズにやってくるのかもしれない。店に入れば、どんなに緊張している顧客でも、目的に合った魅力的で流行のアクセサリーを見つけられるのだ。

同じように、若いゴルファーは、店内に整然と並べられたアイアン、ウッド、パターに圧倒されながらも、自分が何も知らないことを認めたり、従業員に助けを求めたりする気にはなかなかなれない。もし、店内のウェアや装身具やアクセサリーが、経験の度合いに応じて並べられていたら――たとえば、初心者ゴルファーのための一式が1つの場所にまとめて置かれていたら――そうした顧客は、わざわざ自分が初心者であることを明かさなくても、必要なものをすべて見つけることができる。

テーラーメイドの一行をクレアーズの店内に連れていくのに18ホールをすべて回るくらいの努力が必要だったかもしれないが、ひとたび前提を逆転させるメリットがわかると、彼らは街にあるトゥイーンを対象とした店をすべて訪問したいといい出した。テーラーメイドのようにゴルフのことばかり考えている競争相手からは、学べることが限られている。クレアーズはつねに若者について考えていて、その視点がきわめて重要であることがわかった。

前提の逆転を図るというのは、ある状況についてあなたが当然だと思っていることを明らかにして、意図的にその逆が正しいのだと想定することだ。このツールをあなたの会社の顧客体験に適用するには、獲得しようとしている顧客がすでにいる場所へ赴くのが一番だ。そこで、いつものレンズを通して顧客体験を判断せずに、前提を逆転させる。顧客がそこにいるのには、何か理由があるはずだ。自分たちのビジネスには合わないと思うかもしれないが、何かいい点があるに違いない。要するに、あなたにとっての「質の高い経験」の定義に反する、あらゆる要素に細心の注意を払ってみるのだ。

顧客は、これのどこかに魅力を感じているはずだ。あなたがすべきなのは、それが何かを明らかにすることだ。推定だけで終わらせてもいけない。私たちは、こうした小売店で多くの経験をした。フィデリティとテーラーメイドの経営幹部たちは、自分たちが目にしたものに関して可能な説明を大量に考え出し、それを実際の顧客で検証した。前提の逆転を行うときには、達成すべきノルマを設定するといい。つねに理由を尋ねてみるのだ。チームのメンバー全員が、目にしていることについていくつかの説明を考え出さなくてはならない。ノルマを果たしたら、それぞれの可能性を顧客で試してみるのだ。顧客は受け入れてくれるだろうか？

このツールは、製品の設計からオンラインのセールスファネルの構造まで、あらゆるものに関して新鮮な思考を喚起するために使うことができる。あなたがつくり出そうとしているものの成功例を、まったく違う環境で見つけるのだ。あなたにとっては、どれも意味をなさず、あるいは「正しい」と見えなくても、そのデザインのすべてが意図的なものだと想定してみる。それからノルマを決めて、それがなぜ成功しているのかについて妥当な説明を考えてみる。最後に、あなたが考えたことを現実世界で確かめてみるのだ。

フィデリティは、アーバン・アウトフィッターズで学んだことを活かして、宝探しのように感じられるミレニアル世代向けの投資体験をつくり上げた。テーラーメイドは、クレアーズ・アクセサリーズで学習したことを使い、自意識の高い初心者が人に聞きたがらない質問に、レイアウトを変えることでどう答えられるかを検討した。自分が抱いていた「前提」という目隠しをはずせば、新たな展望が開けてくる。

共感してインタビューする　歯科保険会社の未来を変えた「質問」

ユーザーや顧客から意外な洞察を得るには、彼らの考えていることを、偏見のない心で探求しなければならない。相手があなたの製品やサービスや専門知識といった、あなたが精通しているテーマについて話しているときは、それが難しい。人はどうしても、いわれたことを自分のフィルターを通して解釈してしまうからだ。ほかの人の行動をきちんと理解して、その言葉で何を伝えたいのかを把握するには、「共感的なインタビュー」というツールを使って、認識を新たにする必要がある。それによって、先入観が取り払われ、ほかの人たちの本当の気持ちや信念や好みがはっきりとわかるようになる。

デルタ・デンタルは、アメリカ最大の歯科保険会社として3900万人以上のアメリカ人にサービスを提供している。デルタとその傘下の何千という代理店にとって、患者の行動はしばしば不可解なものに思える。平均的な歯科医のおもな仕事は、毎日のわずかなメンテナンスで容易に避けられたはずの損傷を治療することだ。こうした治療には、しばしば高い費用と痛みが伴う。人は、遅まきながらそれに気がつく。10人の高齢者に人生で最も後悔していることは何か聞いてみると、半数以上が歯について語るだろう。中年になるころには、平均的なアメリカ人の予定は、歯医者の予約でいっぱいだ。だが、きちんと歯を磨く習慣がないと、詰めものや人口歯冠や根管治療だけの問題では済まなくなる。歯は、健康全般にも重要な役割を果たすからだ。逆の見方をすれば当然ながら、若い時分の少しの努力が、いずれ全身に大きなメリットをもたらすということだ。

デルタは、アメリカ人の口腔ケアというミッションの一環として、歯のケアを促すキャンペーンを次から次へと展開していた。残念ながら、これらの試みの多くはたいした影響をもたらさなかった。メールやポスターやソーシャルメディアを使ってデルタがどんなに働きかけても、この公衆衛生上の危機を軽減することはできなかった。より多くの若い人たちを、きちんと歯を磨いてデンタルフロスできれいにするよう説得することはできなかったのだ。デルタは一切の歯科保険に入っていない1億1400万人のアメリカ人の口腔ケアを改善したかったのだが、万策尽きて私たちのところへ助けを求めにきた。脅し戦略は、まったく効果がなかった。広告に登場する総入れ歯の男性は、いま後悔しているかもしれないが、彼は老人だ。私にとってははるか遠い将来の話だ。人生が少し落ちついたら、デンタルフロスを使うことにしよう。

ケイシー・ハーリンとリズ・ブラックというデルタの2人の幹部が、dスクールのエグゼクティブ・エデュケーション・プログラムに参加していた。2人は、私たちの指導のもとでこの問題に関して改革を図るために、アンドレとアンディという2人の大学院生を喜んで受け入れた。だが明らかに、アイデアを考える前にこの分野をもっと理解する必要があった。デルタは、高齢者一般やより裕福な顧客の行動・信念に関するデータはもっていた、それに比べて、最も働きかけたい相手である保険に入っていない若者についてはほとんど知らなかったのだ。これは、「共感的なインタビュー」を試す理想的なケースだと私たちは感じた。

このツールを使ってユーザーや顧客と話すとき目標とするのは、「相手の感情面での経験を理解すること」だ。「共感」や「感情」のような抽象的な言葉が示唆するものではなく、特異性が何よりも求められる。質問は、「私たちの製品をどう思いますか？」ではなく、「最後にうちの店に返品したときの話を聞かせていただけますか？」というような、具体的な経験に関連するものにすべきだ。

「そうですね。たいていは……」。顧客はほぼ必ずそういうが、「たいてい」では役に立たない。「具体的にお願いします」。対話を一般論にさせてはいけない。「あなたが、最後に何かを返品したときのことを話してください」。あるいは、いままでで最高の返品体験について尋ねてみる。最悪の体験でもいい。何とかして、相手に具体的な出来事を思い出してもらうのだ。それから、その流れに寄り添いながら、相手の感情の浮き沈みを記録する。具体的な質問をしないと、いくつもの経験がまざったぼんやりとした印象しか聞くことができない。相手が特定の出来事を思い浮かべたら、少しずつそれをたどって、必ずそれぞれの瞬間にどんな気持ちだったかを思い出してもらう。ユーザーが店内で何かをしたときは、その理由を尋ねるといい。それからどう感じたかを聞くのだ。

ここであなたが求めているのは、現在の理解と相反する「驚き」だ。あなたの会社の製品やサービスの話なので、その経験がどんなものかはわかっているとあなたは思っている。新しいアイデアが浮かばないのは、そうした「誤った確信」のせいだ。共感的なインタビューは、そうした自信を打ち砕くためのものだ。予想していなかった答えを追求すべきだ。「それについてもっと教えてほしい」。理由を尋ねて、答えが返ってきたら、さらにその理由も聞いてみる。

トヨタの技術者だった大野耐一《おおのたいいち》は、トヨタ生産方針の一環として、ある問題を調べるときに真の原因にできるだけ近づくには「なぜ」を5回繰り返すことを奨励したことで知られている。[3]「なぜ」を繰り返すのは、シックスシグマをはじめとするその後の経営システムにおいて標準となった。正確な数字は重要なのだろうか？　答えは「ノー」だ。理解するうえで重要なのは、1つの「なぜ」では十分ではないということだ。最初の説明はほとんどいつも不十分であり、誤解を招くことさえある。手がかりをつかむには、明確な答えの下に潜む真実を探りあてる必要がある。

友人や家族と話をするときに、互いのいうことを認め合うのは気持ちがいい。「ああ、よくわかるよ」。共感的なインタビューを実施するときは、この互恵性のバイアスに断固として抵抗すべきだ。さもないと、学習の流れが断ち切られてしまう。あなたは相手に対して、相手のいうことがよくわかると伝えている。だが、実際にはわかっていないのだ。あなたの想定と相手にとっての現実が違うときこそ、洞察を得るチャンスだ。相手の経験を何らかの形で肯定することで、学習の流れをせきとめてはいけない。すべてに疑問を投げかけてみるのだ。

これは、言葉の選択に関してもいえることだ。人はしばしば、一般的な言葉を独特な意味で使う。砕けた会話では、使い方の小さな違いは、どうということはない。だが共感的なインタビューでは、言葉の定義を甘く考えると重要なことを簡単に聞き逃してしまう。ある言葉が重要だと感じたら、その定義を相手に尋ねるか、別の言葉で表現してもらうといい。「あなたは、それを『チャレンジング』だといいましたが、正確にはどういう意味でしょうか?」。あなたの考えでは「チャレンジング」には義務という否定的なニュアンスがあるが、相手はこの言葉を前向きにとらえている。たとえば、パズルは楽しい「チャレンジ」だ、というように。相手に語らせるのだ。念のため、判断はしばらく保留したほうがいい。

相手に語らせることで、抽象的なアイデアを具体的にすることもできる。ある顧客が、「安心感」が体験の一部だといったなら、こう答えるのだ。「『安心感』とおっしゃいましたが、そうした安心感を抱いたときがほかにもあったら、教えていただけますか? 今回の件とは関係なくても結構です」。こんなふうに会話の通常の流れに逆らうのは不自然に思えるが、自分の想定に疑問を投げかけながら多くのことを確かめていくと、驚くほど深く学習できることがわかるだろう。

共感的なインタビューを終えたら、ユーザーがたどった道のりを図で表してみる。左から右に向けて線を引き、そこに該当する体験の開始時と終了時を表示する。最初にウェブサイトを使ったとき、最後に店で何かを購入したとき、というように。それから、途中で起こったそれぞれの出来事を、感情の起伏を示す縦軸の上に表示する。たとえば、商品の返品過程では、スタート時点でごみ箱に捨てたレシートを探した行為は精神的に疲れたので図の左下に、問題なく全額返金を受けたときは、気分がよかったので右上に表示すればいい。

可能であれば、共感的なインタビューは「極端な」ユーザーを相手に行うといい。最も若い、最も年配の、最も背が高い、最も背が低い、最も頻繁に利用する、最も重要なユーザー、といったように。どんな領域でもいいので、その領域の端にいるユーザーと話すことで、平均的なユーザーと話したときには隠れていた探求の道が見えてくる。たとえば、リーバイスの幹部がある女性客にインタビューをしたとき、その顧客はたまたま妊娠していた。そしてその顧客が、膨らんでいくお腹に合わせて数週間ごとに新しいジーンズを買っていると答えたとき、あるアイデアが生まれた。1人の幹部が、ジーンズのサブスクリプション・サービスを提案したのだ。それは、妊娠している顧客だけでなく、デニムの生産が環境に与える影響を懸念する顧客や、頻繁にイメージチェンジをする顧客、ダイエット中の顧客なども引きつける可能性のあるものだった。誤解のないようにいっておくと、極端なユーザーを探すのは、そうしたユーザー向けのニッチな製品を開発するためではない。すべての対象に対して意味をもつような、新しい思考を喚起するためだ。米国海軍特殊部隊《ネイビーシールズ》の元司令官、ランディ・ヘトリックは、プロのアスリートのためにTRXサスペンション・トレーニングシステムを開発したが、すぐにそれが一般のユーザーにも使えることがわかった。ヘトリックが私たちに語ったように、「プロから普通の人まで」が対象だったのだ。

デルタが実施した共感的なインタビューによって明らかになったのは、口腔衛生は、対象とする若者たちの関心事ではないということだ。個別の体験を思い起こさせるために、私たちが「歯について最後に考えたときのことを話してくれませんか？」と聞いたときの答えは、見た目に関するものばかりだった。保険に入っていない若者が歯を気にするのは、微笑みに関してだけだったのだ。歯のホワイトニングをすれば、インスタグラムやティンダーでの見栄えがよくなる？　歯の矯正は、どれくらい大変だった？　クリアアライナー（訳注／透明なマウスピース型の矯正器具）について聞いたことはある？　根管治療などは遠い将来の話で、まったく念頭にない。だが、微笑みについて話せば、彼らの意識を現在に集中させられる。

デルタがインタビューの結果をどうしたかについては、次の章で説明する。

長めに観察する　タイマーを用意しよう

科学者が何かを発見をする際には、忍耐強い慎重な観察に頼っている。だが、なかには極端にこれに徹する人もいる。生物学者のデヴィッド・ハスケルは、かつて丸1年かけてテネシー州の原生林を観察した。ハスケルは、ピュリッツァー賞の最終候補となった著書『ミクロの森――1㎡の原生林が語る生命・進化・地球』（築地書館、2013年）のなかで、森林生態系における複雑な関係について学んだ類まれな教訓のいくつかを記録している。意外なのは、観察の対象が「1㎡の土壌」に限られていたことだ。

> 生物学者が1㎡の土壌で繰り広げられる動植物のエピックドラマについて本を1冊書けるなら、あなたもあと数分をかけて、顧客がオンラインフォームを見てまわるのを観察できるはずだ。

1年間、毎日観察する必要はない。だが、もう十分観察したと小声で主張する頭のなかの声を信用してはいけない。観察の見返りは、たいてい退屈を超えたその先にあるからだ。疑わしいときは、もう少し長く観察してみるべきだ。

何かを「本当に見る」ところまで自分を追い込むには、献身的な努力が必要だ。私たちの知覚のほとんどは、「意識的に注意を払う」レベルに達しないところを漂っている。私たちはいつも、「見る」のではなく「眺めて」いる。過去に思いをめぐらせたり、将来を心配したりしながら、現在を無意識に過ごしているのだ。

大人になると、あまりにもすらすら文字を読めるために、言葉自体をあまり意識しなくても読んでいる内容の意味を理解することができる。だが、同じ単語を何度も繰り返し読んでいると、その形状が意味をなさなくなり、文字が一連の抽象的なものに見えてくる。心理学者はこの傾向を「意味飽和」と呼んでいる。このページ上のどれかの単語で、いま試してみるといい。私たちは意味飽和によって、すらすらと読むというプロセスを飛ばして、特定の形状が特定の順番に並んでいるという現実に直面させられる。

これが、脳のフィルターをかわす最も簡単で最も直接的な方法だ。十分な忍耐力があれば、状況を十分長く「眺める」ことで、最終的にそれを「見る」ことができるようになる。時間が経つにつれ、新たな発見がある。そして、そこで見るべきものはすべて見たと確信する時点をとっくに過ぎても、そうした発見が続くだろう。気づくべきことはもう何も残っていないと確信しても、もう少しだけ待ったほうがいい。多くの可能性を生むような重要な発見が、まだ1つ残っているかもしれない。そして、そのあとにもう1つ。

第3章で私たちは、ブレインストーミングの最中、脳がいかに私たちに「アイデアが尽きた」と思わせようとするか、そして私たちが決められたアイデア・ノルマに取り組むと、新しいアイデアが「創造性の崖《クリエイティブ・クリフ》」をはるかに超えて、いかに次々と生まれてくるかを目にした。似たような現象がここでも見られる。タイマーをセットするといい。ある状況――顧客が店に入ってくる、もしくはユーザーが新製品をいじるといった――を観察するときは、事前にどれだけ長く観察するかを決めておく。苦痛を感じるくらいに長く設定するといい。5分間観察するのを心地悪く感じるなら、タイマーを10分に設定する。そうすれば落ちついて観察できるはずだ。

観察をしていると、脳はほぼ即座に、もう十分見たとあなたに告げるだろう。ここで見る価値のあるものは、すべてはっきりと見えていると主張するはずだ。その傾向を激励の合図と捉えて、現在に注意を向け続けるのだ。あなたがそれに気づく前に、脳はさらに急いでこう主張する。「ここには見るべきものはない。次へ移るのだ」。だが、タイマーに従っていれば、未知のものや予想外のものを取り除く脳の機能が、やがて疲弊してくる。あなたがその瞬間に身をゆだねると、洞察が生まれてくる。認識が深まったら、あなたの解釈を書き出してみるといい。

ここでも、鍵となる質問は「なぜ」だ。なぜ、顧客はこれをしているのだろうか？　なぜ、私は見たかったものを見ていないのだろうか？　アイデア・ノルマのように、観察したことに関する解釈を、できるだけ多く書き出してみるのだ。そうすることで、アイデアの貴重な材料をつくり出せるだけでなく、観察プロセスに関与し続けることも可能になる。
スケッチは、見ているものに没頭するもう1つの方法だ。これは、あなたが実際には絵が描けなくても変わらない。紙に書くことは、たとえ原始的な方法であっても、単に「眺める」のではなく、しっかりと「見る」よう促してくれる。ピクサーでは、アーティスト以外も基本的なデッサンスキルを教えこまれる。それが観察眼という重要な能力を鍛える基本的なトレーニングになると考えられているからだ。ピクサーの社長で共同創業者のエド・キャットマルが説明したように、「訓練を積めば、先入観を働かせずに物事を明確に観察するよう、脳に教えこめる」のだ。[4]
ハーバード大学で美術史と建築を教えるジェニファー・L・ロバーツ教授は、美術史の学生全員に、芸術作品を1つ選んで、それについて研究論文を書くよう求めた。「その研究プロセスにおいて、私が最初に指示したのは、かなり長い時間、その作品を『見る』ことでした」と、ロバーツは説明した。[5] 実際には、フルに3時間だった。多くの学生が、この課題に抵抗を示した。1枚の絵や1点の彫刻には見るべきものがそんなに多くないというのがその理由だった。だがやってみた学生たちは判で押したように、自分たちの発見に驚いていた。「何かがすぐに見えるからといって、すぐに認識できるわけではありません」と、ロバーツは説明した。この原理が当てはまるのは、美術品だけではない。
デザイン会社アイデオの創業者で私たちのメンターでもあるデヴィッド・ケリーは、かつて数時間をかけてソーダの販売機を観察したことがある。最初に彼が目にしたのは、予想していたことばかりだった。次々と人がやってきては、販売機にコインを入れて、缶を取り出す。だがしばらくすると、気になることが出てきた。ケリーは、それまで「眺めて」いたものを、ようやく「見る」ことができたのだ。誰もが、ソーダを取り出すときに身をかがめていた。身をかがめる？　なぜ？　それは、販売機の取り出し口が膝の高さにあったからだ。なぜ、身をかがめなくてはならないほど低い位置につくったのだろうか？　おそらく、最初は電気が使えなかったので、重力に頼って缶を動かしていたからだろうとケリーは推測した。なぜ、電気が開発されても、ソーダの販売機のデザインは進化しなかったのだろう？　なぜ、ちょうどいい高さでソーダが取り出せるような販売機が設計されなかったのだろう？　いい質問だ。

世界中のオフィスビル、競技場、鉄道の駅、学術施設、ホテルのほぼすべてに、大型で高価な販売機が置かれている。それでも、その基本設計に重要な改善を施すのに必要だったのは、少しの忍耐力だけだ。電気は100年以上前からあるので、それは技術の進歩の問題ではなかった。単に人間、とくに販売機の会社で働く人たちが、実際の機械をもはや見てはいなかったからだ。彼らは、脳が見たいと思ったことを、漫然と眺めているだけだった。表示を新しくしたり、詰まる回数を減らすためにマイナーチェンジを施したりはするかもしれないが、それだけだった。私たちの多くは、たいてい効率の最適化を図っている。過去に経験したことをふたたび行うのは、私たちが得意とすることだ。真のイノベーションを図るには、基本を見直さなければならない。

そしてそのためには、それらを「見る」ことが必要だ。

観察力の開発は、いつも力ずくというわけではない。規律と意志力の代わりに、好奇心がそれをけん引してくれることがある。しかし私たちの多くは、自分の好奇心を育てる習慣をもっていない。その代わり、たいてい好奇心の赴くままに導かれている。もしあなたがインターネットの底なし沼に陥ったことがあるなら、このあてのない奔放な好奇心がどれほど強力で無意味なものになりうるかがわかるはずだ。好奇心は、意図的かつ戦略的に管理されると、イノベーションのための並外れて強い力になることがある。それは、あなた自身の創造性のツールボックスの一部となり、ほかの人に努力を促して監督することもある。好奇心は、人にもっとじっくりと観察させ、もっと深く考えさせ、もっと精力的に創造させるための手段なのだ。

次の章では、いかに好奇心を喚起し、イノベーションの偉大な成果に向けてその力を活用するかを説明する。

第9章

好奇心をかき立てる

「問題は、適切に提起されれば、半分は解決したようなものだ」

というのは、誰もが知っている格言だ。[1]

――ジョン・デューイ（哲学者）

前章で議論した共感的なインタビューを終えたあと、デルタ・デンタルが必要としたのは、第3章で述べたアイデア創造プロセスを刺激するような、挑発的なきっかけだった。ときにはそれが、あらゆる人たちの好奇心をそそることがある。例のインタビューは、こんなすばらしい質問を生み出した。

「見かけを気にする人たちに、口腔衛生も気にかけるよう説得するには、どうしたらいいだろうか？」

これを聞いて、部屋じゅうの人間が目を輝かせた。虚栄心をトロイの木馬として使う？　非常におもしろい！　アイデアの洪水が押しよせ、デルタはすぐにテストすべきアイデアのポートフォリオをもつようになった。セルフィーを歯科医に送ってフィードバックをもらうという、スマイル診断アプリもその1つだ。議論を生み出すいい枠組みが1つできると、デルタは、脅し戦略という創造的な行き詰まりから抜け出した。いままで考えたこともなかった可能性の世界が、目の前に広がっていた。

デルタは6週間以内に、私たちのローンチパッド・プログラムを通して、プロトタイプのリテール・コンセプトに着手し、それに「ダズル・バー」という名前をつけた。高級美容サービスとして考案された最初のダズル・バーは、典型的な歯科クリニックの殺菌された恐ろしい雰囲気とは大違いの、快適でカジュアルな内装を特徴とするポップアップ・ストアだった。ダズル・

バーは、速く、便利で、価格が手ごろなクリーニング、ホワイトニング、口臭ケアのサービスを提供した。顧客は、こうした美容処置のために来店すると、パッケージの一環として基本的な歯科的処置を受けることもある。より深刻な問題があるときは、歯科医を紹介された。

このプロトタイプによって、虚栄心に訴えることが全体的な歯の健康の向上につながることが確認された。顧客のフィードバックも、この戦略が成功したことを示していた。「快適で、速くて、簡単だった」「楽しくてリラックスできた」といったコメントは、歯科医の患者はめったに口にしないものだ。プロトタイプのダズル・バーがあまりにも成功したために、デルタの社内では、ほかのイノベーションのプロトタイプやチームが生まれた。ダズル・バーは、デルタの60年の歴史のなかで初めての急進的なアイデアだったと1人の幹部が私たちにいった。

アイデアが枯渇したときは、すぐれた質問をすればいい。

好奇心がイノベーションを促進する　「白いもの」といえば？

脳の働きを役に立つ方向に導くためには、正しい枠組みが必要だ。砂金を選り分ける脳の類まれな能力を利用するには、結局のところ、脳の興味を引きつけて関心をかき立てるような質問を脳にする必要がある。

いい質問とは、具体的な質問だ。たとえば白いものを思い浮かべてほしい。どんなものが、どれだけ速く心に浮かぶだろうか？　今度は、一般的な冷蔵庫に入っている白いものを思い浮かべてほしい。この違いがわかるだろうか？　最初の質問に対して浮かぶのは、雪？　シロクマ？　それとも紙だろうか？　2番目の質問に対しては、アイデアがあふれるように出てくる。牛乳、チーズ、ヨーグルト、カッテージ・チーズ、テイクアウト用の容器、卵……食パンもそうだろうか？　数え上げたらきりがない。枠組みが具体的であるほど、それに喚起されるアイデアの流れは強くなる。よい枠組みは、好奇心をかき立てる。ひとたび興味をそそられると、脳は真剣に問題解決に取り組むようになる。アイデアフローが増加するのだ。好奇心をそそる質問によって、新たなアイデアを考えるのをやめるのが困難になる。一方で、つまらない質問は、何ももたらさない。好奇心を捏造《ねつぞう》するのは簡単ではない。もし、あなたがその問題に本気で興味をもっていないのなら、創造的な解決策に関して、多くを期待してはいけない。

枠組みは、ときとして想像力に欠けることがある。伝説的な芸術家で教育者だったコリータ・ケントは、彼女が「ファインダー」と呼んだものを生徒につくらせて、対象とするモノを「状況から切り離して見る」よう指導した。[2]　ファインダーは、ボール紙でつくった枠にすぎないが、「見る」ために見ることを可能にし、すばやく観察して判断するスキルを強化する。携帯電話のカメラや、撮影技師のビューファインダーのような専門的なものをファインダーとして使うこともできる。だが、ボール紙でつくった四角い覗き穴でも十分だ。あなたの問題——製品、店舗、物理的な経験のある面——を、ファインダーを通して見てみるといい。ファインダーが、隠れていたものを可視化する様子がわかるだろう。

挑発的な質問から始めたとしても、1つの角度から問題を眺めていたのでは、できることは限られている。アイデアフローが衰えているときは、枠組みを変えたほうがいい。第3章で説明したように、ポップコーンがはじけなくなったら、頭を切り替えるべきだ。着実なアイデアフローは、アイデアを考案しながら、たくさんのいい質問を繰り返しつくることを意味する。別の質問が、あなたが解決しようとしている問題の新たな面を明らかにすると、興味がふたたび湧いてくる。ほかの質問について考える前に、物事が立ち消えになるのを待っていてはいけない。スタート時点で、体系的に多くの枠組みをつくるべきなのだ。アイデアフローが減少したら、速やかに枠組みを変更して、エネルギーのレベルを維持する。答え(アイデア)よりも先に質問(枠組み)をつくり出すことで、テストすべき可能性の漏斗《ファネル》を劇的に増やせるだろう。

本章では、大量の質問を引き出すために、好奇心をかき立てる質問の設計方法を紹介する。これは、部屋にいる人々に、一気に100万個のアイデアを考案させるものではない。第3章で説明したように、グループセッションはときには効果的だが、自分のために興味深い問題を考える習慣を身につけ、それを頭の片隅に置いておいてアイデア・ノルマに注力するといい。第4章で提案した「バグ・リストとコルクボードの研究開発部」について考えてほしい。説得力のある具体的な質問を集めて、それを頻繁に見直すのだ。興味深いことを熱い状態に保つよう心掛けるべきだ。そうすれば、脳はつねに、世界レベルの創造的なアウトプットを実現するために力を提供し、インプットを求めながら、バックグラウンドであなたのために働くだろう。

枠組みのポートフォリオをつくる　アイスクリームコーンの可能性

> 十分に興味深い質問を自分にしてみるといい。その質問に対するぴったりの答えを見つけようとしていると、近いうちにあなたは、気がつくと独りぼっちになっているような場所に追いやられるだろう。だがそこは、もっと興味深い場所に違いない。[3]
>
> ――チャック・クローズ（画家）

いい枠組みのほとんどすべてが、同じように始まる。「私たちはどうしたら……できるか？」。このHMW（How might we）の質問は、議論の焦点を維持したまま、たくさんの探求を可能にする。

「私たちはどうしたら、滴り落ちないアイスクリームコーンをつくれるか?」といった質問は、的外れのアイデアが出てくる余地を残さない。あなたの注意を、非常に具体的で限られた技術的な問題に向けさせるからだ。的を絞った質問は、的を絞った解決策を生み出す。一方で、「私たちはどうしたら、新しい世代のためにデザートを新たに考案できるか?」というような、大雑把すぎる質問もある。アイスクリーム店のオーナーにとっては、これでは何の解決にもつながらない。もっと限定する必要がある。

脳は、「デザートを新たに考案する」方法を知らない。どう考えても抽象的すぎるのだ。それでも企業は、「コミュニケーションを新たに考案する」ことや「都市交通を再考する」ことを試みて、なぜ何も起きないのかと頭を悩ませている。

目指すのは、異なる枠組みからなる大きなポートフォリオだ。決して1つの完璧な質問を求めているわけではない。どんなにうまく考案された質問でも、たった1つでは、あなたの思考を制限してしまうからだ。それぞれの質問が、探求すべき可能性の異なる組み合わせを引き出す。いい質問を取り入れると、たとえその場にいる誰もが「その問題についてはすべての可能性を検討済みだ」と確信していたとしても、好奇心をかき立てられる。質問を多く準備しているほど、アイデアフローを長く持続させられる。アイデア創造のプロセスに着手する前に、必ず大量の質問を用意しておくべきだ。

問題や洞察に関して、有用なＨＭＷをつくり出す方法がいくつかある。たとえば、アイスクリーム店のオーナーが、新たなデザートの考案に四苦八苦しているときに、ある顧客が友人のアイスクリームコーンをなめているのが目についたとする。あなたは、ほかの人のアイスクリームをなめるのが、いかに親密で愛情深く見えるかを知って驚く。そして小さなアイデアがひらめく。それは、アイスクリームを分け合う行為の社会的側面に関するもので、サンドイッチやステーキでは見られない要因だ。同じように、１人でアイスクリームを食べていると、孤独に見える。なぜだろうか？　このアイデアをもとに何ができるだろうか？

１つの問題に没頭すると、このような洞察が生まれる。以下の「ダイヤル」セットを使って、強力なＨＭＷの質問をつくるべきだ。

・スケール　ズームのつまみを調節する。有名な短編映画「パワーズ・オブ・テン」で、製作者であるチャールズ＆レイのイームズ夫妻は、１組の男女が湖のほとりでピクニックを楽しんでいる姿を見せてから、湖を取りかこむ公園、シカゴの街、地球、太陽系へと、幾何級数的にズームアウトしていく。宇宙全体の規模まで拡大したところで、カメラは地球、街、カップルへとズームバックし、さらに男性の手、肌の細胞、分子、原子にまで到達する。

スケールですべてが変わる。どんなときも大きな構図と小さな構図が存在する。それぞれの規模のレベルが、ほかの倍率では見えない何か独特なものを明らかにする。

もしあなたが1つの小さな面に的を絞ったら、あなたの問題に何が起きるだろうか？　もしあなたが枠組みを広げて周囲の状況をもっと含めたら、何が起きるだろうか？　スケールを操作して、アイデアがもっと多く流れるようにするといい。

・私たちはどうしたら、アイスクリームコーンが滴り落ちるのを称賛できるか？
・私たちはどうしたら、アイスクリームを食べる一口一口を特別な体験にできるか？
・私たちはどうしたら、一度に20人以上がそろったときにだけ可能となるような経験をつくり出せるか？
・私たちはどうしたら、何千人もの人々に、アイスクリームコーンをソーシャルメディアにアップしてもらえるか？

・**品質**　あなたの最初の洞察がもつプラス面を取り入れて、それを強化する。あるいは、問題に対する、安く、速く、より不完全な取り組みを提案するような質問を探求する。意図的に「悪い」アイデアを探すことで、完璧主義的な傾向を和らげる。史上最も売れたアメリカのハードロックバンドのエアロスミスは毎週「あえて最悪な」ミーティングを開き、バンドのメンバー全員が、ひどいと思うアイデアをそこに持ち寄っている。[4] 結果はしばしばじつにひどいものになるが、ときには「デュード（ルックス・ライク・ア・レディ）」のようなヒットが生まれることもある。そのミーティングに価値がなかったら、これほど長いあいだ続けているだろうか？ 同じように、シカゴに本拠を置く伝説の即興コメディ劇団セカンド・シティは、毎月、普段は決してやらないようなアイデアのために1日を使っている。この「タブーの日」には、即興コメディアンたちは奇抜で、高価で、非現実的なアイデアを提案することを推奨される。それらは、舞台で笑いをとることもあれば、とらないこともある。セカンド・シティのリーダーであるケリー・レオナルドは、意図的に「間違った」アイデアを提案する試みは、必ずといっていいほど豊かで役に立つ素材をもたらすと、私たちに語った。

そこで、品質のつまみを上から下まで動かしてみよう。どちらに動かすにしても、「義務」の感覚を弱めて、愚かで、奇妙で、驚くべきものか、あるいは奇抜なものを受け入れるのだ。いったいどんな最悪なことが起こりうるだろうか？

- 私たちはどうしたら、「縦に積み上げた」アイスクリームコーンをつくれるだろうか？
- 私たちはどうしたら、アイスクリームが溶けるのを不具合ではなく特色にできるか？
- 私たちはどうしたら、アイスクリームを食べる際に邪魔になるコーンがつくれるか？

・私たちはどうしたら、最初のデートにぴったりなアイスクリーム店を設計できるか？
・私たちはどうしたら、アイスクリーム店への訪問を、顧客の一日で最高の体験にできるか？
・**感情**　あなたの洞察はどんな感情を引き起こすか？　そしてその感情はどこに向かうのか？ここでは、幸福や喜びといったプラスの感情だけでなく、悲しみや孤独や恐怖も含めたすべての感情を検討する。あなたがその状況にふさわしいと思う感情がどんなものであっても、その反対につまみを調節してみる。この簡単な操作で、新たな方向が開かれることが驚くほど多い。
・私たちはどうしたら、父親がアイスクリームで子どもに愛情を示す手助けができるか？
・私たちはどうしたら、別れを告げるアイスクリームコーンを考案できるか？
・私たちはどうしたら、「ごめんなさいアイスクリーム」の体験を演出できるか？
・アイスクリームはどうしたら、人を笑わせることができるか？
・**利害関係**　あなたの視点を一新するために、その状況における利害のつまみを上げたり下げたりしてみる。ときには、一見ささいな特徴が、何か深くて意義のあるものを隠していることがある。一方で、最も深刻な状況で、軽さや明るさが見つかることもある。

- 私たちはどうしたら、哀悼の意を表するアイスクリーム体験をつくれるか？
- 私たちはどうしたら、アイスクリームを結婚式に組み込めるか？
- 私たちはどうしたら、アイスクリームを別れの食事に選ばれるようにできるか？　プロポーズの場合はどうだろうか？
- アイスクリームはどうしたら、結婚生活を救えるか？
- アイスクリームはどうしたら、思慮深い会話を引き出せるか？
- アイスクリームはどうしたら、昇進を決定づけられるか？　あるいは、交渉に終止符を打てるか？

- **期待**　この問題について、あなたが当然だと考えていることは何か？　このダイヤルに関しては、製品がどう機能すべきか、あるいはそうならない場合、解決策がどう機能すべきかについて、あなたが抱いている前提のリストを作成するといい。それから、それぞれの前提を正反対のものと入れ替えるのだ。

- 私たちはどうしたら、コーンやカップなしに、アイスクリームを分け合うことができるか？

・私たちはどうしたら、ホットアイスクリームをつくれるか？
・私たちはどうしたら、アイスクリームをデザートではなくアペタイザーにできるか？
・私たちはどうしたら、アイスクリームを食べたあとの低血糖を避けられるか？
・アイスクリームはどうしたら、ＮＳＦＷ（訳注／Not safe for workの略。職場での閲覧注意。職場で見るのが不適切なサイトなどを指す）になるか？

・**類似性**　類推は、最も強力な創造性のツールの１つだ。類似性のもつ力については、次の章でさらに詳しく調べていく。ここでは、ダイヤルの一端と、その対極に位置するまったく関係のない文脈どうしを並行して検討する。

試してみるべきよい類推をするには、意図された結果から手をつけるといい。アイスクリームを速くつくりたい？「速さを必要とするのは誰か、あるいは何か？」。顧客を喜ばせたい？「人を喜ばせるのは誰か、あるいは何か？」……脳は、新しい問題をこうやって解決している。なじみのあるテーマに関する理解を活かして、表面上はまったく違って見えるものに取り組んでいるのだ。

あなたは、高校のフットボールで学んだ教訓をチームを管理する最初の仕事に適用したり、ナポレオンの戦場での戦略を製品の発売にもちこんでいたりするかもしれない。意識的にせよ無意識にせよ、私たちは観察することで本質を抽出し、それがほかのどこに適用できるかを考えているのだ。

- 私たちはどうしたら、アイスクリームをセラピーセッションのようにできるか？
- オリンピックのスプリンターはどうしたら、アイスクリームコーンを食卓に出せるか？
- アップル社はどうしたら、アイスクリームのトッピングの容器をデザインできるか？
- アイスクリームを食べることで、どうしたらローラーコースターの気分を味わえるか？　マジック・ショーの気分は？　ホラー映画の気分は？

HMW（私たちはどうしたら……できるか？）の質問には、ばかげたものもあれば、真面目なものもある。大事なのは、「あまりにも限定的で、多様な可能性を生み出さないもの」と「あまりにも幅広くて、何も生み出さないもの」の中間を行く道を探すことだ。

HMWの策定は、解決策そのものを考案するのとは分けて行わなくてはならない。アイディエーションしたいという衝動には抵抗すべきだ。質問をつくっている最中に、説得力のある解決策が頭に浮かぶと、それは簡単にあなたを縛りつけ、いい問題の流れを断ち切ってしまう。発散的なマインドセットに戻るには、既存のアイデアによって解決されそうな問題を、新しいHMW

として詳しく説明するといい。そのためには、自分自身にこう尋ねてみるのだ。「もしこのアイデアを実現したら、ユーザーや顧客や会社は実際にどうなるだろうか?」さらにこう自問してみる。「同じことを成し遂げるのに、ほかにどんな方法があるだろうか?」

仮にあなたが、アイスクリーム店にサブスクリプション・モデルを導入するアイデアを思いついたとする。あなたはいま、より興味深い枠組みを考案する代わりにサブスクリプションの仕組みを考えている。顧客はいくらを、どんな予定で支払ってくれるだろうか? メンバーシップ・カードが必要か、それともアプリを使うべきか? 無制限のアイスクリームを提供すべきか、それとも毎月決まった数のアイスクリームコーンを提供すべきか?

あなたは気づかないうちに、苦境に陥っている。あなたは、自分の思考がこうして収束していき、問題が解決されるのを目にする。アイスクリームのサブスクリプションは、何を成し遂げるのだろうか? 「顧客に、私たちとの定期的なタッチポイントを提供するのだ」。それは、1つの「なぜ」だ。ほかにどうやったら、その「なぜ」を達成できるだろうか? いまやあなたには、役に立つ枠組みがある。「私たちはどうしたら、顧客との定期的なタッチポイントを築くことができるか?」

アイデアがふたたび流れはじめる。友達紹介ボーナスを提示してもいい。2週連続で来店してくれたら、無料のトッピング券を提供するのもありだ。毎月ニュースレターを発行して、新しいフレーバーを紹介するのはどうか。もとのアイデアと同じインパクトを与える、別の方法を考え続けるのだ。あまりにも早く物事を限定してしまうと、最高のアイデアを棚上げしてしまう危険がある。

HMWの質問は、アイデア創造のプロセスにおいて、あなたの活力を持続させ、発散的な思考を刺激する。アイデアフローを安定した状態に維持するために、枠組みを構築し、探求し、廃棄する習慣を身につけるべきだ。それぞれの枠組み（質問）は、採掘すべき別の金脈を表している。ほとんどがすぐに枯渇するが、なかには驚くほど深く豊かなものもある。実際に掘りはじめるまでは、まったくわからない。

刺激を与えて誘発する　追い込まれたときに効く3ツール

「私たちはどうしたら……できるか？」という質問をつくるのは、好奇心をかき立てる強力な手段だ。だがアイデアフローが、とくにプレッシャーが原因で減少したときに試す価値のあるアプローチは、HMWだけではない。検討すべきツールが、ほかにもいくつかある。

・減算　減算というツールは、単純だが強力な制限を伴う。この状況から何かを取り去るだけで、アイデアを改善できるのだろうか？　このツールが、実際に強力なのは、まさにそれが普通の感覚に逆らうものだからだ。

今は亡きアメリカ人漫画家ルーブ・ゴールドバーグの名は、簡単な問題に対する、手の込んだ複雑な解決策の代名詞となっている。ゴールドバーグが仮想の実験について描いたイラストは、何十年にもわたって全国の新聞に同時配給されていた。ゴールドバーグが車の安全性を描いたイラストには、こんなキャプションがつけられていた。「交通規則を無視した歩行者が車の前に出てくると、その男はすくい上げられて、大きくて広々とした漏斗《ファネル》のなかへ投げこまれ、大砲のなかへと滑り落ちてから、ピンポンのラケットに当たり、引き綱を引いて、3ブロック先まで吹っ飛んでいき、もうあなたの邪魔はしなくなる」[5]。道路を横断する歩行者の問題は、これで一件落着だ（おそらく私たちは、ゴールドバーグのアイデアをミシュランのフィリップ・バローに送るべきだ）。

ゴールドバーグの過剰な機能をもたせた奇妙な機械装置は、ばかげたものだったが笑いを誘った。なぜなら、問題解決への一般的な取り組みを反映したものだとわかるからだ。道路に障害物があるとき、単にそれをどかす前に、吊り橋を設計しようとする傾向がある。『ネイチャー』に発表された論文のなかで、研究者たちはこのゴールドバーグ的な傾向を認めている。

「人は体系的に、加算変換の追求をデフォルトにしていて、その結果、減算変換を見落としている」[6]

技術者でありこの論文の共同執筆者のライディ・クロッツは、2歳になる息子のエズラと積木の橋をつくっているときに、これに気がついた。橋が傾いていたので、クロッツはそれを直そうと決めた。[7]「私は、低いほうの支柱に足すブロックを見つけようと、周りを見まわしました」と、クロッツはインタビュアーに語った。「ちょうどそのとき、エズラが高いほうの支柱からブロックを1つ取り除いたのです」。エズラには、クロッツにはわからなかったことがわかっていたのだ。「少ないほうが豊かだ《レス・イズ・モア》」ということが。

重要なのは、私たちが加算をデフォルトにしているのは、減算のほうが難しく複雑だからではない、ということだ。それがなかなかわからなかったのだ。一連の実験によって、研究者たちは「実験の参加者たちは、その課題が減算を考慮するよう合図を出さないかぎり、減算による有利な変化を認めようとはしなかった」。

脳が加算に傾くのは奇妙だ。考えてみれば、「少ないほうが豊か」な場合のほうが「多いほうが豊か」な場合よりもはるかに頻繁にあるからだ。実際、専門性を示す最も明確な指標の1つは、プロセスのどの手順が省けるかを見極める能力だ。あなたは脳がつねに減算へ導くと思うだろうが、実際はその逆だ。とりわけ、認められた努力が組織にとっての私たちの価値と相関関係にある仕事ではそういえる。たとえ必要最小限度の取り組みのほうが効率的だったり効果的だったりしても、少ない仕事を自分に課して、昇進を勝ちとるのは難しい。減算は、仕事においてとりわけ居心地悪く感じる1つの分野だ。

私たちの加算本能は、プレッシャー下でとくに強くなることを、クロッツと彼の同僚たちは発見した。私たちが厳しい締め切りに追われているときに、減算がこれほど有用な刺激になりうるのはそのためだ。急いでいるときに、かなり長いことドアノブを引っぱってから、「押す」のサインに気づくところを想像してほしい。あなたが行き詰まってしまい時間ばかりが過ぎるときは、「減算」のサインを掲げて、全員の顔に安堵の表情が浮かぶのを見たほうがいい。

・遡及を行う　第5章で、実験に対する幹部の反対を克服するための手段として「遡及」を紹介した。私たちの経験では、ある問題に関してトンネル・ビジョン（訳注／自分の好む考え以外を排除するような、視野の狭い状態）を感じているときは、必ずこのツールが役に立つ。

覚えていると思うが、遡及を行うには、あなた自身が将来に身を置き、失敗したのを知っているという想定をしてプロジェクトを振り返る必要がある。その想像上の見地から何が失敗だったのかを自問することで、今日のマイルストーン達成を優先し明日の問題を無視したり軽視したりする脳の傾向を回避できる。

遡及を刺激として使うには、考え得るシナリオをできるだけ悲観的に展開する必要がある。すでに準備ができている解決策から始め、すべては正確な規則性をもって失敗するというマーフィーの法則の影響をフルに受けて、それが展開するところを想像してみる。そして鉛筆を取り出し、アイデアが明らかに間違って展開された部分の徹底的なリストをつくるのだ（あなたが自分に正直でなければ意味がない）。それらの金属製のボルトは、何カ月も続いた予想外の冬の雨のもと、どうやってもちこたえたのだろうか？　会社の広告に出ている有名人が公に辱められて、大々的な新製品の発売はどうなったのか？「いいね、それなら」はイノベーターの口癖だが、この演習に関しては、全員に「いいえ、でも」と大きな声で叫ばせるのだ。

リストができたら、こうした可能性のある失敗点を刺激として使い熟考を促す。だが、加算の罠にはまってはいけない。「遡及」を「減算」と並行して使い、失敗を誘発する要素を取り除き、主要なアイデアがそれでも機能するかどうかを見る。もしそれらのボルトが、激しい雨のもとで目障りなさびを浮かせていたら、さらなる金属研究に投資する前に、そもそもそれが絶対に必要なのかどうかを疑問に思うべきだ。会社が過ちを犯しがちな人間を信用することが、無情なソーシャルメディアの世界でかなりのリスクを抱えることになるのなら、身元調査を行う前に、そもそもそうしたエンドースメント（訳注／企業と著名人の間のブランディングのための契約）が必要なのかどうか疑問に思うべきだ。

先を見越して、過去を振り返る。視点を変えるだけで、当たり前のことが見えてくる。後知恵だって、使わなければ損だろう？

・**アイデアを考案する**　アタリの創業者であるノーラン・ブッシュネルは、社員に命じて、アイデアに最高から最低までのランクをつけさせ、下から6つのアイデアを選び出した。「これらのアイデアを機能させるには、どうすればいいか？」[8]。「悪い」というレッテルを貼られたアイデアから手をつけるので、よくなる一方のはずだ。「このプロセスは、通常の精神的な力学を逆手にとったものだ」と、ブッシュネルは書いている。「何かについて間違っていることを明らかにして、人の批判的本能を刺激する代わりに、何かについて正しいことを明らかにして、人の創造的本能をかき立てるのだ」。ブッシュネルによると、アタリでこの演習をしたときはいつも、6つの悪いアイデアのうちの少なくとも1つは、実現に成功した。

与えられた問題に関してループに陥っているとき、そこから抜け出す方法は、意図的に予想外のものを投入することだ。財布を探すには、ポケットのなかを見るだけではだめだ。一定数のビー玉を床にばらまいて、それをすべて見つけるまではその場を去ってはいけない。何らかの方法で、脳を決まりきった型から抜け出させるのだ。「我が社の物流の問題は、どんな点でウルトラマラソンに似ているだろうか？」

相違が重要なので、あなたが抱えている問題とは、まったく反対の問題をみずからに与えるのだ。たとえば、次回の会議がうまくいく方法を考えるのはやめて、代わりに正反対の「どうしたら、会議がうまくいかないか？」を考えるのだ。すると、コーヒーが冷たい、AVシステムに問題がある、参加者がプレゼンターに注意を払わずに携帯ばかり見ている、と「真逆のアイデア」のリストは延々と続く。

真逆のアイデアを集めたら、その1つ1つをさらなるアイディエーションの種として使う。COOがいつも遅刻するなら、どうやってその遅刻をよいことに変えられるだろうか？　予測される問題のそれぞれを利用し、脳がちょこまかと動いて均衡を回復する様子を見てみるといい。私たちが最も創造的になるのは、物事が私たちにとって意味をなさないときだ。

真逆のアイデアをつくり出すために、あなたが直面している問題とは正反対の問題の枠組みを設定する。これは新鮮な思考を促進するだけでなく、いつもと同じやり方で問題に取り組んだあとの精神的な安心感にもつながる。

・**観察し、模倣し、分化する**　現実世界の探求に代わるものはない。「共感的なインタビュー」を実際の顧客に実施する。自社の製品を自社のウェブサイトで購入してみる。自分が経営するレストランで食事をする。なんとかして、自分自身を顧客体験に近づけることが重要だ。

私たちがかつて一緒に仕事をしたある自動車メーカーでは、経営幹部が販売代理店を訪問したり、購入プロセスを体験したりすることが一度もなかった。なぜなら、毎年の新しいモデルが、自動的に家まで届けられていたからだ。彼らは、ガソリンを入れに行くこともほとんどなかった。会社の駐車場で、自動的に給油してもらっていたからだ。

「顧客体験のつらい部分に、あなた自身がまったく関与しない状態を変えるべきです」と、私たちは彼らにいった。アイデアは、「解決策と解決策のあいだ」の、摩擦が発生する領域で育つ。多くの人が、人生における細かな不満を克服するか無視している。創造者は、問題を機会《チャンス》と認識するすべを学んでいる。

バグ・リストに何かをつけ加えたら、第4章で偉大なボブ・マッキムが提案したように、すでに存在している可能性のある解決策を探してみる。それは、もう1つの「前提の逆転」だ。競争相手が正解をもっていると想定して、その答えがどんなものかを知ろうとするのだ。

多くのビジネスは、問題を経験した人がそれを解決しようと決めたときに始まる。あなたは、フードデリバリー用のアプリを構築したいと思っているかもしれない。それが人気だと聞いたからだ。だが、もしあなた自身がアプリを使って食料を注文したことが一度もなかったら、一からつくり直すために膨大な時間を浪費することになるだろう。そして、現在のシステムが抱えている修復可能かもしれない問題のすべてを見分けることは決してできないだろう。

あなたの問題に対する理想的な解決策は、まだ存在していないとしても、同じ問題に直面している人が、それに対処するために何かをしているはずだ。それについて彼らと話してみるといい。現時点で彼らは、この問題をどう管理しているのだろうか？　自分たちの取り組みに満足しているのだろうか？　その欠点は何か？　もし可能なら、あなた自身でその取り組みを試してみるといい。その強みは何か？　足りないものは何か？　演習では、コンペに参加する販売員のように行動してみる。既存の選択肢を潜在的な顧客に売り込んで、そのずば抜けたメリットを顧客に納得させられるかどうかを競うのだ。もしうまくいかなくても、現在の選択肢に何が足りないのか、そして代わりに何がうまく機能する可能性があるかについて、貴重な何かを学ぶことができるだろう。

第2章で私たちは、クリケット（コオロギ）タンパクのスタートアップ、チャープスの創業者であるローラ・ダサロに会った。ダサロは、環境面での懸念が代替肉の需要をけん引しているのを目にしたとき、昆虫が環境にやさしいタンパク源の典型であることに気がついた。問題は、他国の人たちは昔からカブトムシの幼虫やコオロギを食べてきたが、アメリカ人はまだ歯ごたえのある昆虫を食べられなかったことだ。もし誰かが、自分の食生活が環境に与える影響を最小限に抑えるべく食事を牛から芋虫へ切り替えたいと思ったら、いまある唯一の選択肢は、芋虫を使った料理を試すことだ。たしかに多くのアメリカ人は気候変動を気にかけているが、はたしてサソリの炒め物を試すほどだろうか？　これまで学んできた通り、誰かにオレンジ色の昆虫を食べるかどうか聞くだけでは、何の証明にもならなかった。そこでダサロは近所のペットショップに行き、爬虫類コーナーであらゆる種類の食用の昆虫を少しずつ買い求めた。それから、昆虫をさまざまな方法で調理した。グリルしたり、蒸したり、コショウやガーリックを加えたりして、友人や家族に試食をしてほしいと頼んでみたのだ。

ダサロが内心恐れていたように、誰も彼女の創作料理には手を伸ばさなかった。だが、なぜみんなが拒絶したかを考えているうちに、ダサロはある洞察を得た。ほかの多くの国の人たちと違って、アメリカ人は概して、動物の原形をとどめた部位は食べない。ほかの文化と違って、動物を丸ごと買って食べる習慣がないのだ。細切れ状態の肉を買うことも多い。アメリカ人が本当に好きなのは、食物に見えない食物――たとえば粉末やサプリメント――なのだと、ダサロにはわかった。

それなら、この環境にやさしい昆虫のタンパク質をスムージーに混ぜれば、道徳的で、かつおいしい理想的な製品ができあがるに違いない。人に昆虫を食べてもらおうとした（そして失敗した）ことで、ダサロは、チャープス・クリケット・プロテイン・パウダーへと発展したアイデアを思いついたのだ。

ダサロは、アイデアを現実世界の環境のなかで試す代わりに、研究、思考、計画の底なし沼にはまってしまったわけではない。状況の把握に努めたのだ。注目してほしいのは、ダサロが洞察を得たのは、昆虫を調理して家族や友人に勧めてみたあとだということだ。探求を進める目的は、テストできるアイデアを生み出すことにある。もし、あなたを悩ませている問題を、ユーザーや顧客がすでに解決していることがわかったら、そこから始めればいいのだ。それがわからないときは、こう尋ねてみるといい。「前回この問題が発生したとき、あなたはどうしましたか?」。そこからアイデアを組み立てるのだ。

既存の解決策をもとにした取り組みは、真似をしているように思われることがあるが、それは問題ない。私たちは模倣することで学ぶからだ。独創性とは、ドライブに出かけるたびに、車輪を一から開発することではない。既存の解決策をひな型として使うこと自体は、一向にかまわない。既存の解決策ではユーザーを失望させたり怒らせたりする局面に達したら、そこから実験を始めればいい。イノベーションは、物事が行き詰まる摩擦点から始まるのだ。

要するに、問題に没頭するのは、事業計画や市場調査の問題ではなく、あなたが最も価値のある貢献ができるレバレッジ・ポイントを見つけるためなのだ。目をこらせば、機能しているものとしていないもののあいだに溝が見えてくるはずだ。その亀裂の形状が、あなたの最高のアイデアを生み出す枠組みだ。

好奇心を刺激するような挑発的な質問を考案することは、アイデアフローの片面にすぎない。新しいアイデア、新しい取り組み、新しい技術といった、さまざまなインプットを着実に取り入れないかぎり、何百あるいは何千もの異なるアイデアを思いつくことはできない。ほかのみんなと同じインプットを吸収していると、アイデアは予想されたなじみのものの周りに密集することになる。

次の章では、真に独創的な思考をもたらす原料を集めるためのパワフルなテクニックを見ていこう。

第10章

創造的な衝突を促す

フェアチャイルド・セミコンダクターはかつて、創造的な衝突で世界を率いていた。そしてこの会社も、そうした衝突から生まれた。

1956年に、アメリカの物理学者ウィリアム・ショックレーとほかの2人の科学者が、情報化時代のきわめて重要な要素であるトランジスタの研究で、ノーベル物理学賞を受賞した。同じ年ショックレーは、イノベーションの類まれな温床だったベル研究所を離れ、カリフォルニア州マウンテンビューにショックレー半導体研究所を設立した。

ショックレーがマウンテンビューを選んだのは病気の母親の近くにいるためだったが、技術的なイノベーションに関するかぎり、そこはまるで別の惑星のようだった。かつての同僚は誰も一緒に西部には移ってこなかったので、ショックレーは大学の工学部を出たばかりの新人を雇わなければならなかった。こうして、ハングリー精神旺盛な若い才能が、時代を特徴づける先端技術と遭遇したのだ。この若いエネルギーの流入が、創造的な文化の構築にきわめて重要な役割を果たした。そしてその文化が、パーソナルコンピューターをはじめとする多くの技術的イノベーションをもたらしたのだ。

ノーベル賞はショックレーにいい影響を及ぼさず、もともと気難しかったこの男の怒りと被害妄想を増幅させた。この研究所で働くのはたやすいことではなかった。ショックレーの奇妙な行動は日常茶飯事だった。会社の電話をすべて録音するよう主張することなどは序の口で、あるときなど、会社の誰かが原因不明の軽微なけがをしたのを知って、犯人を突きとめるためにスタッフ全員をうそ発見器にかけるといい出す始末だった。だがショックレーは、リーダーとしては完全に失格だったにもかかわらず、才能を的確に見抜く目をもっていて、世界一流の若手エンジニアを集めていた。

ショックレー半導体研究所の従業員は、総じてボスの独裁的な管理スタイルに耐えていた。だが、ショックレーが突然、不可解にもシリコンベースの半導体研究を打ちきると宣言したとき、部下たちは行動を起こすときだと判断した。この新技術の真の可能性が、ちょうどわかりはじめたところだったのだ（おかしな名で呼ばれていたこの技術は、創造的なブレークスルーを迎える直前だった）。ある意味では、次に起きたことは創造的な衝突だった。ショックレーが研究を禁じたことで、若く優秀な技術者たちの比類ないグループが誕生したのだ。

この若い技術者たちは、自分たちが運よく最先端の研究所に入れたことを自覚していた。シリコンベースのトランジスタは、電子計算の可能性を背景に飛躍的な成長を遂げた。マウンテンビューでなら、物理学や工学の主流なコミュニティの考えに拘束されずに、ほぼ何でも自由にできる可能性があった。だが、この一生に一度の機会は、追求することが許された場合のみ意味をなす。のちに「8人の反逆者」として知られるようになるこれらの従業員グループが、研究所を辞めて自分たちでプロジェクトを起こそうと決めたのはそのためだった。それがフェアチャイルド・セミコンダクターだ。こうしてウィリアム・ショックレーは、意図することなく、シリコンバレーの生みの親となったのだ。

フェアチャイルドは、情報化時代の黎明期に、イノベーション・インキュベーターであると同時に、予期せぬつながりの源としてきわめて重要な役割を果たすようになった。創業メンバーの多くは、ほかの主要な施設を設立した。コンピューターチップの巨人インテルもその1つだ。これらの企業は「フェアチルドレン」として知られるようになり、そのどれもが1970年代と80年代のシリコンバレーの主要勢力だった。だが、フェアチャイルドが技術に与えた影響にもかかわらず、この会社自体は、比較的安定した半導体メーカーとして、中年の落ちつきを見せていた。私たちに連絡してきたときには、フェアチャイルドは、トランジスタを前にした真空管メーカーがそうだったように、イノベーションの促進に大いに苦労していた。これは、専門知識の不足や、不十分な研究開発投資が原因ではなかった。技術的には、フェアチャイルドはまだ絶頂期にあった。ただ焦点があまりにも狭められていたために、直接シリコンに関係のない問題を解決する能力が妨げられていたのだ。

フェアチャイルドの販売組織は最大顧客のニーズに応じていて、それは理にかなっていた。一握りの巨大企業が、フェアチャイルドの事業の大部分を動かしていたからだ。こうした大口顧客の1社のニーズに少し対応するだけで、大きな成果につながっていた。だが大手重視のせいで、中小規模の企業への売上は減少していた。フェアチャイルドは私たちの支援を受けて、比較的規模の小さい顧客のために、新しい顧客体験を考案したいと考えていた。

私たち2人は、フェアチャイルドのような名高い研究機関と仕事ができる機会をもてたことに興奮していたが、この仕事は私たちに適したものだった。奇抜で新しい自動車スタートアップのテスラをはじめとする小規模な顧客は、大きな問題を抱えていた。私たちはこれらの企業の代表者を集めて、何度か「共感的なインタビュー」を実施した。フェアチャイルドが驚いたことに、それらのインタビューによって、半導体産業におけるこの地域特有のサプライチェーンの混乱が明らかになった。大企業はほとんど影響を受けていなかったが、小さな企業は完全に不安定な状態に陥っていた。私たちが集めた数多くの実例の1つを見ても、十分な資本をもつスタートアップが、1回の出荷遅れで、見込んでいた収益をすっかり失ってしまうことがわかった。小規模な顧客はリスクヘッジのために、フェアチャイルドの競合企業にバックアップ用の発注をしていた。そうした頼りにならないサプライヤーでも、少なくとも1社くらいは、必要なものを期限内に届けてくれると期待してのことだった。

この発見に関して衝撃的だったのは、それに対するフェアチャイルドの反応だった。この問題を知っていたにもかかわらず、はなから手に負えないとあきらめていたのだ。生産と流通における予想外の遅れは、この業界では単によくあることだった。顧客は、どのベンダーとも同じ問題を抱えていた。そのためフェアチャイルドは、会社の評判や利益にどんな影響があろうと、何も手を打っていなかったのだ（この残念なトンネル・ビジョンは、第8章でアンダーアーマーが提示した機会をパタゴニアに見えなくさせていた連想バリアのもう1つの例だ）。

あなたがおそらく推測しているように、フェアチャイルドにおけるアイデアフローは停滞していた。ふたたびアイデアが流れるようにするには、何が必要だろうか？

フローを育てる 科学者の成果は研究所の「外」で決まる

神経生物学者のモーデン・フリース・オリヴァーリウスによると、「脳は、新しい物質を一からつくり出すことができない」[1]。オリヴァーリウスは、創造性を「すでに知っているものを、新しいやり方で結びつけること」と定義している。また、小説家であり知識人でもあるアーサー・ケストラーは「見たところ関係がない2つの枠組みを統合すること」が創造性だとしている[2]。創造性を厳密にどう定義するかは別にして、重要なのは、完全にでっち上げることはできないという点だ。その代わり私たちは、すでに知っている2つ以上の要素を、新しい方法で結びつけている。豊富なアイデアフローは、こうした予想外の組み合わせを増やすために、膨大な量の原料を必要とする。

残念なことに、多くのリーダーには、インプットを集める行為が従来の仕事のようには思えない。ソネットやバラッドやヴィラネッラの制作および販売をしているスタンザ社のCEOは、「詩」を担当する部門の社員たちが見せる風変わりな行動に、しょっちゅういらだっていた。就業時間中に散歩に出かける。何時間もかけて、画家、写真家、彫刻家、それに映画製作者の作品をつぶさに調べる。詩以外のものを読む。彼らに必要なのは、ひたすら韻を調べることだというのに。次の四行連詩は、何もしなくても自然にできあがってくるとでもいうのか！

インプットはきわめて重要だ。社員が詩をつくっていようが、特許の取得を目指していようが、あるいは成長戦略を望んでいようが、インプットが多くて変化に富んでいるほど、貴重な組み合わせが生まれてくる。これは、プロのクリエーターならすでに理解していることで、彼らがつねにインプットを求めているのはそのためだ。だが、そこで終わりではない。インプットを手にしたら、それが互いに結びついて創造的な衝突を起こすよう仕向けるのだ。このためには、しばし問題から離れ、バックグラウンドで集めたものを心の赴くままに処理する必要がある。この作業も、スタンザ社のCEOには、仕事には見えないに違いない。

スイスに本拠を置く欧州原子核研究機構（CERN）は、世界最大の素粒子物理学研究所を運営している。ジュネーブにあるこの巨大な施設では、世界中からきた科学者や技術者が、宇宙の謎の解明に日夜取り組んでいる。CERNは、粒子加速器を使って、原子同士を超高速で衝突させている。この衝突によって、微粒子は粉砕されてさらに細かい微粒子となり、膨大なエネルギーが発生する。そしてその過程で、現実の構成要素を垣間見せてくれるのだ。

創造的な衝突は、CERNにおける原子の衝突ほど激しいものではないが、もっと強力なアイデアが生まれることもある。たとえば、CERNはワールド・ワイド・ウェブ（WWW）を生み出した。WWWは、ティム・バーナーズ＝リーが、研究者のあいだの情報共有を促進するためのツールとして設計したものだ（ありがたいことに、サー・ティムの上司は、彼がハイパーテキストをいじっていても、「本来の仕事」に戻るよう命じなかった。あなたも、それくらい忍耐強くいられただろうか？）。WWW自体は、誰も想像したことがなかった規模で、創造的な衝突の原動力となっていった。

加速器が粒子の働きを必要とするのに対し、アイデアフローは事実、パターン、兆候、経験、視点、そして印象を必要とする。CERNは、粒子が動きを加速させる場所として、全周26キロメートルの大型ハドロン衝突型加速器（LHC）のトンネルをつくった。トンネルがそれよりも短いと、衝突によって十分なエネルギーが発生しない。同じように、著しく異なるもの同士を衝突させたほうがより興味深く有用な結果を生む。アイデアに新鮮味がないときは、インプットの範囲を広げてみるといい。

デヴィッド・ボウイは、プログラマーのタイ・ロバーツの助けを借りて「ヴァーバサイザー」

を設計し、文をランダムに分割して再配置することで、新しい歌詞のアイデアを得ていた。この「切り抜き」と呼ばれる文学手法は、ボウイが発明したわけではなく、その起源は少なくともダダイストまでさかのぼる。それを「カットアップ・メソッド」として、さらに世に広めたのは、ウィリアム・S・バロウズだった。それでもボウイは、コンピューターを使ってこのいったんばらしてから組み立て直す作業（リアレンジ）をした最初のメジャーなポップアーティストの1人だった。「最終的には、意味やテーマや名詞や動詞といった、あらゆるものがぶつかり合う、本物の万華鏡のようなものになる」と、ボウイはキーボードをたたきながらいった。[3]

ボウイに頻繁に協力していたブライアン・イーノは、発散的思考を触発するアナログな手法を開発した。1970年代に、イーノとその協力者は、「オブリーク・ストラテジーズ」というカードセットをつくり出した。このカードには、水平思考を促進するための質問や指示や格言が書かれていた。障害に遭遇したときは、カードを1枚引いて、その何通りもの解釈ができそうな指示——たとえば「上下を逆さまにしてみる」とか「何をしないつもりか？」など——に従うのだ。オブリーク・ストラテジーズは、何度も版を重ね、数十年経ったいまも人気があり、世界中の作家、芸術家、音楽家、そしてビジネス・クリエーターに愛用されている。

本章で説明するインプット収集手法を使って実験する際は、つねに多様性の大切さを念頭に置くべきだ。予想外のインプットを求めて遠くまで行けば行くほど、より興味深く貴重な創造的衝突が起こるはずだ。

それでは、アイデアを育てる練習は、どのように行えばいいのだろうか？　新しい予想外のことに、意図的に身をさらすのだ。若いときは、それが自然にできる。5歳児はまだ、多くを期待するほど長く生きてはいない。あらゆるものが目新しいのだ。成長すると、大学が非常に創造性に富んだ場所となる。なぜなら、新しい状況のなかに投げこまれて慣れないアイデアに囲まれるからだ。だが、学業を終えて仕事の世界に入ると、この多様なインプットの流れが遅くなる。ルーチンをつくってそれに従い、与えられた仕事への取り組み方を改善し、ほとんどの時間をなじみのある環境で過ごしていると、あなたの脳は、一日のあらゆる詳細に、細心の注意を払わなくなる。年とともに、時間が早く過ぎるように感じるのには理由がある。多くのことを当たり前だと思い、じっくり見ようとしなくなるからだ。

これはとくに大きな組織についていえることだ。組織は球体のようなものだ。球体は、大きくなるほど、体積に対する表面積の割合が小さくなる。あなたは、組織の大きさと官僚主義によって、否応なく孤立させられてしまう。スタートアップや小さな事業に比べ、従業員と有用なインプットを提供してくれる顧客、競合企業、ベンダーとの接点が大幅に少なくなる。

ある研究において、のちにノーベル賞を受賞することになる4人を含む40人の科学者が、30年にわたりインタビューを受けた[4]。研究者たちは、習慣から仕事のやり方にまで注目し、問題解決力と創造性を長いあいだ支える要因を見極めたいと考えていた。結局、長期的な成功と、科学者の研究所外での時間の使い方（趣味、旅行、芸術の追求など）とのあいだに、強い相関があることがわかった。インプットが多いほど、アウトプットの質が向上する。

ピクルス事業を革新するのに、一日中きゅうりを食べたりはしない。インプットの源泉が「遠く離れて」いるほど、結果として生まれる組み合わせは、より貴重で興味深いものになる。価値があるかどうかは見ればわかるという前提で、何が有意義かを見分けようとしてはいけない。あらゆるものに価値があると考えるべきだ。判断することなく世界を知り、そこから得たものを、心の赴くままに結びつければいいのだ。

ワンダーワンダー　ジョブズがフードプロセッサーを見てひらめいたこと

ワンダーワンダーは、足を使った、単純だが人生を変えることもある演習だ。参加者は刺激のある環境のなかを歩きながら、脳に栄養を供給する。

研究によって、1人で歩くことは、創造性を大いに刺激することがわかっている。スタンフォード大学の研究者たちによると、トレッドミルの上で走るだけでも、参加者の81パーセントに創造的な発散思考の増加が見られ、動きをやめてもその状態が持続した。「戸外を歩くことで、最も斬新で質の高い類推が生まれたが、どんな形でも体を動かせば、アイデアが自由に流れはじめる」と、研究者たちは結論づけた。

そのため、少なくとも起き上がったほうがいい。もし可能なら、外出したほうがいい。そして、道の角を曲がったら、本格的なワンダーワンダーへ入るというように、枠組みを選択するのだ。ワンダーワンダーは、適切な質問から、意図的にスタートする。空間を移動するときに、あなたが選んだ刺激とのつながりを意識して探す。あなたの周囲の環境には、貴重な手がかりが埋めこまれていると想像してみてほしい。そして新鮮な刺激に遭遇するたびに、こう自問してみる。「これは、私の問題とどんな関係があるのだろうか？」

もし誰かがレイバンのサングラスをかけていたり、あなたがルルレモンの店の前を通りかかったりしたら、あなたが目にしたブランドが、どんな刺激をもたらす可能性があるかを自問してみよう。ブランドとあなたの状況がかけ離れているほど、この演習は大きな成果が期待できる。消火栓、バスケットボールのリング、郵便受けといった特定のものが目についたら、それを何かの象徴だと考える。「消火栓は、基本的に何をするものなのか？　そして、それを私の問題にどう適用できるか？　私たちに足りないのは消火栓なのか？」

会議室では、そうした象徴と思われるものを2つ以上思いつこうと、チームが苦戦していた。

だが、ワンダーワンダーで異なるインプットに身をさらしてみると、さまざまな案がみずから力強く浮かんでくる。たとえば、迅速に信頼を築くのはどんな人かと考えてみる。オフィスではなかなかアイデアが浮かんでこないが、街の通りを歩いていると、保育園の先生、助産師、ファイナンシャル・プランナー、クロスフィット・トレーナー、栄養士と、すぐにいくつかの答えを思いつく。

スティーブ・ジョブズは、デパートの電化製品売場で、最初のマッキントッシュに関するひらめきを得た。棚にあるクイジナートのフードプロセッサーに目をとめたとき、何かがひらめいたのだ。「月曜日になると、ジョブズが跳ねるような足取りでオフィスにやってきて、設計チームにこのフードプロセッサーを買いにいかせた。そして、その直線や曲線や角度をもとに、大量の提案をしたのだ」と、ウォルター・アイザックソンは、このアップルの共同創業者について伝記のなかで語っている。

ワンダーワンダーでは、量が鍵となる。頭に浮かんだ質問と目にしたものの関連性を書きとめて、歩き続けるのだ。歩いているうちに、以下のようなアイデア創造のための貴重なきっかけに遭遇するかもしれない。

・**校庭** 校庭は、ほかの子どもたちの玩具のショーケースだ。私たちは、どこで製品を顧客に見せれば、ほかの人たちにも見てもらえるか？

・**高級車**　高級車の内装はオーダーメイドが可能だ。私たちは、カスタマイズできる「オプション・パッケージ」を、顧客に提案できるか？

・**アマゾンの配達車**　アマゾンは、閲覧履歴をもとに顧客に提案をしている。私たちは、その技法を物理的な場所でも適用できるか？

・**スポットライト**　私たちは、製品が品切れになる前に、「黄色のライト」で顧客に知らせることができるか？

・**ネイルサロン**　支払いカウンターのそばに並んだマニキュアは、見るからに魅力的だ。私たちの製品でも、このように色と種類を活用できるか？

あなたはワンダーワンダーのあいだに、ランダムなインプットをもとにして、さまざまな異なるメンタル・モデルを試そうとしている。その狙いは、抑制されない方法で洞察を引き出すことだ。作家で医師のエドワード・デ・ボーノは「最高のものを見つけるために、ほかの選択肢を探すのは、自然な傾向だ」と書いている。[7] インプットを探すときは、解決策そのものが見つかると期待してはいけない。デ・ボーノによると、探す目的は「厳格なパターンを緩めて、新しいパターンを引き出すこと」だ。

創造性にとって、歩くことは重要なのだろうか？　アリストテレスからジャコモ・プッチーニやスティーブ・ジョブズまで、歴史上の偉大な思想家や起業家の多くは、おそらくそれに同意するだろう。だが、飛行機のなかにとどまっているときや、病院で待っているときにも、こうした疑問を抱く方法がある。

・**読む**　ランダムに本か雑誌を選ぶ。表紙を調べる。無作為にページを開く。誰かが、あなたの問題を解決する手がかりとして、このページをあなたに教えたと想定してみる。いったいなぜだろうか？

・**閲覧する**　ウィキペディアのページに行って、「ランダム・アーティクル」をクリックする。すると、何百万ものクラウドソースのエントリーがあるサイトへ誘導される。それがランダムではないと想定してみる。ウィキペディアは、あなたに何を伝えようとしているのか？
（ほかのオンラインツールでも、ランダムなウェブサイトや動画に導いてくれる）

ランダムな場所に「手がかり」を探すのは、オカルトっぽく思えるかもしれない。だが、タロットカードとは違い、私たちは脳のパターンマッチングの能力を利用して、脳に栄養を送っているだけだ。脳はエネルギーを節約するために、「見る」よりも「眺める」、「聴く」よりも「聞く」というように、認知の近道を好む。これを避けるには、意図をもってワンダーワンダーを始め、目にしたランダムなインプットのなかに、関連性を探す努力を続けるといい。「関連性が存在すると想定」して、脳にそれを見つけさせるのだ。

類似性の探求　ホテルや花屋が半導体業界に与えた影響

ワンダーワンダーは、インプットを集め、潜在的に有用な類似性を多く受け入れる便利な方法だ。行き詰まりを感じたら、いつでもこれを実施して、何か貴重な成果をもって席に戻ることができる。だがときには、もっと深い、的を絞った探求が求められることもある。あなたの事業と、たとえばコーヒーショップとの類似性を頭で考えるだけでなく店内に入り、コーヒーを買って席につき、顧客や従業員と話してみるのもいい。意図的に行動することで、体験からますます多くの情報が引き出せるようになり、あなた自身の問題にブレークスルーが訪れるのを期待することができる。そうすれば、ワンダーワンダーは、類似性の探求へと進化する。

私たちは、フェアチャイルド・セミコンダクターで、このツールを使う機会を見た。フェアチャイルドの首脳陣は、失望した小口顧客のための解決策が自分たちの頭以外の場所にあるのだろうかと半信半疑だった。なんといっても、彼らは半導体の流通に関しては専門家だった。

私たちは、類似性の価値をフェアチャイルドに納得させるために、まず類似性に着目した。アイデアというのは、コンピューターのRAMのように形があるわけではないが、それでもつくるには原料が必要だ。チップはシリコンがないとつくれず、アイデアはインプットがないとつくれない。フェアチャイルドが、私たちの取り組みを試すことに、気乗りしない様子で同意すると、私たちは彼らにこんな質問をした。「私たちはどうすれば、サプライチェーンが不安定でも、小口顧客に信頼を植えつけられるか？」。そして類似性の探求に転換するために、質問をこう変えた。「サプライチェーンが不安定なのに、誰が顧客に信頼を植えつけられるのか？」。半導体業界は、この問題を解決したことがなかった。解決したことがある人はいるのだろうか？

私たちは、ワンダーワンダーを実施するために、一行をビルの外の歩道へと連れ出した。ひとたび移動を始めると、彼らはこの課題に熱中しはじめた。

まずハイアットの前を通った。「ホテルには、どの予約客が実際に現れるか決してわからない」と、1人の幹部がいった。レストランの前を通ったときに、別の幹部が口を開いた。「シェフは、本日のお勧め料理が何になるか、はっきりと知らない」。花屋、スパイス市場、コーヒー焙煎業者と、潜在的な類似性がほかにも出てきた。

まっすぐオフィスに戻る代わりに、私たちは、興味を引いた事業に関する徹底的な類似性の探求に取りかかった。ホテルでは、客室在庫のデータが、競合企業間で共有されていることがわかった。大きなイベントのせいでオーバーブッキングが生じたときに、旅行者が立ち往生しないようにするためだ。近くの花屋は、各トラックに何を期待すべきかを知るために、配送会社と連絡を取っているといった。また、農家からは、どの花を切って、さらには何の花を植えたかまで教えてもらっていた。サプライチェーンのパートナーとの間の透明性のおかげで、この花屋は休日や大きなイベントに備えることができた。私たちが探検した店のほとんどすべてが、半導体業界の現状に適用できそうなアイデアを提供してくれた。

こうした類似性の探求の結果、フェアチャイルドは有益な変更を行って、小口顧客の体験を改善した。ホテルのコンシェルジュは、競合企業と連携して、需要が急増しても小口顧客が重要なコンポーネンツを確保できるようにするためのヒントを与えてくれた。そうした顧客は、リスクヘッジとして複数の発注をしていたので、それが解消できたら助かるのではないだろうか？フェアチャイルドは、花屋のアプローチをさらに発展させて、最大の流通パートナーと新たに情報共有計画を締結し、サプライチェーンにさらなる透明性をもたらした。フェアチャイルドはのちに、過去50年間にこの業界で起こった、最大のサプライチェーンのイノベーションの1つだと私たちにいった。近所をひと歩きした成果としては悪くない。

フェアチャイルドのCOOは、競争相手をあまりにも近くで見ていたことが、落とし穴になったと語った。競合である彼らもまた、サプライチェーンの問題を解決する方法を知らなかったからだ。意図的に予想外のひらめきのもとを探すことで、フェアチャイルドは一連のイノベーションを活性化させ、そのあいだに創造的な文化を取り戻していた。

ここ数年で私たちは、類似性の探求を使って、オーストラリアの金融サービス企業がタトゥー・パーラーから学び、イスラエルのテック企業が農家の市場から学び、ニュージーランドの水産業がティーショップから学び、日本の複合企業がロッククライミング・スタジオから学ぶのを支援した。ほかにも驚くべき組み合わせがたくさんある。どのケースも、チームが問題解決にてこずっていたのは、新鮮なアイデアを引き出すために必要なインプットが足りなかったからだ。

意図の重要性を忘れてはいけない。つねに枠組みから始めるべきだ。思い切ってひらめきを探しに行く前に、あなたが解決しようとしている問題をＨＭＷ（私たちはどうしたら……できるか？）の質問の形にまとめてみる。それから、それを類似性の探求のきっかけに変えるために、こう尋ねてみるといい。「誰がXを本当にうまくやるか？」。さあ、会議室を出て、歩きはじめよう。

出会った人にアドバイスを求める代わりに、その体験に没頭し、相手がどうやって問題を解決しているかを自分の目で確かめるべきだ。できればみずから顧客になり、それが無理なら、顧客とのやりとりを観察するだけでもいい。たとえば、理容師にどうやって信頼を勝ち得るかを聞くと、相手はおそらく肩をすくめるか、もっともらしい答えをまくしたてるだろう。「アイコンタクトをして、ていねいに話を聞くことだと思います」。だが実際は、まったく違うかもしれない。私たちは、1人の理容師が、驚くべき率直なフィードバック(「いくら髪型を変えたって、ブラッド・ピットにはなりませんよ」)を顧客にするのを目にした。その理容師の率直さは、顧客を怒らすどころか、顧客の信頼を勝ち得たのだ。これは予想外の、だが効果的な戦略だった。そして、自分の目で見ていなかったら、想像さえもしなかった類のものだ。

繰り返しになるが、枠組みを忘れてはいけない。勤務時間中に外の世界を探索すると元気が湧いてくるに違いないが、学習目的を見失いやすい。各探求の前と、最中と、後に、あなたが正確には何を学ぼうとしているかを、あなた自身と協力者に言い聞かせ続ける必要がある。それによって、誰の頭のなかにもあるパターン検索機を正しい周波数に合わせられるのだ。

一連の観察内容を集めたら、テストできるアイデアを喚起するための新しい枠組みをつくる。「私たちはどうしたら、理容師の乱暴な率直さを用いて新しい顧客の信頼を築けるか?」。これは「どうしたら早く信頼を築けるか?」よりも、ずっと豊かで興味深いきっかけとなるはずだ。

アイデアフローは、単独の問題に取り組むためのものではない。新しいアイデアが、必要なときに着実に流れるようにするには、予想外のインプットに触れる習慣を身につけるべきだ。解決策は、あなたが意図的に、それぞれの問題を解こうとするときには現れない。シャワーを浴びているときや、会社に向かって車を運転しているときに、どこからともなく突然やってくる。湧き出てきた解決策をたどってみると、それを、配偶者との会話から、何か読んだものから、あるいはワークアウト中に聴いたポッドキャストから、思いついたことに気づくかもしれない。そのインプットは、バックグラウンドで ろ過されていて、あなたがほかのことに軽く気を取られる瞬間まで、解決策と一体になるのを拒んでいたのだ。アイデアはそのように機能する。次に危機的状況となるまでインプットを集めるのを待っていると、アウトプットが間に合うことは決してない。

インプットの収集に時間を費やすのが、プロフェッショナルに思えないのなら、歴史上最も偉大なビジネスリーダーたちがそれを自分に課していたことを知るべきだ。イノベーションの達人たちは予想外のことをスケジュールに組み込んでいた。忙しいマネジャーでも、近所を散歩する時間を、週に1時間は確保できる。バイスプレジデントなら2時間、CEOなら頑張って5時間以上を目指すべきだ。アマゾンの初期にジェフ・ベゾスは、月曜日と木曜日にはできるだけ予定を入れないようにして、アイデアを徹底的に模索したり、自分のサイトを探索したり、ときにはネットサーフィンをしたりするための時間を確保していた。[8] もしあなたの仕事が将来に向けたビジョンを必要とするなら、今日のアイデアが明日の利益を決めることになる。そのためにも、まったく関係のないテーマに関する本を読み、昼間に映画を観て、地元の美術館へ行き、市街を歩いてみるべきだ。機械を動かしたかったら、燃料が必要なのだ。

いつものルーチンを少しだけ変えてみるのも効果がある。通勤ルートを変えてみる。歯をいつもと逆の手を使って磨く。オフィスに入るときに右折する代わりに左折するだけでも、洞察が生まれることがある。習慣の切り替えを習慣にしよう。あなたの脳を少しだけ不安定にさせるために必要なことなら何でもいい。これが、私たちの思考を、快適なゾーンから無理やり引っぱり出す方法だ。私たちは、自分の均衡を取り戻そうとするときに、最も創造的になる。

外部のアウトプットを集めることに対して、人はなぜこれほど頑固に抵抗するのだろうか？それは、慣れ親しんだ状況が快適だからだ。私たちがオフィスに入るときに、いつも左折せずに右折するのには理由がある。決まったやり方は、私たちを安心させてくれるのだ。皮肉なことに私たちは、プレッシャーを感じているときや新たな思考を必要とするときほど、決まったやり方に固執する傾向がある。快適ゾーンにいれば安心だが、それだけだ。革新者に追い抜かれてみて、ようやくあなたはその快適ゾーンがただのマンネリにすぎなかったことに気がつくだろう。

第11章

創造性の結び目をほどく

実業家の大部分に
独創的な思考をする能力が欠けているのは、
「分別」の支配から逃れることができず、
想像力が阻害されているからだ。[1]

——デイヴィッド・オグルヴィ（WPP社長、広告の父）

「しばらくすると、あなたは絶望的な段階に達するだろう」と、広告代理店の重役だったジェームズ・ウェブ・ヤングは創造的なプロセスについて説明した。[2]「すべてが頭のなかで混ざりあい、明確な洞察がどこにも見当たらない状態だ」。あなたは、これがどんな感じかわかるかもしれない。ヤングによると、この圧倒的な徒労感は、じつはアイデアの進化にとって必要な段階であり、予期しなければならないものだ。むしろそれを大切にすべきだ。

もちろん、容易にはできないことかもしれない。ときどき行き詰まることがあるのを知っていることと、そうなったときに効果的に対応することは別の話だ。本章では、行き詰まりが避けられないだけでなく、創造的なプロセスの重要な部分で起きること、そしてあなたが次に行き詰まったときに、どのタイミングで何をすべきかについて説明する。

アルベルト・アインシュタインは、きわめて重要な発見をする前に、暗礁に乗り上げた。この物理学者は、一般相対性理論を光の働きに関する理解と調和させることが、もはやできない段階に達していたのだ。だがアインシュタインは、黒板にあいた穴をじっと見つめ続けるほど愚かではなかった。この追いつめられた思想家は、いったんその問題から離れた。「（アインシュタインは）親友のミシェル・ベッソに会いに行った。[3]ベッソは、アインシュタインがチューリッヒで勉強していたときに出会いスイス特許局に誘った、優秀だが多少ぼんやりしたところのある技術者だった」と、ウォルター・アイザックソンは、アインシュタインの伝記のなかで書いている。アインシュタインはベッソに、自分が行き詰まっていることを話した。「もうあきらめようと思う」と、アインシュタインはいった。意識的に困難な問題をあきらめたことで、アインシュタインの潜在意識が作用した。翌日、アインシュタインはふたたびベッソのもとを訪ね、この友人に「ありがとう」と礼を述べた。「問題を完全に解決したよ」。結び目から離れてみただけで、アインシュタインの創造的思考力は、それをほどくことができた。アインシュタインは、友人と一緒に歩きながらその問題を休ませたことで、一般相対性理論から特殊相対性理論への飛躍を直感で捉えることができたのだ。

「直接的に何かをする必要はまったくない」と、ジェームズ・ウェブ・ヤングは、思い悩んでいる人にそうアドバイスした。「そのテーマごと忘れて、できるだけ完全にその問題を頭から追い払うのだ」。私たちが別の分野で障害に遭遇するとき、対応策はたいてい、もっと長時間働くか、さらに努力するか、ただうろたえるかだ。だが、アイデアに関しては、行き詰まることは創案プロセスの自然な一部なのだ。うろたえてはいけない。経験豊富な創造者は、行き詰まりをブレークスルーの入口に立っている証だと考えていて、それをむしろ歓迎している。

歌手で芸術家で詩人でもあるパティ・スミスは、自分が「意気消沈している」と感じると、独特の「レイド・バック」というアプローチをとっている。「長めの散歩を試みたりもしますが、テレビで何かいい番組が始まるまで、ただ時間をつぶすのです」[4]。数十年の経験をもつ多才なアーティストとして、スミスは「時間をつぶす」ことが、レイド・バックそのものであることを理解している。ひとたび慣れ親しんだアプローチを除外してしまうと、あとに残るのは、潜在意識が、あなたの集めたインプットを何かがひらめくまで入れ換えて新しい構成にしながらバックグラウンドでまとめたものだ。

先に進むには、いったん離れてみる。「シャーロック・ホームズが、よく事件のさなかに活動をやめて、ワトソンを無理やりコンサートに連れ出したのを覚えているだろうか?」と、ヤングは書いている。「あれは、実務的で現実を重んじるワトソンにとっては、非常にしゃくに障る行動だった。だが、コナン・ドイルは創造者だったので、この創造的なプロセスを知っていたのだ」

戦術としての撤退　問題と距離を置く

マイケル・ルイスが『かくて行動経済学は生まれり』（文藝春秋、2017年）で書いているように、イスラエルの心理学者であるダニエル・カーネマンとエイモス・トヴェルスキーは、主に長い散歩をして互いに軽口をたたきながら、行動経済学を共同で考え出した。本来なら仕事をすべきときに、2人があまりにも楽しそうにしているのを見て、不快に思う同僚もいた。だがこの2人は、一緒に歩き、話し、笑いながらも、驚くほど生産的だった。何年にもわたる協力関係において彼らが実施した、洗練され、洞察力にあふれた賢明な実験の数々は、古典経済学の世界に旋風を巻き起こし、やがてカーネマンにノーベル経済学賞をもたらした。「すぐれた研究を行う秘訣は、つねに能力を少し下まわる仕事に従事することだ」と、かつてトヴェルスキーは語った。「数時間を無駄にできないばかりに、数年間を無駄にしてしまうことになる」

フランスの数学者アンリ・ポアンカレも、アインシュタインと同じように、問題から離れるタイミングを心得ていた。「私は、明らかにたいした成果がなさそうな算術問題の研究に目を向けた」と、ポアンカレは書いている。[5] 彼は、自分を責める代わりに、海辺で数日を過ごした。すると、断崖に沿って朝の散歩をしているときに、簡潔で確実な解決策が突然浮かんできた。障害物を認識したときに、目の前の問題を手放すのは、直感には反するものの、最も重要な創造的スキルだといえる。

私たちは第2章で、おもな創造的戦略として、スケジュールに余白を設ける習慣を身につけるよう勧めた。本章ではその戦略的な取り組みを戦術レベルに近づけていく。戦術としての撤退は、先延ばしとはまったく違う。先延ばしは、いましなければならないとわかっていることを後まわしにする高度な技術だ。もしやるべきことがわかっていなかったら、先延ばしすることはできない。実際、真の時間の浪費は、障害物に遭遇しても、その仕事に固執し続けることだ。たった1

つの創造的な解決策によって、数日あるいは数週間、さらには数カ月にわたる努力の必要性がなくなることがある。もしあなたが忙しすぎて創造力に訴えることができないなら、優先順位を見直すといい。あなたの役割がどんなものであろうと、創造性は、あなたがどんな仕事にでももたらすことのできる、最も高い価値なのだ。

イノベーションや創造性に関連するアドバイスは、より多くの手法、より多くの習慣、より多くの技術を求めるものが非常に多い。もし私たちが、重要度の低いことに時間を使うのをいっせいにやめ、目の前の問題を離れて内省と熟考のための余地をつくらなければ、アイデアフローを増加させる努力を阻害するだけだ。まさに本章の冒頭でデイヴィッド・オグルヴィが警告していたように、日常に追われていると、想像力は阻害されてしまう。「分別の支配」を逃れるためには、さまざまなインプットを収集するときや、精力的にアイデアをテストするときに、負け戦からの撤退を戦術的に考えなくてはならない。創造的なアウトプットという心理戦では、「広告の父」と呼ばれたオグルヴィの右に出る者はいなかった。オグルヴィは、より多くのアイデアを思いつくには、やっていることを少し減らす必要があるとわかっていた。

「私は、自分の無意識へとつながる電話回線を、つねに使える状態にしておくテクニックを開発した。無意識という無秩序な貯蔵庫が、私に何か伝えたいことがあるときのためだ」と、オグルヴィは書いている。「私は大量の音楽を聴く。熱い風呂にゆっくりとつかる。庭仕事をする。アーミッシュの共同体のなかに隠遁《いんとん》する。鳥を眺める。長い時間をかけて田舎を散歩する。そして頻繁に休暇をとる。脳を休ませるためなので、そこにはゴルフも、カクテルパーティーも、テニスも、ブリッジも、コンセントレーションもない。あるのは自転車だけだ」。ちなみにこの「コンセントレーション」はトランプの「神経衰弱」のことだが、この場合は「集中」の意味にもとれる。アイデアを流れるようにしたかったら、集中を緩める必要があるからだ。

リラクゼーションは、一流の人物に関して頻繁に話題になるテーマだ。こうした人々は、自由に使える時間が限られている。実際、私たちがCEOや起業家たちと話したときに何度も繰り返し出てきたのが、彼らがいかに意識的に、精神を休ませるための時間と空間を確保しているかという話だった。これは、週末にメールを見ないことや、「アーミッシュの共同体に隠遁する」といった風変わりな真似をすることで、できるわけではない。日常的な慣行にする必要があるのだ。

第7章に登場したマーク・ホプラマジアンは、20年近くハイアット・ホテルズの社長兼CEOを務めてきた。何万人もの従業員を抱える大手企業のリーダーがみなそうであるように、ホプラマジアンは一日の大半をミーティングに費やしている。実際、彼のスケジュールはびっしりと詰まっている。すべてをきちんと区別するのが難しいので、ホプラマジアンは、どこに行くにもノートをもっていく。電話や会議の前には、話したいことや考えていることをいくつかまとめて、そこに箇条書きしておくのだ。このやり方は、たいていの場合は十分に有効で、的を射たものだった。だがホプラマジアンは、ときどき、せわしない一日の流れを遮断し、1人になって特定の問題をじっくり考えることがある。「私はこうして、何度か突破口を見出しました」と、彼は私たちに語った。「それが戦略になったのです」

だが、正確にはいつだ？　CEOの地位にある人が、急ぎと思われる問題への対応を拒んで、黙考に時間をかけるタイミングを、どうやって決めているのだろうか？

それほど責任ある立場の人にとっては、空き時間を見つけるのは至難の業に違いない。ホプラマジアンの置かれた環境では、とくに難しい。「プレッシャーを感じたときに、私がまずするのは、腕まくりをして仕事に精を出すことです」と、ホプラマジアンはいった。だが彼は、アイデアの問題が腕まくりにはそぐわないことを知っていた。「本当に行き詰まったときは、大きく後退して、心を解放する必要があります」

静かな空間に閉じこもって、難しい問題をじっくり考えるのは、理屈の上ではよく聞こえるが、すべての会議や電話やメールのあとに、それができる人などいない。撤退すべきタイミングをホプラマジアンに告げる兆候が2つある。1つ目はトンネル・ビジョンだ。「困難な問題に取り組んで脳を酷使していると、ほかの可能性が見えなくなってしまい、その状態がとまらなくなります」。ホプラマジアンは、いったんほかが見えなくなってしまうと、洞察を引き出す可能性のあるさまざまなインプットから遮断されてしまうことを知っていた。では2つ目の手がかりとは？

ホプラマジアンが考えをまとめるためにノートを開いたときに、何も思い浮かばないときだ。「どうやって要点をまとめればいいか、本当にわからないのは、私の考えが決まっていないからです。考えをまとめられないなら、身を引くしかありません」

行き詰まったときに問題と距離を置くのは、当たり前に聞こえるかもしれない。だが実際に、あなたはどれくらいの頻度でそうしているだろうか？ たいていの場合、ある問題にてこずると、ますます思考が硬直し、視野が限られてくる。第1章で論じたように、アイデアの問題に見られる典型的な特徴は、力ずくでは何も解決しないということだ。空回りをしているとわかったら、まずは戦術としての撤退に踏みきるべきだ。静かな場所を見つけて、あなたの「無意識」が活動できるように、数分かけて思考するか、できたら何か軽い気晴らしをしてみるといい。

「撤退」の活用を、戦術と位置づけなくてはならないのは、皮肉なことだ。なぜ撤退は、自然に起こるものではないのだろうか？ リーダーたちと仕事をしてみてわかったのは、問題から手を引くのをためらう人が多いということだ。彼らの仕事の流儀にあまりにも反するために、たとえ撤退が最善の策だとわかっていても、なかなか踏み切れない。要は、彼らの性分に合わないのだ。ほかのことに関しては、的を絞った方向性のある取り組みをよしとするのに、創造性に関してはそれができない。創造的なブレークスルーは、私たちがあがくのをやめたときに起こる。問題を適切に組み立ててしまえば、私たちがほかの仕事に軽くとらわれているときや、ただ空を見つめて一息ついているときに、本能が最高の働きをする。

戦術としての撤退を実行するのは、チームに属しているときはとりわけ難しい。間違った捉え方をされると、アイデアフローを解き放つ行動が、ほかのメンバーには、先延ばしや怠惰に見えてしまうからだ。もしあなたが危機に直面するリーダーだったら、小休止が決断麻痺に見えて、何よりもチームの士気を低下させてしまう。リーダーは、必要な時間をかけてブレークスルーを起こす代わりに、間違ったメッセージを送るのを避けてより大きな失敗を犯してしまう。

DNAの二重らせん構造から行動経済学まで、イノベーションは、意図的に気晴らしをしているときに湧き出してくる。こうした行動を退却や逃避とはみなさずに、あなたのしていることを戦術的撤退として見つめ直すべきだ。この概念をチームの文化に織り込んで、誰もが小休止の目的と、より大きなミッションにおけるその価値を理解できるようにすることが必要だ。それにはまず、あなた自身が手本を示して、これを奨励し常態化させるべきだ。

創造性を高める7つの気晴らし

撤退にはほかにも方法があり、その多くはよく耳にするものだろう。1人で、あるいは誰かほかの人と一緒に歩く。自分の専門外の本を読む。ほかの分野の専門家の講義に出席する。ゲームをする。昼寝をしたっていい。いずれにせよ、問題に取り組むのを意図的に中断して、潜在意識が無事に収集したインプットを混ぜ合わせられれば、前進したといえる。

だが、気晴らしのなかには、気を散らせすぎるものもある。携帯電話を取り出して、依存性の高いモバイルゲームを何回かすると、ほっとするかもしれないが、それがブレークスルーにつながることはない。頭を使わずに、ネットフリックスに没頭するのも同じだ。あなたは、テレビを見ながら、すばらしいアイデアを思いついたことがあるだろうか？ きわめて魅力的で、華々しく、せわしない何かに没頭していると、私たちが意識の裏で広めたいと願うかすかな印象を、どこかに追いやってしまうだけだ。

メディア理論家のマーシャル・マクルーハンは、「ホット」と「クール」なメディアを区別した。テレビのようなホットメディアは、情報が豊富だが、受動的吸収の状態をつくり出す。一方、本のようなクールメディアは、そこまで圧倒的ではなく、より積極的な関与を必要とする。おそらくあなたが想像しているように、ホットメディアは、あなたの精神が機能するために必要なスペースを提供しない。

あなたはすでに、創造的に行き詰まったときに使える撤退戦術をもっているかもしれない。もしそうでないなら、次のような選択肢をお勧めする。

・水　疑わしいときは、濡れるといい。シャワーを浴びるか入浴する、あるいは泳ぎに行くのでも、創造的な問題解決にちょうどいい気晴らしを提供してくれる。[6]

もちろん、サーフィンで高度なハング・テンを披露してもいい。アメリカの理論物理学者ギャレット・リージは、サーフィンをすることで自身の創造性を解き放っている。リージは、2007年の急進的な論文「ひときわ単純な万物の理論（An Exceptionally Simple Theory of Everything）」で、科学界に旋風を巻きおこした。この論文は、素粒子物理学とアインシュタインの重力理論を両立させる、斬新な方法を提案するものだった。リージの理論がいずれ実験によって立証されるかどうかに関係なく、彼がひも理論に対して、わくわくするような一撃を加えたのは間違いない。サーフィンは、リージの創造的プロセスに、きわめて重要な役割を果たしているのだ。

「難しい問題に取り組んでいるときは、たくさん遊ぶことで、精神的柔軟性を得ることができる」と、リージはインタビューで答えている。[7]「難問に取り組んでいて壁にぶち当たり、何をしてもうまくいかないときがある。そんなときは、2時間ほど別の強烈な体験に身を投じることで、戻ったときに新鮮な視点でふたたびその問題について考えられる。そして、以前のやり方をしていたら考えられなかったような、新しい取り組みを思いつくことがある」

問題を解決するためにサーフィンをする革新者はリージだけではない。アイルランド在住のある経営幹部は、私たちにこう語った。「ボードにノートをもちこめたらどんなにいいことか。そうしたら、パドリングをしているあいだ、いくらでもブレークスルーが生まれるのに」

・タスク・スイッチング 何の気晴らしもせずに仕事に没頭することが、創造的なプロセスのある段階では非常に重要となることがある。だが、行き詰まりを感じたときは、注意をほかのタスクに向けることで行き詰まりを解消できる。とくにそれが、別の作業形態を必要とするものだと効果的だ。

このタスクは、ほかのプロジェクト全体を巻きこむものかもしれないし、現在のプロジェクトのなかで別のスキルを要するものかもしれない。アメリカの心理学者ハワード・グルーバーによると、精力的な創造的労働者は、どの時点においても、関連するプロジェクトを相互につなぐネットワークを求めている。グルーバーは、詩人のジョン・ミルトンを引き合いに出した。ミルトンは、30年近くを『失楽園』の制作に費やしたが、この叙事詩のために創造的なエネルギーを使い果たしたことは一度もなかった。ミルトンは長年にわたり、より短い詩や散文だけでなく、政治活動にも取り組んだ。そのおかげで、『失楽園』にてこずっているときも、アイデアの流れを維持できたのだ。グルーバーは、「1つの企てがうまくいかなくても、生産的な作業が止まることはない」という結論に達した。ミルトンは、長いものから短いものへ、あるいは詩から散文へ移行することで、戦術的撤退の機会を得たのだ。同じように、第4章に登場したベティ・ネスミス・グラハムは、看板製作の副業によって、リキッド・ペーパーという修正液の発明を触発されたのだった。

「私は、どんな瞬間にも、少なくとも3つの明確なプロジェクトを動かしていたい」と、作家のスティーブン・ジョンソンは書いている。[8]「(ひとたび)プロジェクトを決めたら、それらのつながりが明確に見えてくるようになる。すると、何かに遭遇したときに『ああ、これはどこに向かうか、はっきりわかる』と思うはずだ」

ジョン・ミルトンが詩から散文の作品へ移行したように、別の困難なタスクに切り替えるよりも、マインド・ワンダリング(心の迷走)を最大化するような、きつくないタスクに切り替えるほうが、さらに効果的だ。ある心理学者たちのグループは、困難なタスクに休みながら、あるいは休みなしに従事するよりも、きつくないタスクに切り替えたほうが、前の困難なタスクに関して、大きな業績改善をもたらすことを発見した。[9]

・**趣味に目を向ける** ベル研究所の所長として知られるマーヴィン・ケリーは、自宅の裏庭に植える何万ものチューリップやラッパスイセンの球根の配置を指揮していた。「その緻密さときたら、ばかばかしいほどだった」と、ジョン・ガードナーが、『The Idea Factory』（邦題は『世界の技術を支配する　ベル研究所の興亡』文藝春秋、2013年）という伝説的なイノベーション拠点に関する本のなかで書いている。[10] だが私たちは、毎年功績を上げていたケリーにとって、それが重要な役割を果たしていたと想定することができる。園芸に対する情熱は、もっと控えめなものでもかまわないし、おそらくはそうあるべきだ。「土いじりには、人をしっかりさせる何かがあります」と、第7章に出てきた、イノベーションと戦略のリーダー、クラウディア・コチュカは、私たちに語った。「雑草を引き抜くのが一番です。その作業自体については実際に考えていなくても、アイデアが流れはじめます。人はよく、シャワーを浴びているときに最高のアイデアを思いつくといいます。私にとっては、それが庭にいるときなのです」

庭いじりに関心がない場合は、アインシュタインのバイオリンのように楽器でもかまわない。あるいは、木工細工のような工芸。作家はギターを弾き、キーボードの近くにいつも1本置いている。科学者はエンジンをいじくり回し、列車の模型を組み立てる。起業家は、六面立体パズルをすごい勢いで解く。ベル研究所でマーヴィン・ケリーの同僚だったクロード・シャノンは、よく4つのボールをジャグリングしながら一輪車で廊下を走り回っていた。あなたの仕事環境、興味、そしておそらくバランス感覚が、あなたにふさわしい選択肢を決めるだろう。重要なのは、ほかの人たちがその問題に取り組んでいるあいだに、あなたの意識を休ませて回復させることだ。

・昼寝をする　第2章で、夜よく寝ることが創造的な業績にとっていかに重要かを論じた。加えて午後の昼寝も、新しい角度から問題に取り組むことを可能にする。テキサス脳脊髄研究所のジョナサン・フリードマン所長によると、新たに出てきた科学的証拠は、たとえ短時間の昼寝でも、認知機能を大幅に高めることを示唆している。[11] そのうえ昼寝は、とりわけ創造性を促進する可能性がある。ある論文によると、昼寝をすることで、学習した事実を柔軟な枠組みに結びつけて、一般原則を引き出す能力を高められる。[12] この抽出プロセスは、創造性の重要な構成要素だ。ジョージタウン大学メディカルセンターのアンドレイ・メドベージェフ博士によると、MRIによって、昼寝をしているあいだは脳の右半球で、十分に統合され同期された動きが異常なほど活発になることが明らかになった。「脳が、データを分類したり、記憶を統合したりしながら、ハウスクリーニングをしているようなものだ[13]」

ルートヴィヒ・ヴァン・ベートーヴェンから、サルバドール・ダリやトーマス・エジソンまで、創造者たちは昼寝を活用し、気分をすっきりさせて洞察を得ていた（エジソンは、「シンキング・チェア」と呼んでいた椅子にもたれて休憩した）。職場で寝ていると、冷ややかな目で見られるかもしれないが、ますます多くのリーダーたちが、昼寝の価値に気づくようになっている。グーグルからザッポス、ベン&ジェリーズ、NASAまで、従業員が利用できる専用の昼寝部屋を完備している組織もある。最悪の場合でも、オフィスの椅子にもたれて眠るのはいつでもできる。

・**クールメディアを探す**　ホットメディアだけでなく、クールメディアにもしっかり目を向けよう。本を読む、ポッドキャストを聴く、あるいはアートを見る。それはあなたを完全に引きこむわけでも、問題を消し去るわけでもなく、戦術的撤退にぴったりの気晴らしになる。ただし、あなたが抽象絵画に目がない場合は別だが。

「私は、自分の専門分野以外の本を読むことを、自分に課している」と、グローバル戦略コンサルタント企業インシグニアムのネイサン・ローゼンバーグCEOは語った。「たとえば、私は（デザイン雑誌の）『ウォールペーパー』を定期購読している。違う見方と考え方をするよう、自分を駆り立てるためだ」

・**話す**　ブライアン・グレイザーは、長年のパートナーのロン・ハワードと多くのヒット映画を製作し、ボックスオフィスで150億ドルを超える興行収入をあげている。グレイザーはフルタイムのブッキング・エージェントを雇い、科学者から芸術家や政治家まで、あらゆる職業および地位の興味深い人々との「好奇心を満たす会話」を、定期的に予定している。[14]

グレイザーはこうした対談を通じ、従来の意味での研究材料を集めているわけではない。彼の対談相手は、進行中の映画やテレビプロジェクトと具体的には何の関係もない人たちばかりだ。グレイザーは対談を、そのときの差し迫った問題から離れて、視野を広げる機会と見なしているのだ。当然ながら、あとから振り返ってみて、こうした対話がその後の創造的なアウトプットに与えた影響を目にすることはあった。だがグレイザーは、問題を解決するためではなく、抱えている問題から逃れるために、それぞれの対話に臨んでいたのだ。

もし自分が空回りしていることに気づいたら、友人に電話をかけて軽く話をする、以前の同僚と予定外のお茶をする、あるいは食事中に携帯を置いて配偶者や子供たちときちんと話をするだけでもいい。その際の唯一のルールとして、自分が抱えている問題については話さない。頭のなかのその部分に休む機会を与えて、予期せぬことに備えるためだ。

・**動く**　散策がもたらす価値はすでに説明した。創造者のツールキットのなかでも、これほど費用対効果の高いものはない。たとえ退屈でも、携帯を取り出したりせずに耐えるべきだ。メールやソーシャルメディアをチェックしたい衝動に突然襲われるのは、頭の隅で物事がウォームアップしていることを示す確かな兆候だ。悲しむべきことに、多くのブレークスルーは、デジタル・ディストラクション（訳注／スマホやPCによる注意散漫）の風に吹きとばされてしまう。そうした居心地が悪く落ち着かない気持ちをものともせずに前進を続ければ、あなたの脳もあきらめるはずだ。あなたが歩いていると、脳はあなたの問題に注意を向けるようになる。あなたが近所を散策しているあいだに、脳はインプットを混ぜ合わせているのだ。

もし本当に電話に出る必要がある場合は、スピードを上げればいい。80代になっても並外れて精力的な活動を続けているジョイス・キャロル・オーツは、ランニングが彼女の創造的プロセスに不可欠だと考えている。「毎日走りに行かないと、執筆もうまくいきません。本当に、この運動によるエネルギー放出にかかっているのです[15]」。クラウディア・コチュカの場合は、新しいアイデアを解き放つために走りに行く。だが、コチュカはときどきノートをもっていくのを忘れてしまう。「ずっとアイデアを心に抱いたまま、走って戻ってくるんです」

戦術としての撤退には、ほかの人ではなく、あなた自身の許可が必要だ。このツールを提案すると、上司や同僚の手前、忙しくしている――あるいは、少なくともそう見せる――必要があるので、難しいという人がいる。撤退への抵抗は、内部から生じるのだ。明確で簡潔なタスクは、最低限の不確実性と感情的脆弱性でやり遂げることができる。そのため、私たちはまず、「やることリスト」のボックスにチェックを入れることにしている。一方で、厄介なアイデアの問題は、不快な感情をもたらす。たとえ短い時間でも、現在の懸念をわきにどけて、より大きな将来を想像するのは、勇気のいることだ。黙ってじっとしているという単純な行為が、過激な行為に思えることがある。

撤退するときは、あなたが仕事にもたらす最高の価値に投資しているのだ。もしあなたが、行き詰まったときに離れる許可を自分に与えるなら、あなたの忍耐は報われるはずだ。創造的な解決策が、最も期待していないときに、どこからともなく現れると、なによりも安堵する。こうした戦術に共通しているのは、少なくとも熟考し空想にふける何らかの機会を提供することだ。いま短距離走を重視していると、アイデア立案という中心的な重要性をいとも簡単に見失ってしまう。ある問題に完全に集中し続けると、視野が狭められ、どこかに隠れている画期的な解決策に気づくことはできない。それを明らかにするには、絶え間ない集中を緩めなくてはならない。

1970年にディック・キャヴェット・ショウに出演したポール・サイモンは、「明日に架ける橋」を書いたプロセスを説明した。[16] この歌の出だしは、バッハのコラールに触発されたものだった。「そこで行き詰まってしまったのです」と、サイモンはいった。「メロディーが、それしか浮かびませんでした」。「何があなたを行き詰まらせるのですか？」と、キャヴェットが尋ねた。「そうですね。どこに出かけても、行きたくないところに着いてしまうのです」と、サイモンが答えた。「それで行き詰まってしまいました」。聴衆は笑ったが、サイモンはいたって真剣だった。

サイモンは、先へ進む方法を考える機会を潜在意識に与えるために、書きかけの歌を後回しにして、自分とは違うジャンルの音楽を聴きはじめた。すると、自分があるゴスペルのアルバムにのみこまれるのを感じた。

「家に帰ると必ずそのレコードをかけて聴きました。それが、私の潜在意識に影響を与えたに違いないと思います。なぜなら、私がゴスペルのコードチェンジを使いはじめたからです」。音楽がもつ影響力の予期せぬ組み合わせと、自分の問題を進んで後まわしにしたことによって、サイモンは不朽の名作をつくり出すことができたのだ。

結論

ほかの人と一緒に革新を図る

創造性は、可能性の芸術だ。困難や締め切りを前にすると、人はいつものやり方で乗り切ろうとしてしまう。プレッシャーを感じているときに、誰もが一番やりたがらないのは、さらなる選択肢を検討することだ。だが、本書の冒頭で、鋭敏な中学1年生が指摘したように、創造性とは「最初に心に浮かんだもの以上の何かをすること」だ。それはまさに、ビジネスでもそれ以外でも、大きいことを成し遂げたいと思ったときに欠かせないものだ。創造性は、単に問題をどう解決するかではなく、どうしたら最高の貢献ができるかを示すものなのだ。

世界の一流の創造者や、最も業績のいい企業は、こうしたテクニックを使って、問題をアイデアで満たし、画期的な成果を生み出している。彼らは、たとえプレッシャーを感じていても、早く落ちつきたいという衝動に抗い、幅広い可能性を探求する。なぜなら、そのプロセスが努力を価値のあるものにすると信じているからだ。これは、劇的な事件が好きだからでも、大混乱を待ち望んでいるからでもない。結果が重要で、タイミングがすべてだと知っているからだ。

偉大な創造者は、たいてい実用主義的な思考をする。彼らがアイデアフローを優先するのは、勝ちたいがためだ。本書で紹介した技法を実施するには、時間と努力が必要だが、それによって無駄な努力が劇的に減り、不確実性が減少し、成功する確率が桁違いに上昇する。もし、これらの練習や技法が並外れた成果をもたらさなかったとしたら、私たちがアドバイスしている個人や組織も活用しようとは思わないだろう。

危険なのは、2000のアイデアを生み出すのに時間とエネルギーをつぎこむことではない。問題をアイデアで満たしてから、厳格な評価プロセスによって選別すれば、新しいことをする際のリスクを軽減できる。最も危険なのは、数少ないアイデアでスタートして、上司が最も気に入ったものに落ちつくことだ。すべてを赤に賭けるリスクは、そのアイデアが本格的に実施されるまでずっとつきまとう。この取り組みは、多くの企業で普通に行われているが、ヘルメットをかぶらずにバイクに乗る、もしくはパラシュートをつけずにスカイダイビングをするのと同じくらい危険だ。

私たちは、何千もの実験が、想像しうるほぼすべての状況において実施されるのを、初めから終わりまで見てきた。私たちのいうことを信じてほしい。会議室のなかと同じ展開を現実の世界でも見せる「確かなこと」はほとんどない。多くの企業イニシアチブや派手に宣伝される新規公募が、金ばかりかかる、ばつの悪い、自信を喪失させるような失敗に終わるのはこのためだ。多くの企業は、危険度の高い実験を、試作品としてではなく製品として実施している。

アイデアフローに話を戻そう。再度、公式を示しておく。

アイデア／時間＝アイデアフロー

低いアイデアフロー……静まり返った会議室で、全員が見つめるなか、刻々と時間が過ぎていく。ホワイトボードには、ぱっとしない解決策が2つ走り書きされている。

高いアイデアフロー……たやすく、楽しくさえある、予期せぬ可能性が出てくる。部屋にいる1人1人が、創意、変更、統合の各プロセスに深くかかわっている。

アイデアフローの蛇口が開いているとき、創造性は楽しいゲームであり、面倒な仕事ではない。仕事でこれほど楽しいものはないだろう（信じてほしい。私たちはすでに試している）。だが、いつでも必要なときに、確実にこの状態になるには、練習が必要だ。危機が訪れるのを待っていてはいけない。よいときも悪いときも、こうしたテクニックを使おう。そうすればやがて新しいマインドセットと、問題に対する、新しくより効果的な対処法が身につくはずだ。

本書を読むだけでは、まずうまくいかない。ほかのどんなスキルにもいえることだが、マニュアルを習得したら、それを手放すべきだ。個人的な創造性の訓練を開発して持続し、これらのテクニックを使って、次のレベルの成果に着実につなげるのだ。いつの日かあなたは、いまあなたがいる場所を振り返って、なぜあんな古いやり方で問題を解決していたのかと不思議に思うことだろう。

私たち教育者にとっては、誰かがそうなる瞬間ほど嬉しいものはない。泥沼にはまって身動きがとれないマネジャーがいたとする。彼はいままで一度も創造的であったことがなく、この「追加」作業の価値がまったくわかっていない。そのマネジャーが、このプロセスが貴重な洞察を生むのをようやく目にするのだ。そして突然、能天気に無数の可能性を口にしはじめる。見てくれ、私のやっていることを！　だがそうした変化は、前任者からそれを引き継いだ人が、リーダーシップを発揮しないかぎり定着しない。もしあなたが自分の慣行を維持して、リーダーとしてこうした行動を示さなければ、チームや組織に普及することはない。幸いなことに、創造力を強く保つためには、少しの定期保守で事足りる。あなたがとくに何もしていないなら、朝のルーチンにアイデア・ノルマを組み込むことから始めるといい。

あなたが宿題をやってきたと想定して、もう一度あなたのアイデアフローを測定してみよう。

ペンと紙を用意してほしい。第1章と同じ作業をしてみて、同等の条件で比較するのだ。まず、あなたの受信トレイのなかから、返信が必要なメールを1通選び出す。次に2分間で、返信につける違う件名をできるだけ多く書き出してみる。検討も、中断も、判断も、修正もしてはいけない。真面目なものでもばかげたものでもいいので、できるだけ早く件名を書けば、それでいい。すべての変種も勘定に入れる。量だけを重視するのだ。

では、数えてみよう。あなたは、違う件名をいくつ思いついただろうか？　そしてその数は、最初のときと比べてどうだろうか？　賭けてもいいが、数が増えているはずだ。あなたの結果は、アイデアフローを増やすために重ねてきた努力に比例するからだ。いずれにしても、その努力は続けたほうがいい。あなたが創造的な練習に込めたエネルギーと意思が多ければ多いほど、ほかのあらゆる問題も簡単に解けるようになる。あらゆる問題がアイデアの問題なのはそのためだ。もしあなたが何かを解決する方法をすでに知っていたのなら、それはただの仕事だ。

創造性がどう働くかを理解するのと、それを自分で実践するのは違う。思考と実行の違いだ。あらゆる機会を捉えて、あなたのツールボックスを拡大し、アイデアフローを次のレベルに引き上げるべきだ。たとえば、ジェレミーには昼寝をする習慣がまったくなかった。だが、本書のために昼寝のメリットについて書かれたエビデンスを集めてみたところ、俄然試してみたくなった。昼寝は、創造性に関する文献のいたるところに登場する。芸術家、科学者、哲学者は、睡眠の直前および直後の変性意識状態を定期的に活用して偉大な洞察を得ている。明らかに、昼寝は何か興味深い働きをしている。エジソンが自分のリクライニングチェアを――そこで昼寝まではしなかったが――「シンキング・チェア」と呼んだのにはそれなりの理由があるのだ。

ジェレミーは最近、ある大きなワークショップの最中に、あと12分で参加者にスピーカーを紹介しなければならないにもかかわらず、頭がぼんやりしてきた。彼は、昼寝をしようと思ってタイマーを7分にセットした。ホールに戻る前に、5分でふたたび気持ちを引き締めなくてはならない。微妙な気分だったが、昼寝の効能とやらを試すいい機会だ。驚いたことに、ほんの一瞬眠っただけで、dスクールでの問題に対する解決策のアイデアが急に頭に浮かんだのだ。「まさに、私たちが本のなかで語っているとおりだ」と、ジェレミーは心のなかで思った。

本書の執筆中、ジェレミーは定期的に昼寝をしている。さらに、大量の付箋をそばに置いて、思いついたアイデアを選別せずにすべて書きとめると決めている。書きとめる訓練は、眠りにつく直前や、真夜中に目が覚めたときも続けるべきだ。だがこれは、ジェレミーがひらめきにしか興味がなく、心地よいまどろみなど必要としていないという意味ではない。

ある晩、ジェレミーは、電気を消した直後に、ある問題に対する解決策を思いついた。最初は、寝返りを打ってそのまま寝てしまいたいという衝動に駆られた。そこで、アイデアを書きとめずに、心のなかでそのアイデアを何度か繰り返すにとどめた。そうすれば、朝になっても間違いなく覚えているはずだ。だが、それでは言行不一致になると思い、結局はペンを探してアイデアを走り書きした。

翌朝ジェレミーが目覚めたとき、そのアイデアはまだ彼の頭にしっかり残っていた。ジェレミーは、勝ち誇った気分になった。「きっと覚えてるって思ってたよ！　結局のところ、書きとめる習慣をそこまで厳しく徹底する必要はなさそうだ」。そして、自分が付箋に書いたものを読んでみた。すると、自分がまったく別のアイデアを書いていたことがわかったのだ。メモをチェックしていなかったら、自分が当初のアイデアを覚えていたと勘違いしたままだっただろう。驚きだった。

ペリーはどうかというと、彼は本書の執筆によって、類推思考の価値をますます認識するようになった。いまでは、トレーダー・ジョーズへ行くのが、面倒な仕事ではなく、1つの機会となっている。ペリーは店に入ると、ミルクや卵だけでなく、類似性も探している。探求することで、列に並ぶいらだたしさも観察する楽しみに変わる。ペリーは、自分がいらだってきたと感じると、差し迫った問題を思い出して、そこに意外な関連性がないかを探すという。

オーナーシップ（当事者意識）とイノベーション

私たちは、アイデアフロー——与えられた問題に対して斬新な解決策を考案する能力——こそ、21世紀における最も重要なビジネス指標だと信じている。さまざまな組織にアドバイスしてきた私たちの経験では、イノベーション能力はチームや組織の成功と直接の関係がある。だからリーダーは、ほかの重要業績評価指標（KPI）と同じくらい注意深くアイデアフローを監視する必要がある。イノベーション・パイプラインを見ているだけでは不十分だ。リーダーは、プロセスの改善と前向きな行動の奨励を実施するために、時間と労力を投資しなければならない。イノベーションは、市場シェア、利益、レジリエンスを決める要因であり、究極の競争優位なのだ。

創造性に対する取り組み方をしっかりと決めたら、今度はそれをチームや組織に広める番だ。前述したが、誰も——創業者も、フリーランサーも、デジタルノマドも——完全に1人で仕事をしているわけではない。より大きな野望を実現するには、ほかの人と一緒に革新を図る能力を身につけなくてはならない。そのため、あなたがチームや組織を率いる立場になくても、以下の情報は役に立つはずだ。

何よりもまず、イノベーションはオーナーシップを必要とする。コミュニケーションをとることで、有望なアイデアと夢物語の違いをはっきりさせる。問題に取り組むときに、部屋に何人いるかは重要ではない。そのなかの誰か1人に、次の会議までにきちんとフォローするよう指示を出さなくてはいけない。もしそれが、あなたのチームの習慣になっていないなら、すぐに定着させるべきだ。

ある問題に関する情報が不足しているとき、グループの人たちはどうするだろうか？「もう一度、会議を開こう」となる場合が多いに違いない。だが、新しい情報がなければ、問題に関して同じやりとりを一から繰り返すことになる。ただし、解決のために使える時間はさらに短くなっている。イノベーションが停滞するのはそういうときだ。

こうした文化的習慣は、いますぐ壊さなくてはならない。フォローの実施をプロセスにしっかりと組み込み、たえずそれに気を配るのだ。オーナーシップというアイデアに全員を賛同させるには、定期的な反復と強化が必要だ。チームが同じ問題についてまた別の会議を開く気でいるのがわかったら、必ずブレーキをかけて、次は違う議論ができるように必要なデータを明確に示すべきだ。それから、できれば現実世界での実験を通して、確実にデータが集まるように、責任者を1人選んで必要な権限を与えるといい。

あなたは、第10章でフェアチャイルド・セミコンダクターが、地元の花屋を訪問したときのことを思い出すに違いない。あのときは、サプライチェーンの透明性に関する議論が、流通パートナーとの情報共有というアイデアを引き出した。結局、花の場合はそれが功を奏した。誰かがアイデアを提案すると、そのエネルギーを感じることができる。小口顧客の助けとなる可能性を、誰もが理解していたのだ。問題は、流通業者がその提案に同意するかどうかだった。その情報がないかぎり、フェアチャイルドは先へ進めなかった。ああ、もうこんな時間か。次の会議が始まるまで、あと10分しかない……。誰かが問題を次の会議に持ち越すことを提案し、場を和ませる前に、COOのヴィジェイ・ウラルが口を開いた。

「誰がこの問題のオーナーになるんだ?」

ウラルはオーナーを指名すると、フェアチャイルドの流通業者に情報を共有する意思があるかを確認するよう命じた。そして、その調査結果を検討するためのフォローアップ会議を全員の予定に入れさせ、その会議が開かれると問題のオーナーが状況を報告した。「流通業者10社にメールで確認しました。そのうちの5社が同意し、残りの5社が3つの懸念を示しました」。提示された懸念に対する対処方法という、新たな議題ができたのだ。オーナーに導かれ、そのアイデアが実験になった。そしてその実験が、新しい会社のプロセスへと進化した。そのプロセスが、フェアチャイルドの小口顧客の体験を大幅に改善し、最初の問題が解決されたのだ。

フェアチャイルドのCOOは、そのアイデアを断念しなかった。そしてその場で責任者を指名し、次のマイルストーンの予定を決めた。これは、ほかの人と何かを創造するときの重要な統制方法だ。どんな問題にもオーナーが必要だ。そのオーナーは、計画に関して、ほかのステークホルダーと合意する必要がある。どんな手順を踏むか？　どんなテストをするか？　いつ結果を検討して、今後の進め方を決めるか？　中途半端なイノベーション計画によくあることだが、調査結果を意思決定者と一緒に検討しないかぎり、実験は役に立たない。つねにフォローアップ会議のための時間を確保し、先に進めるのに必要な人を全員、その会議に参加させるのだ。フォローアップ会議は、あまり先の将来に設定してもいけない。次のステップを踏み出すのに必要となる情報は、何であれ見極めるべきだ。それからさかのぼって、オーナーがそれを集めるのに必要な時間を決めるのだ。

誰かをオーナーにするときは、それに相当する量の仕事を取り除いてあげるのがあなたの役目だ。何か新しいことをするのは大変だ。決められた仕事や日常業務に比べ、かなり多くの時間が必要となる。その時間をつくるために、オーナーがどの仕事をやめるか、あるいはほかの人に回すかを、会議が終わる前に決めよう。また、プロジェクトを推進するのに必要な権限と資源をきちんと与えられるよう取り計らう必要がある。あなたがすでに依頼した内容に関して承諾を得るために、オーナーがステークホルダーを再招集する必要はない。

アマゾンでは、この原則を極端なまでに適用している。[1]「シングルスレッド・リーダー」は、あるソリューションを進めるための「100パーセント専任で、説明責任を負う」リーダーだ。「戦略的な構想を骨抜きにする一番の方法は、その仕事を誰かの副業にすることだ」と、アマゾン・ウェブ・サービス(AWS)の、エンタープライズ・ストラテジストであるトム・ゴッデンは書いている。「それでも、そうした仕事のやり方が好まれているようだ。CIOが、ある構想が非常に重要だと宣言しても、誰もその仕事を全面的に推進する権限を与えられない。全員が、ほかの誰かがやると思っている。そんなときこそ、シングルスレッド・リーダーが必要だ」。ある問題に対処するリーダーとして誰か1人を専任で指名することはできないかもしれないが、解決に取り組むための時間的な余裕は、あなたがつくり出してあげなくてはならない。

レンドリースでイノベーションの責任者を務めるヤスナ・シムズは、従業員がアイデアの推進に専念できる時間を提供する正式な制度として「探求タイム」を設けた。もし、あなたの組織に似たような仕組みがないのなら、すぐにつくるべきだ。人には、何かを試してみる時間が必要だ。その時間がなかったら、ブレークスルーは起こらないだろう。そうなると将来が危うくなる。

創造的なリーダー

プロジェクトに早めに介入するほど、大きな影響を及ぼすことができる。これは、わざわざいわなくてもわかることだ。だがほとんどの企業では、多くの重要な決断がすでになされたあとで、リーダーがプロジェクトに介入している。もしあなたの会社でもそうだというなら、すぐにやり方を変えて、あなたもできるだけ早い段階でイノベーション・プロセスに加わったほうがいい。つまり、未完の仕事とまとまりかけのアイデアの共有を当然のこととして行うべきだということだ。ピクサーのデイリーミーティングを思い出してほしい。もしあなたが洗練された完璧さを従業員に求めているなら、何らかの報告を受けたときにはすでに、あなた自身が貢献できるタイミングを過ぎているだろう。

効果的なイノベーションは、チームや組織のリーダーとしてのあなたに、以下のような質問に答えるよう求めている。

1．**あなたのチームや組織には、イノベーションに関連した指標があるか？**　あなたは、新しいアイデアが製品やサービスやソリューションになる割合を把握しているか？　報酬やインセンティブは、そうした指標に影響を受けるか？　創造的なリスクテイキングにかかわる指標の欠如は、イノベーションが、販売や顧客サービスのような主要な機能ほど高く評価されていないという、明確な合図を発信する。

2．あなた自身が、創造的な行動の模範を示しているか？　あなたは、創造的な行動を習慣としているか？　あなたは、アウトプットを生み出す前にインプットを求めているか？　あなたは、多くのアイデアを考案してから、選別をして実験につなげているか？　あなたが勧めていることをみずから実践しないかぎり、その慣行は普及しない。

3．あなたは、新しいアイデアを歓迎すべきものにするだけでなく、必要なものにするような事業戦略をもっているか？　もしあなたが、新しいアイデアの戦略上の必要性を認めていないとすると、自分の陳腐化を喜んで受け入れるしかない。

4．あなたは、部下が違う仕事のやり方をして、通常の仕事以外のところでアイデアを探求するためのスペースをつくっているか？　各従業員は、仕事のうち一定の割合の時間を、アイデアの探求と実験のために特化して使うことができるか？　明日のアイデアを今日の必要性から守るために、どんな仕組みがあるか？

5．失敗に終わったイノベーション計画に参加したことが、キャリアに影響するか？　「Xでは、失敗しても安全な環境をつくるべく尽力している」と、アルファベットの研究開発機関であるXの責任者アストロ・テラーは、TEDトークで説明した。[2]「チームは、エビデンスがそろいしだい、アイデアを反故《ほご》にする。そうすることで報われるからだ。同僚からは称賛を浴び、上司からはハグされたりハイタッチを求められたりする。もちろん私からもだ。それが理由で昇進することもある。プロジェクトを終わらせたチームのメンバー全員がボーナスを受け取っている」。テラーがそうしているのは、Xのメンバー全員に「Xでの失敗は、断じて個人的な失敗ではない」というメッセージを伝えるためだ。ムーンショットに失敗しても、さらに多くの機会につながるスカイロケットになることがある。あなたの会社には、失敗を称賛するプロセスがあるだろうか？

6. 従業員は、あなたに答えを期待しているだろうか？　リーダーとしてのあなたの仕事は、従業員が自分で答えを探せるようにすることだ。取り組みを彼らに解放するのだ。それによってあなたは、障害物から増幅器へと変わることができる。従業員を導きながら、彼らに自分たちの答えを見つけさせるべきだ。

ミシュランでは、フィリップ・バローが、最初からイノベーションを「会社が動かす必要のあるもう1つの筋肉」として位置づけようとしていた。イノベーションは、時間、資金、労力の投資を必要とする。バローにとっては、その投資を、妥当な出費で可能なリスク削減だとして正当化することは、ほかのどんな主張よりも説得力があった。ミシュランは、カスタマー・イノベーション研究所が、会社を現在の姿から将来のあるべき姿に変えることを期待している。

ロジテックでは、ブラッケン・ダレルCEOが、事業を種子／苗木／木という単純な構造になぞらえて、会社がここ数年驚異的なペースで続けてきた成長を確実に維持することを目指している。「種子」は新しい傾向と探求すべき機会を、「苗木」は積極的に育成している新しい事業を、そして「木」は成熟した事業を表している。ダレルはこれを始めたとき、常時1ダースかそこらの種子を抱えていて、それぞれの種子のリーダーが直接ダレルに報告していた。会社が大きくなると、ダレルはそうした報告を各事業部長にさせるようにした。事業部長たちにとっての課題は、自分たちの中心的な仕事に加えて、種子を適切に育てることだ。「いまのところ、みなうまくやっている」と、ダレルはいう。イノベーションと事業運営を両立させるのはたやすいことではないが、これほど価値のある努力がほかにあるだろうか？

ダレルは「ほとんどの種子が失敗する」という。「だが、私があきらめるまでは、消滅することはない」。同じように、ダレルは「定期的に木を剪定する」ことを徹底している。剪定をするときは、ダレルは失敗を称え、メンバーにボーナスを支給し、ほかの種子か苗木か木を担当する立場に昇進させている。「種子とかかわることで、キャリアが制限されるとは思われたくない」と、ダレルは私たちに語った。

新しい技法をグループに紹介する場を設けたら、必ず1人はこういうだろう。「これは私がいつもやっていることだ。だが、それが正しいことを、ほかの人に証明できたためしがない。私にしか効果がないのだ」。同僚に対していえることは限られている。「信じてほしい。ばかげているように思うかもしれないが、これをすればもっと創造的になれる」。あなたは、自分の技法を同僚に紹介するとき、こうした内部抵抗を経験したことがあるだろうか？　もしあるなら、本書があなたの創造的な取り組みの基本となる仕組みを説明し、研究と実例でそれを裏づける資料となることを願っている。多くの場合、人は2人の学者が書いた本を目にするまでは、創造的な慣行を取り入れるのに抵抗を示す。本書は、その目的にまさにぴったりだ。喜んでお役に立とう。

スタンフォード大学の教授である私たちも、こうした抵抗に遭遇することはある。あなたは私たちが、毎日ノートを持ち歩いたり、アイデアを書きとめたりすることを勧めたりせず、タイム・シェアに投資するよう求めているに違いないと思うかもしれない。権威の重みや事例証拠が役に立たないときは、いくつかの統計や発表された論文がたいてい功を奏する。あなたが本当にすべきことは、相手に一度試してもらうことだ。その結果は、どんな本格的な研究よりも説得力がある。本書の内容を、ぜひほかの人に試してもらうといい。

あなたの目的は、創造性に関する大量の事実を覚えることではなく、あなた自身の創造力を高めることだ。これは技法を知ることだけでなく、いかに創造的な停滞を診断し、いかにツールボックスから適切なツールを選ぶかを理解するという意味でもある。いまは発散すべきときか、それとも収束すべきときか？　いまはすぐれた解決策を探すときなのか、それとも先によい問題を探すべきなのか？　創造的な能力は練習することで伸びるので、そのまま続けてほしい。やがては毎度、適切なツールを手にすることができるようになるだろう。

創造性は、誰の脳でも同じような働きをする。しかし、すべての学生を対象とした創造性のカリキュラムがないので、各自が試行錯誤をもとに、問題解決への独自の取り組みを直感で理解している。うまく機能するものもあれば、しないものもあり、その2つを区別するのは難しい。私たちが、あなたのお気に入りの手法を検証する論理的かつ印象的な枠組みを提供しつつ、いくつかの強力な新しい技法をあなたのツールボックスに加えることができたらと期待している。今度、新たな問題が発生して、胃が痛むような恐怖を感じたら、大きな成功を収めたことを思い出してほしい。あなたは、自分が多くのアイデアを必要としていること、そしてそれをどこで手に入れればいいかを知っているのだから。

もし本書に価値を見出していただけたなら、友人、仲間、同僚、ライバルともぜひ共有してほしい。創造性は、1人1人が最高の自分を引き出す手段であり、世界を誰にとってもよりよい場所にする。

創造は、人と一緒だと最大の効果を発揮する不思議なプロセスだ。イノベーションという共通の言語は、意思の疎通と、あなたがブレークスルーを達成する際の創造的なアウトプットの取りまとめを容易にする。

さあ、仕事に取りかかろう。

謝辞

このような本は、多くの人々の支援なしには決して生まれない。私たちのプロジェクトは、すばらしい著作権エージェントのリン・ジョンソンがいなかったら実現しなかっただろう。リンは、著者である私たちを巧みに導き、創作過程において私たちが膨大な時間を無駄にするのを防いでくれた。ポートフォリオ社の編集者であるメリー・サンは、嵐のさなかでも動じない冷静さを備えていて、彼女のすぐれた書籍の制作への献身は、やりとりをするたびに私たちに刺激を与えてくれた。協力者であるデヴィッド・モルダワーは、私たちの多様な経験を、整然とした構成に見事にまとめてくれた。この3人には、心から感謝している。

プレハイプのヘンリック・ヴェルデリンとニコラス・ソーンに謝意を表したい。彼らの実用的な知恵と行動傾向は、すべての新たな協力作業に刺激を与えてくれた。カール・リーバートは、親切にも私たちを数多くの冒険に招待してくれた。彼の謙虚さはいつまでも印象に残っている。ついていく価値のあるリーダー、マーク・ホプラマジアンは、いつも目的と共感の大切さを思い出させてくれる。フィリップ・バローは、その野望で私たちを魅了した。マイク・アジューズとの議論は、私たちの思考を新たな方向へと押し出してくれた。ツネ・ヤナギハラとジュリー・ラグランドは、大胆な行動と思い切った決断を見せてくれた。全員に感謝している。

dスクールの協力者たちにも謝意を捧げたい。デブ・スターンは、丁寧な助言で私たちを未知の領域へといざなってくれた。カリッサ・カーターには、デザイン実践の進化について教えてもらった。サラ・スタイン・グリーンバーグは、マネージング・ダイレクターとしてリーダーシップを発揮してくれた。典型的なデザイン思考で教師のキャスリン・セゴヴィア博士。OBで、ジェレミーの長年のテニスパートナー（そしてペリーの対戦相手）であるビル・パチェコ。時を超えた英知と陽気な協力を見せてくれたバーニー・ロス。本の出版にこだわり、本書に日の目を見させてくれたデヴィッド・ケリー。私たちの無謀な構想を寛大にも裏づけてくれたボブ・サットン。つねに完璧なエピソードをもつハギー・ラオ。みんな、ありがとう。

長年にわたり一緒に仕事をしてきたコーチや協力者たちに感謝を捧げたい。パーカー・ゲイツ、アンナ・ラブ、ローガン・ディーンズ、ラトーヤ・ジョーダン、ジョシュ・ラフ、ソール・ガーダス、ジェス・ケッシン、アンジャ・ナベルゴジ、トゥルーディ・ンゴブラン、スコット・サンチェス、ユウスケ・ミヤシタ、スコット・ジマー、ケリー・ギャレット・ジーグラー、スージー・ワイズ、アダム・ワイラー、ホイットニー・バークス、カーク・エクランド、マーカス・

ホリンガー、キャスリン・コブ、ジェス・ニッカーソン、パトリック・ボードワン、ニール・ボイヤー、ダニエル・フルムホフ、サラ・ホルコム、トム・マリオラナ、ビダ・ミア・ガルシア。
ポートフォリオ社のエイドリアン・ザッケイムにも感謝している。また、彼のすばらしいチームは、並外れた努力と情熱と専門知識を提供してくれた。ニキ・パパドプロス、ステファニー・ブロディ、ヴェロニカ・ヴェラスコ、ジェシカ・レジオーネ、チェルシー・コーエン、マデリーン・ローリン、ミーガン・カバノー、トム・デュッセル、エミリー・ミルズ、マーゴット・スタマス、ヘザー・フォールス。壮大な装画（訳注／原書の装画）を描いてくれたジェン・ホイヤーと、優雅な装丁を担当してくれたアレクシス・ファラボーには、とくに感謝している。デザインが重要だ！

　ケイヴ・ヘンリックス・コミュニケーションズのバーバラ・ヘンリックス、メーガン・ウィルソン、ニナ・ノッチェリーノ。私たちのメッセージの共有に手を貸してくれてありがとう。

　最後に、直接的および間接的に本書の制作に貢献してくれた、そのほかのすばらしいリーダー、専門家、協力者の方々。アンディ・タン、フィリップ・バロー、クラウディア・コチュカ、ナタリー・スレッサー、ジェスパー・クローブ、ブラッケン・ダレル、ロレイン・サラエルディン、ナタリー・マティソン、クリス・アホ、リンダ・イェーツ、ジェイコブ・リーバート、リサ・ヨカナ、ドン・バックリー、アンドリュー・トマーシク、チャールズ・ムーア、ガブイエラ・ゴンザレス＝スタブ、ノブユキ・ババ、ビル・ギブソン、エリカ・グラデン、ブラッド・ヴァン・ダム、ケイシー・ハーリン、ダン・クライン、ダニエル・ルイス、ニック・リード、エリカ・ウォルシュ、グレッグ・ベッカー、ヤスナ・シムズ、ジェイ・アトリー、ジョン・ケラー、ジョン・ビークマン、ジュヨン・ソン、ケン・パッカー、ケヴィン・メイヤー、ローラ・ダサロ、レティシア・ブリトス・カバニャロ、リンダ・ヒル、リサ・モンゴメリー、メガン・ドイル、ミリ・バックランド、エリー・バッキンガム、リーダ・エル＝サイエ、大原徹也、ヴィジェイ・ウラル、ウォルフガング・エベル。みなさんに感謝している。

私ジェレミーは、インスピレーションを与え続けてくれる家族に、特別な感謝の意を捧げたい。ミシェル、エヴィ、ゼリン、コリー、フランセス。きみたちと家族でいられて、とても幸せだ。それから、母さん、父さん、ザッコ、レイディオ、オマイラ、ＪＰ、Ｚとその配偶者。私の悪ふざけに耐えてくれて、ありがとう。ＮＣＣＦの教会の仲間たち。とくに、ボビー・マクドナルド、サンディープ・ポーネン、ザック・ポーネン。何が大切かをいつも思い出させてくれて、ありがとう。おかげで、神が座しておられる高みにあるものを求めることができる。

私ペリーは、このプロジェクトのあいだ、ゆるぎない愛情と支援を提供してくれたアニーに感謝を捧げたい。そして、パーカーとフィービー。きみたちの父親でいられて幸せだ。いつもいろいろな質問をしてくれて、ありがとう。

原注

エピグラフ

1 Marc Randolph, *That Will Never Work: The Birth of Netflix and the Amazing Life of an Idea* (New York: Little, Brown, 2019).（邦題は『不可能を可能にせよ！ NETFLIX 成功の流儀』マーク・ランドルフ著、サンマーク出版、２０２０年）

序論

1 Jeff Bezos, *Invent and Wander: The Collected Writings of Jeff Bezos* (Boston: Harvard Business Press, 2020).（邦題は『Invent & Wander — ジェフ・ベゾス Collected Writings』ジェフ・ベゾス著、ダイヤモンド社、２０２１年）

2 Tim Appelo, "How a Calligraphy Pen Rewrote Steve Jobs' Life," *Hollywood Reporter* (blog), October 14, 2011, www.hollywoodreporter.com/business/digital/steve-jobs-death-apple-calligraphy-248900

第1章　今日のアイデアで明日の成功を測る

1 Victor Hugo, *The History of a Crime* (Tavistock, UK: Moorside Press, 2013).

2 Brad Stone, *The Everything Store: Jeff Bezos and the Age of Amazon* (New York: Back Bay Books, 2014).（邦題は『ジェフ・ベゾス 果てなき野望』ブラッド・ストーン著（日経ＢＰ社、２０１４年）

3 Arnaldo Camuffo, Alessandro Cordova, Alfonso Gambardella, and Chiara Spina, "A Scientific Approach to Entrepreneurial Decision-Making: Evidence from a Randomized Control Trial," *Management Science* 66, no. 2 (February 2020): 564–86, https://doi.org/10.1287/mnsc.2018.3249

4 Amy C. Edmondson, "Strategies for Learning from Failure," *Harvard Business Review*, April 2011, https://hbr.org/2011/04/strategies-for-learning-from-failure

5 Nicholas Bloom et al., "Are Ideas Getting Harder to Find?," *American Economic Review* 110, no. 4 (April 2020): 1104–44, https://doi.org/10.1257/aer.20180338

第2章　アイデアフローを増強する

1 Maria Popova, "How Steinbeck Used the Diary as a Tool of Discipline, a Hedge Against Self-Doubt, and a Pacemaker for the Heartbeat of Creative Work," *Brain Pickings* (blog), March 2, 2015, www.brainpickings.org/2015/03/02/john-steinbeck-working-days/

2 Alan William Raitt, *Gustavus Flaubertus Bourgeoisophobus: Flaubert and the Bourgeois Mentality* (New York: P. Lang, 2005).

3 Paula Alhola and Päivi Polo-Kantola, "Sleep Deprivation: Impact on Cognitive Performance," *Neuropsychiatric Disease and Treatment* 3, no.

5 (October 2007): 553–67.

4 Alli N. McCoy and Yong Siang Tan, “Otto Loewi (1873–1961): Dreamer and Nobel Laureate,” *Singapore Medical Journal* 55, no. 1 (January 2014): 3–4, https://doi.org/10.11622/smedj.2014002

5 Ut Na Sio, Padraic Monaghan, and Tom Ormerod, “Sleep on It, but Only if It Is Difficult: Effects of Sleep on Problem Solving,” *Memory & Cognition* 41, no. 2 (February 2013): 159–66, https://doi.org/10.3758/s13421-012-0256-7

6 Alhola and Polo-Kantola, “Sleep Deprivation.”

7 Franziska Green, “In the ‘Creative’ Zone: An Interview with Dr. Charles Limb,” *Brain World* (blog), August 22, 2019, https://brainworldmagazine.com/creative-zone-interview-dr-charles-limb/

8 Gabriel A. Radvansky, Sabine A. Krawietz, and Andrea K. Tamplin, “Walking Through Doorways Causes Forgetting: Further Explorations,” *Quarterly Journal of Experimental Psychology* 64, no. 8 (August 1, 2011): 1632–45, https://doi.org/10.1080/17470218.2011.571267

9 Mason Currey, ed., *Daily Rituals: How Artists Work* (New York: Knopf, 2013).（邦題は『天才たちの日課 クリエイティブな人々の必ずしもクリエイティブでない日々』メイソン・カリー著、フィルムアート社、２０１４年）

10 David Lynch, *Catching the Big Fish: Meditation, Consciousness, and Creativity*, 10th anniversary ed. (New York: TarcherPerigee, 2016)

11 . Diane Coutu, “Ideas as Art,” *Harvard Business Review*, October 1, 2006, https://hbr.org/2006/10/ideas-as-art

第３章　問題をアイデアで満たす

1 Kevin Kelly, “99 Additional Bits of Unsolicited Advice,” *The Technium* (blog), April 19, 2021, https://kk.org/thetechnium/99-additional-bits-of-unsolicited-advice/

2 Michael Diehl and Wolfgang Stroebe, “Productivity Loss in Brainstorming Groups: Toward the Solution of a Riddle,” *Journal of Personality and Social Psychology* 53 (September 1, 1987): 497–509, https://doi.org/10.1037/0022-3514.53.3.497

3 Runa Korde and Paul B. Paulus, “Alternating Individual and Group Idea Generation: Finding the Elusive Synergy,” *Journal of Experimental Social Psychology* 70 (May 1, 2017): 177–90, https://doi.org/10.1016/j.jesp.2016.11.002

4 A. W. Kruglanski and D. M. Webster, “Motivated Closing of the Mind: ‘Seizing’ and ‘Freezing,’” *Psychological Review* 103, no. 2 (April 1996): 263–83, https://doi.org/10.1037/0033-295x.103.2.263

5 Dean Keith Simonton, “Creative Productivity: A Predictive and Explanatory Model of Career Trajectories and Landmarks,” *Psychological Review* 104, no. 1 (1997): 66–89, https://doi.org/10.1037/0033-295X.104.1.66

6 Robert I. Sutton, *Weird Ideas That Work: 11½ Practices for Promoting,*

Managing, and Sustaining Innovation, illustrated ed. (New York: Free Press, 2002). (邦題は『なぜ、この人は次々と「いいアイデア」が出せるのか——〝儲け〟を生み出す12の〝アイデア工場〟!』ロバート・サットン著、三笠書房、２００２年)

7 J. Bennett, "Behind the Scenes in Taco Bell's Insane Food Development Lab," *Thrillist*, March 2, 2017, www.thrillist.com/eat/nation/taco-bell-insane-food-development-lab

8 Madison Malone-Kircher, "James Dyson on the 5,126 Vacuums That Didn't Work and the One That Finally Did," *The Vindicated* (blog), November 26, 2016, https://nymag.com/vindicated/2016/11/james-dyson-on-5-126-vacuums-that-didnt-work-and-1-that-did.html

9 Frank Lewis Dyer and Thomas Commerford Martin, *Edison: His Life and Inventions* (original pub: New York: Harper & Brothers, 1910; Frankfurt: Outlook, 2019), 368.

10 Brian J. Lucas and Loran F. Nordgren, "The Creative Cliff Illusion," *Proceedings of the National Academy of Sciences* 117, no. 33 (August 18, 2020): 19830–36, https://doi.org/10.1073/pnas.2005620117

11 Amos Tversky and Daniel Kahneman, "Judgment under Uncertainty: Heuristics and Biases," *Science* 185, no. 4157 (1974): 1124–31, https://doi.org/10.1126/science.185.4157.1124

12 Justin Berg, "The Primal Mark: How the Beginning Shapes the End in the Development of Creative Ideas," *Organizational Behavior and Human Decision Processes* 125 (September 2014): 1–17, www.sciencedirect.com/science/article/pii/S0749597814000478

13 Merim Bilalić, Peter McLeod, and Fernand Gobet, "Why Good Thoughts Block Better Ones: The Mechanism of the Pernicious Einstellung (Set) Effect," *Cognition* 108, no. 3 (September 2008): 652–61, https://doi.org/10.1016/j.cognition.2008.05.005

第４章　イノベーション・パイプラインを構築する

1 Richard Feynman, *The Character of Physical Law*, with new foreword (Cambridge, MA, and London: MIT Press, 2017).

2 Laura Sky Brown, "GM's Car-Sharing Service, Maven, Shuts Down After Four Years," *Car and Driver*, April 22, 2020, www.caranddriver.com/news/a32235218/gm-maven-car-sharing-closes/

3 Justin M. Berg, "When Silver Is Gold: Forecasting the Potential Creativity of Initial Ideas," *Organizational Behavior and Human Decision Processes* 154 (September 2019): 96–117, https://doi.org/10.1016/j.obhdp.2019.08.004

4 Tim Ferriss, "Sir James Dyson—Founder of Dyson and Master Inventor on How to Turn the Mundane into Magic," September 2, 2021, in *The Tim Ferriss Show* (podcast), 1:35:57, https://tim.blog/2021/09/02/james-dyson

5 Zachary Crockett, "The Secretary Who Turned Liquid Paper into a Multimillion-Dollar Business," *The Hustle*, April 23, 2021, https://thehustle.co/the-secretary-who-turned-liquid-paper-into-a-

multimillion-dollar-business

第5章　あなたのアイデアをテストする

1 Corita Kent and Jan Steward, *Learning by Heart*, 2nd ed. (New York: Allworth Press, 2008).
2 Michael Leatherbee and Riitta Katila, “The Lean Startup Method: Early-Stage Teams and Hypothesis-Based Probing of Business Ideas,” *Strategic Entrepreneurship Journal* 14, no. 4 (December 2020): 570–93, https://doi.org/10.1002/sej.1373
3 Tom Wujec, “Build a Tower, Build a Team,” February 2010, TED2010, Long Beach, CA, TED video, 6:35, www.ted.com/talks/tom_wujec_build_a_tower_build_a_team/transcript
4 Phil Knight, *Shoe Dog: A Memoir by the Creator of Nike* (New York: Scribner, 2016).（邦題は『SHOE DOG（シュードッグ）』フィル・ナイト著、東洋経済新報社、２０１７年）
5 Nathan Chan, “How Henrik Werdelin Built a 9- Figure Subscription Box Business for Dogs,” June 9, 2020, in *Foundr* (podcast), 1:05:37, https://foundr.com/articles/podcast/henrik-werdelin-barkbox

第6章　世界をあなたの研究所にする

1 Robert Grudin, *The Grace of Great Things: Creativity and Innovation* (Boston: Mariner Books, 1991).
2 *2021 Alzheimer’s Disease Facts and Figures* (Chicago: Alzheimer’s Association, 2021), 18–19, www.alz.org/media/documents/alzheimers-facts-and-figures.pdf
3 “Peloton: Child Killed in ‘Tragic’ Treadmill Accident,” BBC News, March 18, 2021, www.bbc.com/news/business-56451430

第7章　他者の視点を取り入れる

1 Oliver Wendell Holmes, *The Poet at the Breakfast-Table* (Boston: James R. Osgood and Company, 1872).
2 David Rock and Heidi Grant, “Why Diverse Teams Are Smarter,” *Harvard Business Review*, November 4, 2016, https://hbr.org/2016/11/why-diverse-teams-are-smarter
3 Ashton B. Carter, *Managing Nuclear Operations* (Washington, D.C.: Brookings Institution, 1987).
4 Ellen McGirt, “How Nike’s CEO Shook Up the Shoe Industry,” *Fast Company*, September 1, 2010, www.fastcompany.com/1676902/how-nikes -ceo-shook-shoe-industry
5 Clayton M. Christensen, Scott Cook, and Taddy Hall, “Marketing Malpractice: The Cause and the Cure,” *Harvard Business Review*, December 1, 2005, https://hbr.org/2005/12/marketing-malpractice-the-cause-and-the-cure
6 Helmuth Graf von Moltke, *Moltkes militärische Werke: Die Thätigkeit als Chef des Generalstabes der Armee im Frieden* (Hamburg: E. S. Mittler, 1900).

7 Martin Ruef, "Strong Ties, Weak Ties and Islands: Structural and Cultural Predictors of Organizational Innovation," *Industrial and Corporate Change* 11 (June 1, 2002): 427–49, https://doi.org/10.1093/icc/11.3.427

8 Richard P. Feynman, *"Surely You're Joking, Mr. Feynman!": Adventures of a Curious Character* (New York, London: W. W. Norton, 1997).（邦題は『ご冗談でしょう、ファインマンさん』リチャード・ファインマン著、岩波書店、２０００年）

9 Jon Gertner, *The Idea Factory: Bell Labs and the Great Age of American Innovation* (New York: Penguin Books, 2012).（邦題は『世界の技術を支配する ベル研究所の興亡』ジョン・ガートナー著、文藝春秋、２０１３年）

10 James W. Cortada, "Building the System/360 Mainframe Nearly Destroyed IBM," *IEEE Spectrum*, April 5, 2019, https://spectrum.ieee.org/building-the-system360-mainframe-nearly-destroyed-ibm

11 Ben R. Rich, *Skunk Works: A Personal Memoir of My Years at Lockheed* (New York: Little, Brown, 1996).（邦題は『ステルス戦闘機――スカンク・ワークスの秘密』ベン・リッチ著、講談社、１９９７年）

12 Kevin Dunbar, "How Scientists Think: On- line Creativity and Conceptual Change in Science," in *The Nature of Insight*, ed. Robert J. Sternberg and Janet E. Davidson (Boston: MIT Press, 1997), 461.

13 Gertner, *Idea Factory*.（邦題は『世界の技術を支配する ベル研究所の興亡』ジョン・ガートナー著、文藝春秋、２０１３年）

14 Ed Catmull and Amy Wallace, *Creativity, Inc.: Overcoming the Unseen Forces That Stand in the Way of True Inspiration* (New York: Random House, 2014).（邦題は『ピクサー流 創造するちから――小さな可能性から、大きな価値を生み出す方法』エイミー・ワラス、エド・キャットムル著、ダイヤモンド社、２０１４年）

第８章　視点を一新する

1 Isaac Asimov, "Isaac Asimov Asks, 'How Do People Get New Ideas?': A 1959 Essay by Isaac Asimov on Creativity," *MIT Technology Review*, October 20, 2014, www.technologyreview.com/2014/10/20/169899/isaac-asimov-asks-how- do- people-get-new-ideas

2 Christopher Chabris and Daniel Simons, *The Invisible Gorilla: How Our Intuitions Deceive Us* (New York: Harmony, 2011).（邦題は『錯覚の科学』クリストファー・チャブリス、ダニエル・シモンズ著、文春文庫、２０１４年）

3 Taiichi Ohno, "Ask 'Why' Five Times About Every Matter," Toyota Myanmar, March 2006, www.toyota-myanmar.com/about-toyota/toyota-traditions/quality/ask-why-five-times-about-every-matter

4 Ed Catmull and Amy Wallace, *Creativity, Inc.: Overcoming the Unseen Forces That Stand in the Way of True Inspiration* (New York: Random House, 2014).（邦題は『ピクサー流 創造するちから――小さな可能性から、大きな価値を生み出す方法』エイミーワラス、エド・キャットムル著、ダイヤモンド社、２０１４年）

5 Jennifer L. Roberts, "The Power of Patience," *Harvard Magazine*, October 15, 2013, www.harvardmagazine.com/2013/11/the-power-of-patience

第9章　好奇心をかき立てる

1 John Dewey, Logic: *The Theory of Inquiry* (New York: Henry Holt, 1938).

2 Corita Kent and Jan Steward, *Learning by Heart* (New York: Allworth Press, 2008).

3 Joe Fig, *Inside the Painter's Studio* (Princeton, NJ: Princeton Architectural Press, 2012).

4 MasterClass, "Dare to Suck," January 9, 2020, Facebook video, 1:04, www.facebook.com/watch/?v=2544715345762983

5 Jennifer George, ed., *The Art of Rube Goldberg: (A) Inventive (B) Cartoon (C) Genius* (New York: Harry N. Abrams, 2013).

6 Gabrielle S. Adams, Benjamin A. Converse, Andrew H. Hales, and Leidy E. Klotz, "People Systematically Overlook Subtractive Changes," *Nature* 592 (2021): 258–61, https://doi.org/10.1038/s41586-021-03380-y

7 Nature Video, "Less Is More: Why Our Brains Struggle to Subtract," April 7, 2021, YouTube video, 6:19, https://www.youtube.com/watch?v=1y32OpI2_LM

8 Nolan Bushnell and Gene Stone, *Finding the Next Steve Jobs: How to Find, Keep, and Nurture Talent* (New York: Simon & Schuster, 2013).（邦題は『ぼくがジョブズに教えたこと』ノーラン・ブッシュネル、ジーン・ストーン著、飛鳥新社、２０１４年）

第10章　創造的な衝突を促す

1 Morten Friis-Olivarius, "Stimulating the Creative Brain," June 20, 2018, TEDxOslo, Oslo, YouTube video, 14:00,www.youtube.com/watch?v=hZCcVk8-RVQ

2 Arthur Koestler, *The Act of Creation* (London: Hutchinson, 1964).（邦題は『創造活動の理論〈上巻〉芸術の源泉と科学の発見』『創造活動の理論〈下巻〉習慣と独創力』アーサー・ケストラー著、ラティス、１９６６、１９６７年）

3 *Inspirations*, directed by Michael Apted (Clear Blue Sky Productions, 1997), 1:36.

4 Robert S. Root-Bernstein, Maurine Bernstein, and Helen Garnier, "Correlations Between Avocations, Scientific Style, Work Habits, and Professional Impact of Scientists," *Creativity Research Journal* 8, no. 2 (April 1, 1995): 115–37, https://doi.org/10.1207/s15326934crj0802_2

5 Marily Oppezzo and Daniel L. Schwartz, "Give Your Ideas Some Legs: The Positive Effect of Walking on Creative Thinking," *Journal of Experimental Psychology: Learning, Memory, and Cognition* 40, no. 4 (2014): 1142–52, https://doi.org/10.1037/a0036577

6 Walter Isaacson, *Steve Jobs* (New York: Simon & Schuster, 2021).（邦題は『スティーブ・ジョブズ』ウォルター・アイザックソン著、講談社、２０１１年）

7 Edward de Bono, *Lateral Thinking: Creativity Step by Step* (New York: HarperCollins, 2010).

8 Chip Bayers, "The Inner Jeff Bezos," *Wired*, March 1, 1999, www.wired.com/1999/03/bezos-3/

第11章　創造性の結び目をほどく

1 David Ogilvy, *Confessions of an Advertising Man* (1963; repr., Harpenden, UK: Southbank, 2013).（邦題は『ある広告人の告白［新版］』デイヴィッド・オグルヴィ著、海と月社、２００６年）

2 James Webb Young, *A Technique for Producing Ideas* (Victoria, BC: Must Have Books, 2021).（邦題は『アイデアのつくり方』ジェームス・ヤング著、ＣＣＣメディアハウス、１９８８年）

3 Walter Isaacson, *Einstein: His Life and Universe* (New York: Simon & Schuster, 2008).（邦題は『アインシュタイン その生涯と宇宙』ウォルター・アイザックソン著、武田ランダムハウスジャパン、２０１１年）

4 Mason Currey, *Daily Rituals: Women at Work* (New York: Knopf, 2019).（邦題は『天才たちの日課 女性編　自由な彼女たちの必ずしも自由でない日常』メイソン・カリー著、フィルムアート社、２０１９年）

5 Dean Keith Simonton, *Origins of Genius: Darwinian Perspectives on Creativity* (Oxford: Oxford University Press, 1999).

6 Howard E. Gruber, "The Evolving Systems Approach to Creative Work," *Creativity Research Journal* 1, no. 1 (December 1988): 27–51, https://doi.org/10.1080/10400418809534285

7 Greg Bernhardt, "Interview with Theoretical Physicist Garrett Lisi," *Physics Forums Insights* (blog), March 12, 2016, www.physicsforums.com/insights/interview-theoretical-physicist-garrett-lisi/

8 Steven Johnson, "Dan Pink Has a Folder for That Idea," *Medium* (blog), January 31, 2018, https://medium.com/s/workflow/dan-pink-has-a-folder-for-that-idea-84252c35ddb

9 Benjamin Baird et al., "Inspired by Distraction: Mind Wandering Facilitates Creative Incubation," *Psychological Science* 23, no. 10 (October 2012): 1117–22, https://doi.org/10.1177/0956797612446024

10 Jon Gertner, *The Idea Factory: Bell Labs and the Great Age of American Innovation* (New York: Penguin Books, 2012).（邦題は『世界の技術を支配するベル研究所の興亡』ジョン・ガートナー著、文藝春秋、２０１３年）

11 Amanda Gardner, "'Power Naps' May Boost Right-Brain Activity," *CNN Health*, October 17, 2012, www.cnn.com/2012/10/17/health / health-naps-brain/index.html

12 Hiuyan Lau, Sara E. Alger, and William Fishbein, "Relational Memory: A Daytime Nap Facilitates the Abstraction of General Concepts," *PLOS ONE* 6, no. 11 (November 16, 2011): e27139, https://doi.org/10.1371/journal.pone.0027139

13 "Might Lefties and Righties Benefit Differently from a Power Nap?," *Georgetown University Medical Center* (blog), December 11, 2013, https://gumc .georgetown.edu/news-release/people-who-like-to-nap/

14 Brian Grazer and Charles Fishman, *A Curious Mind: The Secret to a Bigger Life* (New York: Simon & Schuster, 2016).（邦題は『好奇心のチカラ 大ヒット映画・ドラマの製作者に学ぶ成功の秘訣』ブライアン・グレイザー、チャールズ・フィッシュマン著、KADOKAWA、２０１７年）

15 Tim Ferriss, "Joyce Carol Oates—A Writing Icon on Creative Process and Creative Living," February 10, 2021, in *The Tim Ferriss Show* (podcast), 1:13:00, https://podcasts.apple.com/us/podcast/497-joyce-carol-oates-writing-icon- on- creative-process/id863897795?i=1000508500903

16 "Paul Simon on His Writing Process for 'Bridge over Troubled Water,'" *The Dick Cavett Show*, uploaded January 27, 2020, YouTube video, 10:45, www.youtube.com/watch?v=qFt0cP-kIQI&t=143s, originally aired April 9, 1970, *The Dick Cavett Show*.

結論

1 Tom Godden, "Two-Pizza Teams Are Just the Start, Part 2: Accountability and Empowerment Are Key to High-Performing Agile Organizations," *AWS Cloud Enterprise Strategy* (blog), March 18, 2021, https://aws.amazon.com/blogs/enterprise-strategy/two-pizza-teams-are-just-the-start-accountability-and-empowerment-are-key-to-high-performing-agile-organizations-part-2/

2 Astro Teller, "The Unexpected Benefit of Celebrating Failure," TED2016, February 2016, Vancouver, TED video, 15:24, www.ted.com/talks/astro_teller_the_unexpected_benefit_of_celebrating_failure

〈訳者紹介〉
小金輝彦（こがね・てるひこ）
英語・仏語翻訳者。早稲田大学政治経済学部卒。ラトガース大学ビジネススクールにてMBA取得。訳書に『巨大テック企業無敵神話の嘘』『GENIUS MAKERS』（ともにCCCメディアハウス）、『アトリビュート』（パンローリング）、『世界で勝てない日本企業』（共訳、幻冬舎）などがある。

ジェレミー・アトリー（Jeremy Utley）
スタンフォード大学ハッソ・プラットナー・デザイン研究所（通称dスクール）のエグゼクティブ・エデュケーション・ディレクターで、同大学工学部の非常勤教授。幅広い人気を博す講座「スタンフォード大学マスター・オブ・クリエイティビティ」の主催者でもある。

ペリー・クレバーン（Perry Klebahn）
スタンフォード大学dスクールの共同創設者の一人。現在はdスクールのエグゼクティブ・エデュケーション・ディレクター兼非常勤教授。パタゴニアのCOOおよびティンバックツーのCEOを歴任した。

スタンフォードの人気《にんき》教授《きょうじゅ》が教《おし》える
「使《つか》える」アイデアを「無限《むげん》に」生《う》み出《だ》す方法《ほうほう》

2023年5月1日　初版発行

著／ジェレミー・アトリー、ペリー・クレバーン
訳／小金《こがね》 輝彦《てるひこ》

発行者／山下 直久

発行／株式会社KADOKAWA
〒102-8177　東京都千代田区富士見2-13-3
電話　0570-002-301（ナビダイヤル）

印刷所／大日本印刷株式会社
製本所／大日本印刷株式会社

●お問い合わせ
https://www.kadokawa.co.jp/（「お問い合わせ」へお進みください）
※内容によっては、お答えできない場合があります。
※サポートは日本国内のみとさせていただきます。
※Japanese text only

定価はカバーに表示してあります。

ISBN 978-4-04-606200-0　C0030